插图升级版

A SHORT HISTORY OF
THE WORLD

世界简史

[英] 赫伯特·乔治·威尔斯 著

丁伟 译

北方联合出版传媒(集团)股份有限公司
万卷出版公司

目 录

前言	001
第1章　空间中的世界	001
第2章　时间中的世界	004
第3章　生命的诞生	007
第4章　鱼类的时代	010
第5章　石炭沼泽的时代	014
第6章　爬行动物的时代	018
第7章　最初的鸟类与最早的哺乳动物	022
第8章　哺乳动物的时代	027
第9章　猿、类人猿、原始人	031

第 10 章	尼安德特人与罗德西亚人	035
第 11 章	真正人类的出现	039
第 12 章	原始思维	043
第 13 章	农耕的开始	048
第 14 章	原始的新石器时代文明	053
第 15 章	苏美尔、古埃及和文字	058
第 16 章	原始游牧民族	062
第 17 章	最早的航海民族	066
第 18 章	埃及、巴比伦和亚述	071
第 19 章	早期的雅利安人	078
第 20 章	最后的巴比伦帝国与大流士一世帝国	083
第 21 章	犹太人的早期历史	087
第 22 章	犹太祭司与先知	093
第 23 章	希腊人	098
第 24 章	希波战争	104

第 25 章	希腊的辉煌	109
第 26 章	亚历山大帝国	113
第 27 章	亚历山大港的博物馆与图书馆	118
第 28 章	乔达摩的一生	123
第 29 章	阿育王	129
第 30 章	孔子与老子	131
第 31 章	初登历史舞台的罗马	136
第 32 章	罗马与迦太基	142
第 33 章	罗马帝国的崛起	147
第 34 章	罗马与中国之间	158
第 35 章	早期罗马帝国中的平民生活	163
第 36 章	罗马帝国中的宗教发展	169
第 37 章	耶稣的教诲	175
第 38 章	基督教教义的发展	181
第 39 章	外族入侵将帝国东西二分	185

第 40 章	匈人与西罗马帝国的终结	191
第 41 章	拜占庭帝国与萨珊帝国	197
第 42 章	中国的隋唐时期	202
第 43 章	穆罕默德与伊斯兰教	204
第 44 章	阿拉伯人的盛世	208
第 45 章	拉丁语基督教世界的发展	212
第 46 章	十字军东征与教皇统治的时代	220
第 47 章	桀骜的王公与教会内部的分裂	229
第 48 章	蒙古征服	237
第 49 章	欧洲人的理性复苏	242
第 50 章	罗马教会的改革	250
第 51 章	查理五世	255
第 52 章	欧洲的君主制、议会制与共和制	263
第 53 章	欧洲人在亚洲与海外的新帝国	272
第 54 章	美国独立战争	277

第 55 章	法国大革命与王政复辟	282
第 56 章	拿破仑倒台为欧洲带来的不稳定和平	289
第 57 章	关于物质材料的知识进步	293
第 58 章	工业革命	301
第 59 章	现代政治和社会思想的发展	305
第 60 章	美国的扩张	316
第 61 章	德国崛起成为欧洲霸主	324
第 62 章	由轮船与铁路打造的新海外帝国	326
第 63 章	欧洲对亚洲的侵略与日本的崛起	332
第 64 章	1914 年的大英帝国	337
第 65 章	欧洲的军备时代与第一次世界大战	339
第 66 章	俄国的革命与饥荒	344
第 67 章	世界的政治与社会重建	349

纪年表　　355

前言

世/界/简/史

这本世界简史应该像短篇小说一样直接明了。没有烦琐与复杂的内容，本书以最一般的方式叙述了我们目前对历史的了解。这些历史已经得到了充分的说明，并且我已经尽己所能地使这些内容生动而清晰。通过这本书，读者应该能够得到关于历史的一个总体看法，这是研究特定时期或特定国家历史所必需的框架。在阅读笔者其他更全面、更清晰的历史大纲之前，本书对于读者可能会起到一种预备作用。但本书另有一个特殊目的，即为了满足忙碌的普通读者的需求，他们太过忙碌，以至无法详细研究世界史的相关地图和年表，但他们仍希望刷新和修复自己对人类伟大冒险的或已褪色或支离破碎的概念。本书并不是先前作品的概括或浓缩。在其想要达成的目标方面，它不会再做任何的缩减。这是一本经过全新规划编写而成的更加概括的历史。

H. G. 威尔斯

第1章
空间中的世界

有关我们这个世界的故事仍然是一个不完美的故事。就在几百年前，人类拥有的历史还不超过三千年。在那之前发生了什么，人们只有种种传说和猜测。在文明世界的大部分地区，人们被教导去相信世界是在公元前4004年突然被创造出来的，至于这件事是发生在那年的春天还是秋天，学者们则有不同的看法。这种极其精确的误解来自对希伯来《圣经》字面意思的过分执着，以及与此有关的相当武断的神学假设。这些思想早已被教授宗教思想的教师抛弃，人们普遍认识到，我们所生活的宇宙显然存在了很长一段时间，而且这一时间很可能追溯不到尽头。当然，我们可能会被外表蒙蔽，比如在一间屋子里将两面镜子相对放置，每一面镜子里便都会呈现出无尽的镜像。然而如果认为我们赖以生存的宇宙仅存在了六七千年，那这种想法实在是太让人觉得不可思议了。

如今每个人都知道，地球是一个略扁的、像橙子一样的球体，其直径大概有八千英里。两千五百年来一直都有极少数天资聪颖的人相信这个世界是一个球体，但在那之前，人们普遍认为世界是平的，此外关于它和天空及其他星体关系的各种想法也相当离奇古怪。我们现在知道地球绕地轴

（大约比赤道直径短二十四英里）每二十四小时自转一周，这使地球有了昼夜变化，同时它会用一年的时间以略微扭曲且缓慢变化的椭圆形轨道围绕太阳运行一周。它与太阳之间的距离在九千一百五十万英里（近日点）和九千四百五十万英里之间。

还有一个小一点的星球围绕地球旋转，它就是月球，它与地球之间的平均距离大约为二十三万九千英里。地球和月球并不是唯一围绕太阳运行的天体，太阳系中还有水星和金星，它们分别距太阳三千六百万英里和六千七百万英里；在地球绕日轨道之外，忽略由无数更小的行星构成的小行星带，还有火星、木星、土星、天王星和海王星，其与太阳的距离分别为一亿四千一百万英里、四亿八千三百万英里、八亿八千六百万英里、十七亿八千二百万英里和二十七亿九千三百万英里。人们很难理解这些以亿万英里为单位的距离意味着什么。如果我们把太阳和行星缩小到更容易想象的比例，可能会有助于读者想象。

太阳系各行星体积比例，从左到右依次为水星、金星、地球、火星、木星、土星、天王星与海王星。

如果我们把地球想象成一个直径一英寸的小球，太阳就是一个三百二十三码外、直径九英尺的大球，两者间的距离大约为五分之一英里，步行需要四五分钟。月球将变成地球两英尺半之外的一颗小豌豆。在地球和太阳之间的两个内行星，即水星和金星，它们和太阳之间的距离分别为一百二十五码和二百五十码。接着你会发现这些天体周围都是空荡荡的，直到你从地球出发走一百七十五码来到火星，走一英里会看到直径一英尺的木星，两英里之外的是小一点的土星，四英里外的是天王星，而你需要走六英里才能到冥王星。然后，便是绵延数千英里的悬浮颗粒与稀薄气体，此外什么都没有。距离地球最近的恒星在四万英里之外。

　　通过这些数字，人们或许可以了解生命这场戏剧是在一座何等巨大而虚空的舞台上上演。

　　在这片广袤的空间中，我们只知道地球表面有生命存在。这个表面距地心有四千英里，其空间向上有五英里，向下有三英里。显然，除此之外的无限空间都充斥着虚无与死寂。

　　在海底，我们最深可向下挖掘五英里；在天空，我们最高可向上飞行四英里多一点儿。人们曾乘坐气球到达了七英里的高空，但却遭受了巨大的痛苦。没有哪种鸟类能飞到距地面五英里的高度，而若将一些小型的鸟类或昆虫用飞机送上天空，在远不到五英里的高度时，它们便会失去知觉。

第 2 章
时间中的世界

在过去的五十年里，科学家们对地球的年龄和起源进行了许多非常精细和有趣的推测。然而因为它们涉及最微妙的数学和物理理论，所以我们在此无法试着对这些推测加以总结。其实到目前为止，我们的物理学和天文学仍然不够发达，这使我们除了给出一些说明性的猜测之外，还不能做出任何其他事情。从大的趋势来看，科学家们对于地球年龄的估算显得越来越长。现在看来，地球作为一个围绕太阳旋转的行星，其独立存在的时间可能超过二十亿年。实际情况则可能比这要久远得多，那是一个绝对超出人们想象的时间长度。

在各大星体彼此分离的那段漫长岁月之前，太阳和地球以及绕太阳旋转的其他行星原本可能是宇宙物质在扩散过程中形成的巨大旋涡。天文望远镜向我们展现了太空中很多发光的螺旋星云，或称涡状星系，它们似乎都围绕着一个中心旋转。许多天文学家认为，太阳和它的行星曾经也是这样一个螺旋形态，而螺旋中的宇宙物质聚合形成了现在的形态。经过那几十亿年的岁月，这种宏伟的聚合过程最终造就了我们这个世界以及月亮如今的模样。在此之前，它们与太阳之间的距离更短，其自转与公转的速度更快；那时它们的表面温度极高,地表甚至呈熔岩状态。太阳本身则是太空中一团更为炽热的火焰。

如果我们可以穿越那无限的时间回到过去,去观察地球在其历史的早期阶段,那么这个尚未冷却凝结的地球,用现代人能理解的景象来形容,最像是炼钢高炉或奔腾的岩浆。在那一时期我们看不到液态水,因为在含有硫和气化金属的风暴中,所有的水都是极热的蒸汽形态。在这风暴下面,是一片旋转沸腾的熔岩之海。在炽热的云层上方,太阳和月亮的眩光像烈焰般迅速掠过。

在接下来的数百万年中,地球缓慢地从原初的炽热状态冷却下来。空中的蒸汽冷凝降落,大气由此不再那么稠密;熔岩之海表面的大量岩浆冷却为

早期的地球地表没有液态水,只有不断流动的岩浆。

巨大的岩石并沉入海中，取而代之的是其他漂浮的物质。太阳和月亮因距离越来越远而显得越来越小，它们在空中移动的速度也越来越慢。如今，较小的月球已经从一开始的炽热状态完全冷却下来，它对太阳光周期性的阻隔与反射形成了自己的盈亏变化。

然后又是一段漫长的时光，直到最后一个时代到来，当第一场雨倾洒在最早的岩石上发出嘶嘶的声音时，地球终于一点一点地变成了我们今天栖身其中的模样。在随后的似乎没有尽头的数千年中，地球上的水仍主要以蒸汽的形态存在于大气层中，但在这一时期，地表出现了温度较高的液态水，这些水流经地下的结晶岩并将这些岩石的碎屑带到地表的湖泊中变成沉积物。

现在，让人类出现在地球上环视这个自己赖以生存的世界还差最后一个条件。如果我们此时就出现在地球上，那么我们只能站在巨大的火山岩上，在狂风暴雨中举目望去，看不到任何土壤或是植物。与我们如今温和的地球不同，在那时的地球上，高温烈风、比人类任何历史记录中都更可怕的飓风及倾盆大雨随时都会将我们吞噬。暴雨冲刷着岩石，在地表割出一道道峡谷，污浊的洪流将碎屑卷走，直至流入最初的海洋，那些碎屑变成了海洋中的沉积物。透过云层，我们可以看到耀眼的太阳划过天空，太阳西落后，月亮继而升起，在以此为界的每一天中，都有剧烈的地震发生。至于月亮，尽管它也有明显的自转，但它面向地球的永远只有一面，另一面我们永远都无法见到。

地球逐渐步入"成年"。又过去了一百万年，白天变长了，太阳变得越来越远，阳光也变得越来越温和，月亮在天空中的脚步渐渐慢了下来；暴雨和飓风的强度有所减弱，海洋中的水逐渐增多，从此，我们的地球披上了一件蓝色的衣裳。

但此时的地球仍然没有生命的迹象，海洋还未孕育出生命，岩石也同样贫瘠。

第 3 章
生命的诞生

　　众所周知，如今我们所拥有的关于人类历史传说之前的生命的知识，是从层状岩石中的生物遗迹和化石那里获得的。在页岩和板岩、石灰岩和砂岩中，我们发现了骨头、贝壳、纤维、茎秆、种子、脚印、刮痕等，和它们一同被发现的还有最早的潮汐波纹和降雨孔蚀。正是通过对这些岩石的细致研究，人们才把地球过往的生命历史拼凑起来，这对当代人而言已是一种常识。沉积岩层并不是整齐地分布在地下，它们会因地壳运动变得褶皱、弯曲，或是混乱地堆叠在一起；它们就像反复遭受洗劫或火灾的图书馆一样，残破的书页只有经过许多人毕生的努力，其内容才能被整理出来以便人们阅读。人们预估，由岩石记录的全部时间范围大约有十六亿年。

　　地质学家将地质编录中最早的岩石称为无生代岩石，因为在这类岩石中没有发现任何与生命有关的迹象。在北美，人们发现了大片的无生代岩层，该岩层非常厚，以至地质学家认为它在由岩石记录的十六亿年中，至少保存了八亿年的记录。让我来重述一下这个意义深远的事实：自从陆地和海洋在地球上出现以来，在这段漫长的岁月里，有一半的时间我们无法从中找到任何生命的痕迹。尽管我们能在这些岩石上找到水流或雨水冲刷的痕迹，但我们找不到任何生命迹象。

接着，当我们继续跟着岩石的记录研究时，生命的迹象开始出现并不断增多。地质学家将我们发现的这些过往痕迹所属的地质年代称为早古生代。生命激荡的第一个迹象是相对简单的低等生物的遗迹：小型贝类的贝壳，植虫类的茎和花状顶，海藻，以及海虫和甲壳类动物的足迹和遗骸。最早出现的动物是三叶虫，这种生物像蚜虫一样能将自己卷成一个球形。几百万年后出现了一些海蝎子，它们比此前出现过的任何生物都更为灵活强大。

这些生物的体型都不是很大，其中最大的是一些海蝎子，有九英尺长。陆地上尚未出现任何植物或动物的生命迹象；在这一时期也没有出现鱼类或任何脊椎动物。基本上，在该地质年代给我们留下痕迹的所有动植物都是浅水和潮间带生物。如果我们想对早古生代的动植物与今天进行比较，那么除了其大小差异外，我们最好在岩池或污水沟中取几滴水，放在显微镜下研究。在那里，我们会找到小型甲壳类动物、小型贝类、植虫类和藻类，它们和那些曾为这个星球生命之冠的大而笨拙的生命原型有一种惊人的相似。

然而，值得注意的是，早古生代岩石上留下的遗迹很可能根本不能代表地球上最早的生命起源。除非一种生物有骨头或其他坚硬的部分，比如长着硬壳，或是足够大、足够重，能在泥土中留下显而易见的印迹，否则它不太可能留下任何能证明它存在过的化石痕迹。如今在我们的世界上存在成千上万种小型软体动物，然而我们很难想象，它们能留下任何痕迹以让未来的地质学家发现。数以百万计的这种生物在过往的世界里极有可能生存、繁衍、繁荣过，然后消失得无影无踪。在所谓的无生代的温暖浅水湖与海洋中，可能曾经充满着不计其数的低等、无骨亦无壳、像果冻一样的生物，而受阳光照射的潮间带岩石和海滩上也可能布满了像渣滓一样的绿色植物。就像银行账目无法记录每个人的存在一样，岩石的记录也不是对过往生命的完整描述。只有当一种生物为了未来而开始长出类似骨骼、甲壳或是可变成石灰的

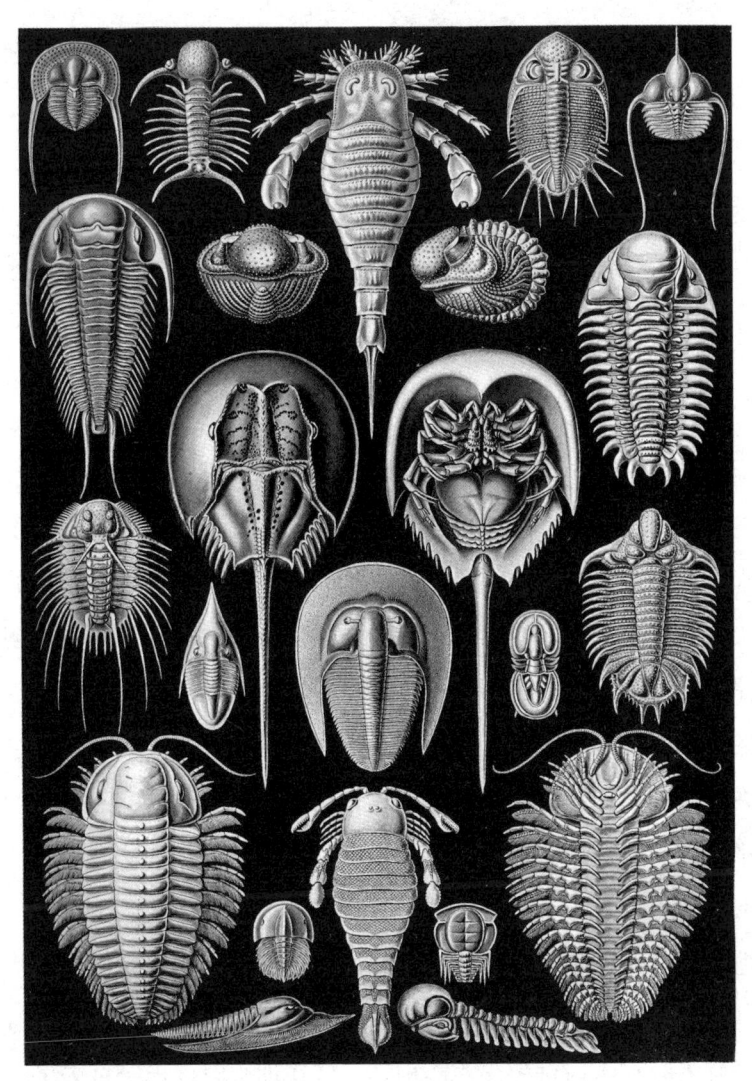

德国生物学家恩斯特·海克尔绘制的原始节肢动物。

茎秆时,它才能在岩石中留下记录。但在那些更远古的、没有任何化石痕迹的岩石中,人们有时会发现石墨,这是一种游离碳,一些权威人士认为它可能是从未知生物的生命活动中分离出来的。

第 4 章
鱼类的时代

在那个地球被认为只有几千年历史的时代,人们认为各个种类的植物和动物都没有发生过任何改变,它们完全是按照今天的样子被一下子创造出来的。但是当人们发现和研究"岩石记录"之后,这一信念便开始产生动摇。人们开始怀疑,许多物种都是经过漫长的年代渐渐发展成现在的样子的。这种观点在后来催生出了进化论:生活在地球上的所有物种,无论是动物还是植物,都是由一些简单、原始的海洋生命形式经过漫长而连续的演变和进化才最终形成的。

和地球的年龄问题一样,生物进化论在过去也一直是人们激烈争论的主题。曾几何时,由于一些相当莫名其妙的原因,生物进化论被认为与正统的基督教、犹太教和穆斯林教义不能相容。好在那个时代已经过去了,现在信奉东正教、新教、犹太教和伊斯兰教的人都可以自由地接受这个更新、更广泛的观点,即所有生物都有一个共同的起源。地球上似乎没有生命是突然出现的,生命始终在不断地发展演化。想象一下,随着时间长河的流逝,生物经过一代又一代,从起初在潮起潮落的泥沙中蠕动,逐渐进化为拥有自由、力量和意识的生命。

生命是由个体组成的，这些个体是确定的事物，它们不同于块状或团状的无生命物质，甚至也不同于无界限的静止晶体，它们具有非生物体所不具有的两种特性：一是可以把其他物质吸收到自己体内，使之成为自己的一部分；二是它们可以繁殖。它们能够摄取食物、繁殖后代，也能够产生与自己在很大程度上相似又稍有不同的新个体。每个个体与它的后代之间既存在特定的家族相似性又存在个体的差异。任何一个物种在任何一个历史阶段都是如此。

现在科学家们依然无法向我们解释为什么生物与其后代具有这样的相似性和差异性。但是，看到生物与其后代本就是相似而又不同的，而由此得出物种生存环境若发生变化，其本身也必然会发生变化的结论，这是一种常识，而不是科学知识。因为在任何一代的物种中，必定有许多个体，它们的个体差异使它们更好地适应了这个物种必须生存的新环境；也必定有许多个体，它们的个体差异使它们更难以生存。总的来说，前者会比后者寿命更长，繁殖能力也更强。物种按照这样的原则代代相传，它们的整体素质将越来越好，这个过程就叫作"自然选择"。自然选择既不是科学的理论，也不是由繁殖与个体变异事实中推测出来的必然结论。世界上有某种其他力量决定着物种的灭绝与生存，科学家们也无法

达尔文关于物种演化的理论是现代演化思想的基础。

给出明确的答案。不过，假如有人否认这种从生物出现以来就存在的自然选择作用，那么他要么无视有关生命的基本事实，要么就是缺乏基本的思考能力。

许多科学家已经对生命的最初起源进行了推测，这种推测通常很有趣，却始终都没能得出一个绝对确切的认识或令人信服的猜测。但是，几乎所有的权威专家都认为，它应该是始于阳光照射下的温暖的浅海泥沙中，之后随着潮起潮落而播撒到海岸和大海深处。

在那早期世界中，潮汐活动异常剧烈。生命体很容易被冲到海滩上晒死，或者裹挟到深海中，由于缺少空气和阳光而死。这样的生存环境使它们朝着生根、固定的方向发展，并迫使一些物种长出外壳以避免离开水面后急剧脱水。起初，生命体依靠对味道的敏感来寻找食物，依靠对光线的敏感而从黑暗的深海和洞穴中走出，或是因过度明亮而从险象环生的浅滩中逃离。早期生物身上的甲壳，与其说是为了抵御外敌，不如说是用来防止干燥——不过，牙齿和爪子倒是早就出现了。

前文我们讲过古代的海蝎，它体型非常大，在很长一段时间里都是生物界的霸主。现在很多地质学家认为，在五亿年前的志留纪，地球上出现了一种更强大的新型动物，它有眼睛和牙齿，能够在水里游泳——这就是原始鱼类，我们已知的最早的脊椎动物。

在下一个岩层中，也就是泥盆纪的岩层中，这种鱼类的数量明显增多，一跃成为地球上最繁盛的生物。正因如此，在岩石记录中，这一时期被称为"鱼类时代"。如今，这些鱼类早已从地球上消失了。它们和今天的鲨鱼、鲟鱼相似，都喜欢穿梭于水中，在海藻间穿行、捕食，有的时候还会在水面上飞跃，为远古海洋带来了不少生机。以我们现在的标准来看，这些鱼类并不算大，很少有能够达到两三英寸以上的，不过也有例外，那时有一种特殊的鱼竟长达二十英尺之多！

从地质学的观点看，这些古老的鱼类，看上去和地球上此前出现的生物都不相关。动物学家们曾对这些鱼类的始祖提出过许多有趣的看法，但大多数都是通过对它们现存近亲鱼卵的发育及其他类似的资料推测而来的。很明显，脊椎动物的祖先是软体动物，很有可能是那些现在嘴里或嘴周围长出牙齿般硬物的小型水生动物。在长时间的进化之后，原始鱼类才成为有牙齿、全身长满齿状鳞片的动物，如鳐鱼和角鲨等。而齿状鳞片的形成，使它们得以摆脱黑暗，朝着有阳光照耀的地方游去，最早的脊椎动物就这样出现在地质记录中了。

第 5 章
石炭沼泽的时代

显然，在鱼类时代，陆地上仍是毫无生机，只有峻峭的山岩高高耸立，经受着阳光的曝晒和雨水的拍打。那时还没有真正意义上的土壤，既没有可以改良土质的蚯蚓，也没有分解岩粒的植物，甚至，连苔藓或地衣都没有。生命依然仅存在于海洋中。

在这片贫瘠的岩石之上，气候发生了巨大的变化。气候变化的原因非常复杂，目前所能做的只是合理的推测。地球的运行轨道、地轴的方向角度和陆地的形状都在改变，甚至太阳的温度也处于波动之中。地球表面的大部分地区在陷入长时间的冰冻之后，又变得温和舒适起来，这个过程持续了数百万年的时间。在地球的历史上，似乎经历过多次内部剧烈活动的时期，数百万年间积累的上冲力使得地壳隆起、火山喷发，地表形态发生巨变，山地变得更高，海洋变得更深，气候的变化也越加剧烈。随之而来的是漫长的、相对平静的时期，霜冻、雨水和河流侵蚀着高山，携带着大量的泥沙填满海底，抬高海底，使海水变得更浅、更宽，覆盖了越来越多的陆地。世界历史上有"高而深"的时代，也有"低而平"的时代。读者不要想当然地认为，自从地壳变硬以来，地球表面就一直在逐渐变冷。实际上，经历过多次冰冻之后，地球内部的温度就无法再影响其表面，即使是在无生期，也处处都能看到冰冻的遗迹。

直到鱼类时代的末期，浅海和礁湖向外漫延，生物才开始以各种有效的方式从水中登上陆地。毫无疑问，在过去的数百万年间，这些早期生物已经经历了一种不显眼的微妙进化。现在，它们知道，自己的机会来了！

这次对陆地的入侵行动中，毫无疑问，植物才是先锋军团。不过，动物紧随其后，也没有被落下很远。登陆后，植物第一个要解决的问题是，怎样在没有浮力的情况下，获得坚硬的支撑物把它的叶子托在阳光下；第二个要解决的问题是，如何在脱离海洋后，从潮湿的地面中汲取水分。木质组织的发育，使这两个问题得以同时解决，它既能够支撑植物，使其受到阳光的照射，又能承担起向叶子输送水分的任务。

石炭纪植物复原图。

在这一时期的地质记录中，各种各样的木质沼泽类植物大量出现，体积相当庞大，如木质苔藓、木质蕨类、杉叶藻等等。后来，不同种类的动物也登到岸上，如蜈蚣、马陆、原始昆虫以及地球上最早的蜘蛛和陆地蝎——它们是上古巨蟹和海蝎的近亲。再往后，脊椎动物也出现了。

地球早期的昆虫体积往往很大，以那个时代的一种蜻蜓为例，它双翅张开时竟然能达到二十九英寸宽，实在令人惊叹！

这些新型动物想方设法适应新环境，从而使自己能够直接呼吸空气，因为呼吸是一切动物生存的首要条件。由于在此之前，动物们都是从水中获得氧气，所以，它们还不得不想办法来提高自己补充所需水分的能力。直到今天，人的肺如果完全干枯的话，还是会马上窒息而死，这就是因为只有肺部表面处于湿润状态时，空气才能够正常经过肺部进入血液。

登上陆地的动物，要想呼吸这游离态的空气，就必须改变自己的身体才行。这种改变包括很多方面，比如长出一个新的器官覆盖过去的鳃部，防止水分蒸发；或者进化出深藏在体内的呼吸器官，通过体液的分泌来保持它的湿润。远古脊椎鱼类用来呼吸的鳃无法适应陆地的生存环境，因而它们的呼吸器官在后来发生了分化，原来用于游泳的鱼鳔渐渐进化成了肺。水路两栖动物，如今天的青蛙和蝾螈，在水中时依然用鳃呼吸，在陆上时则用由鳔进化而来的咽喉附近的袋状物。后来鳃萎缩退化，鳃裂孔也渐渐消失（只留下一个鳃进化成耳至鼓膜的通道）。这些动物现在只能生活在陆地上，然而，当它们要产卵时，为了繁殖后代，还是必须回到水边去。沼泽时代，所有呼吸空气的脊椎动物都属于两栖类，都与今天的蝾螈十分相像，只不过有些身躯要庞大得多而已。尽管它们都已是陆地动物，但仍然要生活在沼泽、湿地附近才行。这个时期的大树，也同样属于两栖类，它们还没有只需雨水滋润就可以生根发芽的种子，它们的孢子只有落入水中才能发芽。

比较解剖学是一门极具魅力的学科，其最美妙之处在于，它把生物复杂而奇妙的适应性，最终归结为其在空气中生存的现实需要。所有的生物，不管是植物还是动物，都是从水中而来。例如，包括人类在内，所有比鱼类更高等的脊椎动物，在受精卵发育或胎儿出生之前都是有鳃裂的，只不过后来随着发育又消失了。再如，鱼类的眼睛裸露在水中而保持着湿润，而更高等的动物则需要眼睑和分泌水分的腺体的保护才能避免干燥。还有，由于需要感知空气中微弱的声音，登陆的动物又因此进化出了能够感知振动的鼓膜。总之，为了适应与空气直接接触的新环境，动物身体上几乎每一个器官都做出了类似的改变和调整。

在石炭纪两栖类时期，生物生活在沼泽、礁湖和浅滩的水域中。生物的活动范围已经大大扩展，然而在高原和山地却仍然没有任何生命的迹象。的确，生物已经学会了在空气中呼吸，但它们却依然必须扎根于水，只有回到水中才能繁衍后代。

第 6 章
爬行动物的时代

在生物繁盛的石炭纪过去之后,一个干燥、酷寒的漫长时代来临了。这一时期的岩石记录,满是厚厚的砂岩类堆积层,几乎看不到什么生物的遗迹。此时,地球上的气温变化无常,并且经历过数次漫长的冰河时代。先前繁茂的沼泽植物已看不到,它们被新的堆积层压在地下,经过压缩和造矿运动,成了今天的煤矿。

就在这个剧烈变化的时期,生物在严酷的环境中经受了最严峻的考验,自身也因此发生了急剧的演变。当温暖湿润的空气重新笼罩大地,我们惊奇地发现,一大批新的物种诞生了!从岩石记录中,我们可以找到脊椎动物产卵的遗迹。在孵化出来以前,它们便已经发育成熟了,一生下来就可以在陆地上生存,而不是像蝌蚪那样,要先在水中生活一段时间才行。在这种动物身上,除了胚胎时期外,鳃裂已经完全消失不见。

这种无须经过蝌蚪阶段的新动物,就是本章内容的主角——爬行动物。与此同时,有种子的树木也开始出现,可以不依赖于沼泽或湖泊而传播种子,繁衍下一代。尽管开花的植物和草类尚未出现,但已经能看到一些棕榈树状的苏铁和许多热带针叶树,以及大量的蕨类植物。现在昆虫的种类也大为增加，虽然蜜蜂和蝴蝶还没有出现，但已经出现了不少甲虫。无论如何，真正的陆地动植物所应具备的基本形态，都已经在这条件艰苦的时期渐渐成形。一旦遇到适宜的条件，这些新的陆地生命就能够很快地繁荣昌盛起来。

在长期的变动之后，地球总算进入了一段平和安稳的时期。在无数次的地壳运动、运行轨道和地轴方向的调整之后，地球迎来了一段时间漫长、范围极广的温暖时期。据现在人们的估算，这段时期大约持续了两亿年以上，科学家称之为中生代，以区别此前的古生代、无生代（共十四亿年）以及介于其末尾和现代之间的新生代。在这一时期，兴旺繁盛的爬行动物统治了地球，一直到距今八千万年前中生代结束为止。因此，中生代也常被称为爬行动物时代。

如今，地球上爬行动物的种类已经所剩不多，而且分布的区域也相当有限。可是，如果与那些曾在石炭纪煊赫一时的两栖类动物相比，当今地球上的爬行动物境况实际上要好很多。两栖类动物残存的后代实在少得可怜，而爬行类动物至少还有蛇、鳖、海龟、鳄鱼、蜥蜴存活于世。不过，它们必须终年处于温暖的环境中，丝毫无法忍受寒冷的侵袭——或许中生代的爬行动物都是如此。不管怎么说，地球上总算是出现了能够真正在干燥的陆地上生存的生物了，与以往生物全盛期的那些沼泽类生物完全不同。

中生代是爬行动物的黄金时代，爬行动物的种类比现在我们所知的要多得多。除了我们前面所说的蛇、鳖、海龟、鳄鱼和蜥蜴外，还有很多奇异种

二叠纪时期的异齿龙想象图。

类曾经出现过，比如恐龙。在中生代的全盛时期，很多植物如芦苇、羊齿蕨等都已蔓延到平坦的低地上，许多食草性的爬行动物随之出现，以这类植物的嫩芽为食。恐龙的身躯极其庞大，超过此前所有的陆栖动物，恐怕只有海洋中的鲸鱼勉强能够与之相比。例如，梁龙的鼻尖到尾巴足有八十四尺长，而巨龙还要更长，大约能够达到一百英尺。还有一种叫作霸王龙的食肉恐龙，正是以这些庞然大物为食，是一种极其凶残、可怕的爬行动物。

当这些大型动物在中生代丛林的蕨叶和常绿植物间寻觅食物、彼此追逐时，另一种现已灭绝的爬行动物，却在用那蝙蝠翅膀般的前肢追捕着昆虫。起初，它们只能笨拙地跳跃，到后来则能在树木之间急速地滑翔了。这，就

翼手龙想象图。

是翼手龙。翼手龙是最早学会飞行的脊椎动物，在脊椎动物发展史上开创了一个新纪元。

除此之外，还有一些爬行动物重新回到了祖先生活过的海洋中，比如体型和鲸鱼相仿的沧龙、蛇颈龙和鱼龙。鱼龙或许只有在排卵的时候才会回到水中，而蛇颈龙，现在早已找不到它的同类了。它们体型庞大，能够划水，在沼泽或浅滩中能够游得非常迅速。这类恐龙的脑袋小小的，脖子长长的，比天鹅颈还要长得多，简直像蛇一样，因此被叫作蛇颈龙。蛇颈龙和天鹅有不少相似之处，它可以在划水的同时捕捉过往的鱼类和其他动物，还能够轻松潜入水中。

上面介绍的，便是制霸中生代的陆地动物的生活。以我们人类的标准来看，它们显然是更为进步的。相较于之前的陆地动物，恐龙的体积更大，活动范围更广，力量也明显更强，而且更有活力。正如人们所说，它们比世界上以前见过的任何动物都更"重要"。海洋中并没有类似的进步，却出现了更多的新物种。一种形似乌贼的菊石类动物出现在浅海中，外面长着一层封闭的螺旋状贝壳。早在古生代时，这种动物的远祖就已经出现了，只不过，直到现在它们才迎来了属于自己的全盛时期。当然，现在这种动物也早已消失，但我们依然能找到它们的近亲，也就是如今生长在热带海洋中的珍珠鹦鹉螺。另外，此时的海洋中新出现了一种更为多产的品种，与此前那些长着片状或齿状鳞片的鱼类相比，它们的鱼鳞更为轻巧、更为精美。从此，它们日益繁盛，渐渐地成为水中居于支配地位的品种。

第 7 章
最初的鸟类与最早的哺乳动物

中生代是生命最为繁盛的时期,在前面的章节中,我们简要地描述了这一时期的生动图景:恐龙占据着热带雨林和潮湿原野;翼手龙尖叫着飞驰于丛林之间,捕食着无花灌木丛中不幸的昆虫。就在它们的周围,还有一些为数不多的动物种群,它们毫不起眼,卑微地躲开那些庞然大物,隐忍地学习着一种新的生存本领。于是,当太阳不再那样仁慈,地球不再那样温暖时,这种本领便开始显现出对于延续物种的巨大价值。

一些善于跳跃的爬行动物族群,由于环境的不利和敌人的侵袭,有的最终灭绝,有的则不断适应着严寒,逃亡到高山或深海中勉强求得生存。遭遇这样悲惨的境地,这些物种渐渐进化出一种新型的鳞,其后又逐渐拉长,成为动物羽毛的雏形。这种层层叠叠的羽毛状鳞片,的确要比当时所有爬行类动物的皮肤都更能有效地保持体温。正因如此,它们才能够在其他动物都无法生存的冰天雪地中安然无恙。与此同时,这些动物开始前所未有地关心起自己所生的卵。这无疑迥异于此前的那些爬行动物,它们从不管自己的卵处于怎样的状态,生下后就任其自然孵化,与自己不再相关。而现在这些原始鸟类则不然,它们开始精心保护自己的卵,并用自身的体温来孵化。

在适应寒冷环境的同时，原始鸟类身体的内部也发生了变化。渐渐地，它们进化成为能够独立保持体温的恒温动物。最初的鸟类可能是以捕鱼为生的海鸟，前肢与企鹅的蹼足十分相像。有一种奇特的原始鸟类，名叫新西兰鹬鸵，虽然有着一身极其简陋的羽毛，但自己既不会飞，看起来也不是由会飞的祖先演变而来。在鸟类的进化史上，羽毛比翅膀出现得要更早。当羽毛演化成形以后，为了使羽毛能轻盈地舒展开来，翅膀就自然而然地形成了。从一只鸟的化石中，至少能发现它的嘴里有爬行动物的牙齿，身上还有一条爬行动物的尾巴。同时，它的身上还有一对翅膀，很显然，它们曾经混迹于中生代的翼手龙中间自由飞翔。然而，中生代时期鸟类的数量和种类都非常有限，假如有人能返回中生代，恐怕他走上几天也看不到一只鸟，甚至连鸟的叫声也无法听到。他能遇到的，不过是潜藏在芦苇和蕨类植物中的一些昆虫以及翼手龙罢了。

还有，这个穿越者同样不太可能找到哺乳动物的踪迹。与鸟类相比，原始的哺乳动物要早出现几百万年。但在那个时候，它们还十分渺小、稀少，不会引起任何注意。

与早期的鸟类的处境类似，敌人侵袭和生存竞争同样威胁着早期哺乳动物的生存。为此，它们不得不做出与鸟类相同的选择，迁徙至气候恶劣的地区。在这种情况下，它们抵御严寒的能力渐渐提高，身上的鳞片也逐渐演变为能够有效防止热量外散、保持体温的羽毛状鳞片。终于，在长时间的进化之后，它们也发展成为恒温动物。只不过，哺乳动物的羽状鳞片并没有像鸟类那样渐渐形成羽毛，而是最终进化为毛发。哺乳动物不会像鸟类那样孵卵，而是将卵保护在其温暖的身体内，直到幼体发育成熟。它们中的绝大多数都是胎生的，幼体在离开母体那一刻起就是一个活生生的生命。即便在下一代诞生之后，它们依然会负责养育、呵护幼小的生命。今天，多数哺乳动物都有哺育后代的乳房。当然，特例也是有的，比如鸭嘴兽和食蚁兽，它们

始祖鸟化石，始祖鸟被认为是介于有羽毛恐龙和鸟类之间的过渡物种。

都没有乳房，而且都是通过产蛋来繁育后代，然后用皮下分泌的养料来哺育幼崽。食蚁兽在产卵之后，就将其装入腹部下方温暖安全的育儿袋中，直到幼崽被孵化出来为止。

然而，就像一个游客前往中生代参观，可能几天甚至几周才能寻找到鸟的踪迹一样，如果不事先知道确切位置的话，哺乳动物的踪迹也是同样难寻。毕竟，在中生代，鸟类和哺乳动物都属于稀奇的、次等的、不占主导地位的动物。

按现在的推测，爬行动物的黄金时代大约持续了8000万年。如果我们用人类有限的知识去观察这一漫长的岁月，人们一定会以为：这个充满阳光、欣欣向荣的世界，将会这样永远地延续下去；匍匐于沼泽地上的恐龙以及天空中展翅飞翔的飞龙，也会一直繁衍兴盛下去。然而，属于爬行动物的幸运日子到此为止。走过漫漫岁月，地球不仅没有向前发展，甚至还出现了倒退现象，环境变得越加恶劣，海洋、陆地和高山都呈现出完全不同的样貌，与从前不再相同。岩层的变化告诉我们，在经历了中生代的繁荣之后，地球上的生命进入了衰落期。在此期间，地球的环境持续地变化着，生物的种类也随之发生巨变——一些新的奇特的物种出现了。此时，为了应对灭绝的威胁，旧有的物种必须想方设法提高自己的适应性。例如，在中生代的晚期，菊石类动物就衍生出多种多样的变种。在安定的环境中，由于缺乏动力去改变什么来适应环境，此时它们常常处于停滞状态，基本上一成不变。在新环境下，旧有的物种备受折磨，但那些新生的物种却得到了生存和发展的大好时机……

从这里开始，岩石记录中断了数百万年。时至今日，整个物种进化史的轮廓依然被一重幕帘罩得严严实实。当幕帘被再次揭开的时候，爬行动物时代已告终结。无数的菊石类动物以及恐龙、鱼龙、翼手龙和蛇颈龙都已从地球上消失灭亡。它们曾经如此兴旺繁盛，普天之下到处都有它们的足迹，却在这样短的时间内统统灭绝了,没有留下任何的后代。严寒吞噬了它们。它们的进化速度没能赶上环境变化的速度,环境的恶劣程度远远超出了它们的承受范围,它们才无法在新环境中立足。就这样,中生代的物种遭到了持续的、彻底的毁灭。接着,我们又看到地球上的另一番新气象:一批更新的、更加生机勃勃的动植物占据了这个世界。

当生命的历史又翻开新的篇章时,整个世界依然处于一片荒凉和冰冷。后来,依靠脱落树叶抵抗冬雪摧毁的乔木,能够开花的植物和灌木,替代了曾经的苏铁类和热带松柏类植物。从前爬行动物主宰的地盘上,重新被日益增多的鸟类和哺乳类动物所占据。

第8章
哺乳动物的时代

中生代之后，地球上生物进化的下一个时期便是新生代。在这一时代，地壳不断隆起，火山剧烈喷发，许多巨大的山脉都是在此期间形成的，如阿尔卑斯山脉、喜马拉雅山脉、落基山脉和安第斯山脉等。地球上的大洋和陆地也是在此时，才具有了最初的轮廓。根据现在人们的推算，新生代初期距今大约是八千万年到四千万年。

在新生代初期，地球上的气候是相当严酷的。接着，气温逐渐升高，形成了一个新的物种繁盛期。后来，气候再度恶化，地球又进入了一段极其寒冷的冰河时期。现在我们所生活的世界，就是以此为起点逐渐发展而来的。

即便是现在，我们对气候变化的原因也不够了解，仍无法预测气候变化的趋势。此后，地球上阳光可能会更加灿烂，也可能温度会更低，陷入新一轮的冰期；火山活动和造山运动可能会日益剧烈，也可能安安稳稳，逐渐平息、减弱。由于缺乏相关的科学依据，结果究竟会怎样，我们尚不得而知。

新生代伊始，禾本植物出现了，地球上第一次出现草原。一度默默无闻的哺乳动物现在得到机会，全面发展，草原上出现了不少有趣的食草动物以及以它们为食的食肉动物。

起初，这些早期的哺乳动物与中生代那些曾繁盛一时的爬行动物十分相似，只有很少的特征不同。所以，一些粗心的观察者便以为，地球上现在开始的这一轮物种繁盛的温暖时期，仅仅是上个黄金时代的重演。所不同的，不过是哺乳动物取代了爬行动物，鸟类取代了翼手龙罢了。但这完全是一种肤浅的比较。宇宙的变化无穷无尽，永远在不断地向前演进，绝不会完全相同地重复。新生代和中生代生物的差异性，远远比它们之间的相似性，意义更为深远。

这两个时期生物最根本的差别，主要体现在心理层面上。从母体与后代之间的接触程度上讲，哺乳动物与鸟类和爬行动物有着本质区别。除极个别情况外，爬行类动物在产卵后都会转身离开，这些卵与自己便再无瓜葛，任由其自行孵化。小的爬行动物无法从父母那里得到任何生存的本领，自始至终，它们的知识都源于自己孤身一人的经历而已。这些孤独的爬行动物，它们也许能够容忍同类的存在，但那些同类与自己实际上并不相关，彼此之间既不会相互模仿、学习，也不会共同合作。哺乳动物和鸟类则与此不同，甫一出生，它们便会受到父母的哺育和抚养，从而建立起一种独具特色的适应能力，彼此之间互相模仿、学习、交流，甚至能够通过警戒的鸣叫声或其他协同行为而联系在一起，使得控制和教育成为可能。正是这个缘故，"可教育的"生物在地球上出现了。

新生代早期出现的哺乳动物，它们大脑的体积并不算太大，与更活跃的肉食性恐龙相比，也只是略有优势而已。但是，如果我们沿着岩石记录继续观察，便会很容易看出，此后不管哪类哺乳动物，它们的脑容量都在持续地增长。举例来讲，新生代早期有一种巨型犀牛，它们的生活习性和现代犀牛十分相似，然而巨犀的脑容量还不到后者的十分之一！

早期的哺乳动物似乎在哺乳期刚结束后，就会与其后代分开。尽管如此，哺乳动物在此期间已经培养出了彼此理解、沟通的能力，这将会对它们

哺乳动物养育后代的方式使模仿、交流成为可能。

此后的生存大有裨益。于是，我们很容易看出，许多哺乳动物的社会性生活已经开展起来了。它们成群结队地在一起，彼此关照、互相模仿，并通过各种动作和叫声来传情达意——这都是此前的脊椎动物未曾有过的。爬行动物和鱼类也会成群结队，但那是因为它们大量繁殖和条件相似的状况下才聚在一起的。而对于社会性群居的哺乳动物来说，它们的联合并不仅仅是由于外部压力，更由于它们头脑深处的彼此感知而维系。它们在同一时间、同一地点聚在一起，不仅是由于彼此相像，更重要的是它们心中有一种彼此亲昵的感觉。

爬行动物与人类的内心世界截然不同，因此我们很难对它们产生好感。

对于爬行动物那些简单、冲动的本能动机，比如饥渴、恐惧和痛恨等，人类往往无法理解。人类的动机是复杂的，懂得权衡利弊，更加在意结果，而不是简单的冲动。哺乳动物和鸟类都有自控能力，会考虑到同类中别的个体的习性，有社会性诉求，能够克制自己——从这一点看，它们与人类低层次的标准还是有点相像的。正因如此，人类才能和几乎所有的哺乳动物和鸟类建立起一定的联系，它们痛苦时的叫声或动作也能够引起我们的同情。我们能够通过相互的认识，理解它们的痛苦，它们也因此能够被我们驯化。

动物大脑的急速发育，是新生代时期最值得关注的事实，因为它标志着生物个体之间新建立起一种相互交流与相互依存的关系，也预示着人类社会即将诞生——这方面的内容我们很快就会涉及。

随着新生代的继续演进，地球上动植物越来越接近于我们今天看到的样子。巨型犀牛和各种形态丑陋、笨手笨脚的巨兽逐渐消失，逐渐进化为长颈鹿、骆驼、马、象、鹿、犬、狮、老虎等一系列动物。马的进化史在地质记录中尤为清晰翔实，从新生代初期小貘状的原始马开始，其进化过程中各个阶段的化石都可以找到。此外，关于美洲驼和骆驼，也留下了比较精确的记录。

第 9 章
猿、类人猿、原始人

　　自然学家根据解剖学上的相似性，而不考虑心理、智力方面的因素，将哺乳动物纲分为若干目，如狐猴、猿、类人猿以及人类在内的灵长目，这些都位于哺乳动物纲的前面。

　　灵长类动物的历史，很难凭借地质记录解释清楚。像狐猴、猿等绝大多数灵长类动物都生活在森林里，只有狒狒等少数生活在光秃秃的岩石上，所以它们被淹死的概率很小，自然地，也就不大可能被沉积物覆盖而形成化石。而且灵长类动物的种类也相对较少，远不如马、骆驼等祖先那样繁盛，因此，它们的化石实在少之又少。但我们知道，在大约四千万年前的新生代早期，原始的猿和狐猴类动物已经出现，只是大脑还不甚发达，远不如它们的后代已有专门的分工。

　　继石炭纪沼泽期和爬行动物时期之后，生物演化史上的又一个盛夏——新生代中期也结束了。地球又一次进入了冰河时代，严寒笼罩大地，之后还经历了短暂回暖又变冷的间冰期。在那段温暖的间隙，河马在茂密的亚热带丛林中翻滚打转，牙长如剑的剑齿虎在记者们来往的弗利街（在伦敦附近）附近寻找猎物。现在又到了寒冷荒凉的时代。寒冷之后，是更为严酷的寒冷；荒凉之后，是更为寂静的荒凉——大灭绝开始了。在此期间，一大批动植物从地球上永远地消失了。披毛犀适应了这样寒冷的气候，还有大象的近亲猛犸象、北极的麝牛和驯鹿，它们都成功渡过了这次劫难。然后，一个又一个世纪过去了，在这死寂的冰天雪地中，北极的冰盖不断向南延伸，把英国的泰晤士河和美国的俄亥俄州都覆盖在下面。当然，其间也可能有过数千年短暂的温暖时期，但很快便又会回到更严酷的寒冷之中。

地质学家将这冰天雪地的年代分为第一、第二、第三、第四冰河期，而介于每两个冰河期之间的回暖时期则被称为间冰期。而我们现在所生活的地方，正是经历了冰河时代严酷寒冷摧残的满目疮痍的世界。第一次冰河时代出现在六十万年前，而第四次冰河时代在大约五万年前达到最严酷的时期。正是在这漫长的冰天雪地中，第一批类人动物在我们的星球上出现了。

新生代中期出现了多种猿类，它们的颚骨和腿骨与人类颇为相似。但是，直到冰河时代来临前，我们才发现可以称之为"类人"的生物遗迹。必须指出，这些遗迹并不是遗骸，而是工具。在欧洲，在大约五十万年到一百万年前的沉积岩中，人们找到了一些特殊的燧石和石块。很明显，这些石头是被手工磨制出来的，边缘非常锋利，是用于锤打、切削或战斗的，被称为原始石器。在欧洲，制造这些原始石器的动物遗骸一直都没有发现，所能找到的只有石器本身。尽管我们完全可以说，制造这些东西的并不一定是人类，也可能是某种聪明的猴子。但是在爪哇岛的特雷尼尔，从这个时代的沉积岩中，人们成功找到了某种猿人的一块头盖骨和各种各样的牙齿、散骨。值得注意的是，这种猿人的头盖骨比任何现存的猿人的头盖骨都要更大，似乎已能直立行走。这种生物现在被称为直立猿人，意思就是会直立行走的猿人。而在爪哇岛发现的这一小堆骨头，也成为我们猜测原始石器制造者样貌的唯一依据。

在距今二十五万年的砂岩层中，我们终于找到了原始人的蛛丝马迹。从岩石记录中我们可以看到，大量的石器被制造出来，且质量较以前有明显改善。与此后出现的真正的人类工具相比，这些石器明显要大得多。后来，在海德堡的沙坑中发掘出一片形似人类颌骨的骨片。与智人相比，这块骨片要更重、更窄一些，这种动物很难自由转动舌头而发出清晰的声音。科学家们根据这块颌骨的强度推断，这种类人的动物必定体格非常强壮，身躯高大，四肢发达，毛发浓密，后来被称为"海德堡人"。我认为，这块颌骨是世界上最能激起人类好奇心又最令人烦恼纠结的东西了。这种感觉就像用一架破旧的望远镜去窥探过去的场景，模模糊糊、隐隐约约中，我们看到它们在寒冷的旷野中缓缓前行，为躲避剑齿虎而四处攀缘，警惕地防备着丛林中出没的披毛犀……在我们还没能仔细分辨出模样的时候，它们却倏忽不见，只留下这些残存的石器，徒然让我们怅惘不已。

更意外的是，在萨塞克斯的皮尔当沉积岩里，一种距今十五万年到十万年的动物遗骸被发现了。有的科学家认为，这些遗迹比海德堡人的年代更早。科学家们从

英国肯特郡出土的阿舍利手斧，这是直立人使用的燧石器。

中发现了一块原始人的头盖骨，比现存类人猿的头盖骨更厚、更大。而其中还有一片与黑猩猩颚骨相似的骨头，目前尚不明确究竟属于它身上的哪个部位。除此之外，还有一块蝙蝠状的大象骨，显然，它是被加工过的，上面留下了一个被钻出的孔洞。更值得一提的是，科学家还发现了一块刻着神秘符号的鹿大腿骨，很像是祭司们常用的符杖。

这种坐在地上给石头打孔的，究竟是怎样的一种动物呢？

科学家称之为原始人。原始人与海德堡人、现存的类人猿及其亲支近脉都不相同。除此之外，我们也没有关于原始人的其他发现。但是在此后十万年的沙砾层和沉积层中，各种石器越来越多地出现了——而且它们已不再是"原始石器"了，考古学家已能够区分出其中的刮刀、钻子、小刀、矛、标枪、投石和斧头了。

我们已离人类越来越近……在下面的内容中我们将会介绍人类先驱中最为奇特的尼安德特人，尽管它们还没能真正进化成人，但已经相当接近了。

但是，在此我们不妨明确指出，没有任何一个科学家认为海德堡人或原始人是现代人类的直接祖先，这些不过是与人类最接近的亲族罢了。

第10章
尼安德特人与罗德西亚人

　　大约在五六万年前，第四次冰河时代最冷阶段来临前的日子里，地球上有一群与人类十分相像的动物。哪怕在几年前，人们还把它们的遗骸当成人类的骨头。我们有它们的骨骼化石和它们制作、使用过的工具；我们知道它们早已学会生火，穴居，已学会把兽皮裹在身上御寒；我们甚至知道，它们和现在的人类一样，也习惯于用右手劳动。

　　然而，它们终究不是真正的人类。人种学家告诉我们，它们不过是同一属中的另一个不同种类罢了。它们的前额低平，眉骨隆起，下颚厚而突出，拇指无法做到像人类那样，与其他四根手指握在一起；它们的脖子僵硬，无法完全回头或者向上仰望。它们很可能是俯身行走的，头向前倾斜着。它们的颚骨与海德堡人的极为相似，同样没有下颚，这一点与人类明显不同。另外，它们的牙齿也跟人类的迥然不同，臼齿的结构更为复杂——是更复杂而不是更简单。它们的臼齿不像人类臼齿那样有长长的牙根，并且没有人类所特有的犬齿。它们头盖骨的容量与人类十分接近，只是脑后部更大，前部更低，智力上与人类有很大差距。因此，不管从生理上还是从心理上来看，它们都不可能是人类一脉相承的祖先。

这些早已灭绝的人种的骨骼化石是在尼安德特发现的，所以人们就将其命名为尼安德特人。也许，它们曾经在欧洲生活过非常长久的时间。

那时，我们这个世界的气候和地理都与现在大不相同。例如，欧洲的许多地方仍被冰雪覆盖，南至泰晤士河，一直延伸到欧洲中部和俄罗斯境内；英国与法国之间也没有被英吉利海峡隔开，地中海和红海都还只是巨大的峡谷而已，其中低洼的区域分布着许多湖泊；一个巨大的内海，从现在的黑海开始，穿过俄罗斯南部，一直延伸到中亚地区。尽管不能说整个欧洲都是一片冰冻的世界（如西班牙就没有被冰雪覆盖），但说实话，那时的欧洲的气候简直比拉布拉多半岛还要恶劣。从欧洲一直向南，直到北非，气候才稍微温暖一些。当时，在欧洲南部寒冷的草原上，除了一些稀疏的寒带植物外，其余都是一些耐寒动物，如多毛的猛犸象、大野牛、披毛犀、驯鹿等。无疑，它们随着植物的生长季节而迁徙觅食，漂泊不定，春天迁到北方，秋天又回到南方。

和那些耐寒动物们一样，尼安德特人也是这样生活的，它们不断迁徙，浪迹天涯，以小动物和植物的根茎、果实为食。从它们整齐、细密的牙齿推测，它们平时主要的食物是嫩枝和根茎，应该是素食者。然而，从它们生活过的洞穴中，我们找到了一些被敲碎的大型动物的长骨，其中骨髓已被吸食得一干二净的。从它们所使用的武器来看，它们还无法跟这些大型动物正面搏斗。因此，它们可能是趁猎物渡河不便时，用长矛偷袭得手；也可能是设下陷阱诱捕猎物；又或是尾随在兽群后面，当群兽发生混战时坐收渔利；还有可能是利用当时尚存的剑齿虎，坐享其成。据推测，冰期的生存条件过于恶劣，长期素食难以为身体提供足够的热量，为此尼安德特人才不得不改变生活习性，开始捕食野兽。

至于尼安德特人的外貌，至今人们仍未弄清楚。它们可能全身长满长毛，完全没有一点人的样子。甚至，它们能否直立行走都是个问题；为了支

第10章　尼安德特人与罗德西亚人　　037

尼安德特人生活场景想象图。

撑身体，极有可能是手脚并用。尼安德特人大概是单独行动的，也有可能是和小族群一同行动。从它们颚骨的结构来看，它们所使用的必定是我们人类所无法理解的语言。

在数千年的时间里，尼安德特人可能都是欧洲地区最高级的动物。直到距今三万五千到三万年的时候，随着气候逐渐变暖，才出现了一种更为聪明、能够用语言交流、懂得互相协作的同类物种。他们从南方侵入尼安德特人的地盘，把它们从岩洞中赶了出去，争夺着同样的食物，并挑起了残酷的战争，将其彻底消灭。这些从南方或东方新来的征服者，究竟源自何地，依然不为人所知。但是，我们能肯定的是：他们就是与我们有亲缘关系的最初人类。从解剖学的角度来看，他们的头盖骨、脖颈、牙齿和拇指，都和人类的相同。在克鲁马努和格里马迪的洞穴中，人们发现了一些他们的碎骨——这是迄今发现的最早的真正人类的遗骸。

就这样，人类的遗迹在岩石记录中显现出来了。人类的历史开始了。

尽管气候依然恶劣，但在那些日子里，世界已变得越来越像我们现在所生活的世界了。在欧洲，冰河时代的冰川正逐渐消退；草原上的植物也越来越茂盛，法国和西班牙的驯鹿越来越少，取而代之的则是庞大的马群。而在南欧，猛犸象日渐稀少，最后完全撤退到了更北的地方……

我们不知道真正的人类最初起源于何处。但是，1921年的夏天，在南非的布罗克希尔地区发现了一个非常有趣的头骨和一些骨架碎片。从各种特征来看，他们应该是介于尼安德特人和人类之间的第三种人。与尼安德特人的大脑相比，他们的脑前更大，脑后更小，而且头骨像人类一样直立在脊骨上。牙齿和骨头也与人类颇为相像。但那张脸则是一副类人猿的样子，眉骨突起，头盖骨中部隆起。这种动物实际上已经属于真正的人类了，通常被称为罗德西亚人，尽管长着一张与尼安德特人类似的脸，但明显比尼安德特人更接近人类。

罗德西亚人的头盖骨，可能是继尼安德特人之后的第二种亚人类种族。从冰河时代开始，这些亚人类种族就已经生活在地球上，并延续了很久，直到他们共同的后代，同时也是他们共同的埋葬者——真正的人类诞生。从罗德西亚人的头盖骨来看，他们本身的年代不会特别古老，但直到这本书出版时，人们还无法判断他们生活的确切年代。似乎直到近代，在非洲南部的一些地区，仍生活着这种亚人类种族。

第11章
真正人类的出现

现在，在西欧，特别是法国和西班牙，经常能够发现早期人类留下的遗迹。科学已经证实，这些遗迹确实属于与我们有着亲缘关系的最早的、真正的人类。据推测，在法国和西班牙发现的这些骨骼、武器、有划痕的骨头和岩石、雕刻过的骨片、岩壁及洞穴壁画等，大约形成于三万年前。从目前的情况来看，西班牙是拥有最早人类遗迹最丰富的国家。

当然，我们所收集到的早期人类遗迹，只是一个积累的开始。我们希望未来能有更多的人对所有这些相关材料进行一番彻底的考察，让考古学家进入尚未涉足过的非洲和亚洲的大部分地区。我们必须保持相当审慎的态度，不能轻易便认定智人最早就出现在西欧。

在亚洲、非洲以及某些如今已经沉入海底的地区，也可能存在着比今天发现的更为丰富、更为久远的早期智人遗迹。在这里之所以唯独没有提及美洲，那是因为直到今天，在美洲还没有发现任何高级灵长类动物的遗迹，不论是类人猿、亚人类、尼安德特人还是早期智人，一切都是空白。直到旧石器时代末期，人类才首次通过如今已被白令海峡隔断的陆路，到达美洲大陆。

我们在欧洲发现的最早的真正人类，看起来至少属于两种以上完全不同的种族。其中的一个种族已经进化得非常高级，身材高大，头脑发达。其中一个女性头盖骨，她的脑容量甚至超过了当今男子脑容量的平均水平。另外一具男性遗骸，其高度超过六英尺，与北美的印第安人十分接近。由于这些骨骼是在克罗马农的岩洞中被发现的，故而被称为克罗马农人。没错，他们是野蛮人，但却是高级的野蛮人。另外一个种族，发现于格里马迪的岩洞中，从其特征来看应该是黑人，与今天非洲南部的布须曼人、霍屯督人最为接近。有趣的是，在人类已知历史的开端，就已经至少被划分为两个人种：前一种可能是来自于东方或北方的褐色人种，后一种可能是来自于赤道以南的黑色人种。

这些大约四万年前的野蛮人，戴着贝壳穿成的项链，身上涂彩，在石头和兽骨上刻下符号，还常常在洞穴中光滑的石壁上绘制一些简单而生动的动物壁画。他们制作了各种各样的器具，比尼安德特人的精巧得多。现在我们的博物馆中，收藏了大量的他们遗留下的器具、雕像和岩画等。

最早的原始人以狩猎为生，主要的猎物是当时的一种下巴长有胡须的小型野马。由于野马逐水草而居，因此原始人也就随之迁徙。此外，野牛也是他们的捕捉对象。另外，他们想必也和猛犸象打过交道，一幅模糊不清的壁画显示，他们曾经利用陷阱捕杀过这些庞然大物。

原始人狩猎的主要工具是长矛和掷石，还没有发明出弓箭。至于是否已经能够驯服动物，这也是一个问号。至少，他们当时还没有狗。人们曾经发现过一个马头雕像，还有一两幅有辔头的马的画像，马的身上套着皮革或兽筋拧成的缰绳。不过，当时这一地区的马实际上体型很小，无法驮人，即使已经被驯化，也只能用来驮运一些东西罢了。难以置信的是，他们可能直到那时还没有学会喝动物的乳汁。

看起来，他们可能已懂得搭建兽皮帐篷，却还不会建造任何房屋。他们

阿尔塔米拉洞窟中的公牛岩画。

能够制作黏土塑像，但是还不会制作陶器。由于缺少烹饪工具，他们的烹饪技术必定非常粗糙，甚至根本不会加工食物。除此以外，他们对耕作和纺织等也仍然一窍不通。除了身上披了一层兽皮外，他们依然是一群赤身露体、满身涂彩的野蛮人。

　　这些已知最早的人类，可能在欧洲的开阔草原上狩猎了上万年。后来随着气候的变化，他们不断地迁徙，自身也随着环境不断改变。一个世纪又一个世纪过去了，欧洲变得越来越温和、越来越潮湿。驯鹿向北方和东方撤退，野牛和马也随之而去。森林取代了草原，赤鹿取代了野马和野牛。随着用途发生了改变，原始人类的工具也变得大不相同。在河流、湖泊的捕鱼活动，对人类来说日益重要，骨制的精细工具也因此越来越多。"这个时代的骨针，"摩尔蒂莱曾说，"比后来的，甚至文艺复兴以前任何历史时期的都要好得多。比如罗马人，他们就从来没有做出过能够与之媲美的针。"

大约距今一万五千年到一万两千年，一个新的民族迁徙到了西班牙南部，在那里裸露的岩壁上留下了许多非常引人注目的画像。这些人就是阿济尔人（以阿济尔山洞命名）。他们懂得制造弓箭，可能头上还戴着羽毛头饰。他们的绘画极为生动，并逐渐演化为一些简单的象征符号，例如，一个人可以用一条竖线或两三条横线来表示——这预示着文字观念开始萌芽。除了一些狩猎图画外，他们还常常会画一些符号似的图案，其中的一幅就表现了两个男人熏蜂巢的场景。

这些人算是旧石器时代的最后一批人了，仍然使用着削制的石头器具。直到距今一万两千至一万年，欧洲出现了一批采取新的生产方式的人类，他们不仅会削制石器，而且还懂得磨制石器，并且开始了农耕生活——新石器时代开始了。

有趣的是，在近一个世纪以前，在世界上的一个偏僻角落，即塔斯马尼亚，仍生活着一群人，他们在身体和智力水平上甚至还不如上述的早期人种。这里的人很久以前就由于地理上的变化而与其他物种隔绝了，几乎没有受到外界的任何刺激和影响。看起来，他们非但没有进化，反而是退化了。他们的生活潦草简陋，以捕食贝类和小动物为生，连住的地方都没有，只会席地而坐。他们和我们同属人类，但是从灵巧性和艺术才能方面看，他们甚至连最早的人类都比不上。

第 12 章
原始思维

现在，让我进行一番有趣的猜测：在人类的早期，他们的内心世界是怎样的呢？在四万年前，人类还不懂得播种和收获，整日奔走狩猎，那时候他们是怎样思考的，又在思考些什么呢？由于尚没有文字记载，我们几乎只能用推理和猜测来回答这些问题。

为了了解早期人类的心理状况，科学家们采用了许多手段。最新的精神分析学研究发现，为了适应社会生活，儿童会在成长过程中逐渐学会克制、压抑、转化和掩饰自己的本能冲动。这个结果似乎为早期人类历史的研究带来了不少启发。另一种行之有效的方法，就是研究那些未开化民族的心理状况和生活习惯。还有，许多民间传说和一些根深蒂固的偏见和迷信，在现代文明社会中依然存在，也可视为人类的一种精神化石。最后，我们还可以去探究绘画、雕塑、符号等许多东西。与我们的时代越近，这些东西就越丰富，我们也就越能够清晰地了解他们的兴趣所在，最值得记录和重现的事物究竟是什么。

早期人类的思维方式很可能和小孩子的思维方式一样，或者说，都是由一系列富于想象力的图画组成。他想象出一个或多个浮现在他脑海中的形象，并根据这些形象所激起的情绪采取行动。今天，一个孩子或一个未受教育的人就是这样做的。显然，在人类经验中，系统化思维出现得很晚，直到最近三千年，才在人类生活中扮演了重要角色。即使在今天，那些真正能够控制和践行自己思想的人，也只是人类中的一小部分，大部分人仍然只凭想象和激情生活。

也许，在人类历史的最初阶段，人们是以小的家族群体为单位生活的，就像那些成群结队的哺乳动物一样。不过，在此之前，人们必须首先学会对个人的自我中心意识加以约束和限制。子女必须学会敬畏和尊重父母，而群体中的老人也理应设法平息年轻人的那份傲气。同时，母亲是孩子们天然的教导者和保护者。人类的社会性之所以能向前发展，有两方面原因，一是年轻人在成长过程中本能地离开家庭，向外进行探索和开拓；另外一个是他们面对外界的危险和不利因素时，向内与其他同伴互相帮助、共渡难关。天才的人类学作家J. J. 阿特金森在其著作《原始法》中，向我们展示了未开化民族的习俗和禁忌。这是原始氏族社会中不同寻常的事实，被视为原始人进入社会生活时必须具有的一种精神约束。此后的精神分析学家们经过进一步的研究，也证实了阿特金森的这种解释。

一些善于思考的作家试图让我们相信，早期人类对年高德劭者的尊重和敬畏，对年长女性保护者的爱慕和依恋，往往都会在幻想和梦境之中被夸大和复杂化，并最终导致了男神与女神概念的产生，并构成了原始宗教的主要内容。在原始社会里，那些强大、仁爱的人，即使在去世之后，人们依然对其心存敬畏，因为他们仍时不时地出现在人们的梦境当中。早期人类因此认为，死者并未真正地死去，只是神秘地移居到了一个遥远的、更加拥有不可思议的力量的远方而已。

与成年人相比，儿童的梦境、想象和恐惧要更加生动、真实。在这一点上，早期人类与儿童更为相像。此外，他们与动物也要更亲近一些，认为动物拥有与自己一致的动机和情感反应，因此会将动物想象成一个朋友、敌人甚至神灵。如果你想要了解旧石器时代那些怪异的岩石、丑陋的树瘤、奇特的树木等东西，对早期人类究竟有多么非同寻常的意义，又产生过多么重大的影响的话，那么我们恐怕只能再做一次想象力丰富的孩童了。早期人类利用幻想将这些东西加工成各种故事和传说，其中的一部分方便记述和流传，女人们将其讲给孩子们听，以后代代相传，至今不绝。现在一些富有想象力的儿童，常常会以自己喜欢的玩偶、小动物或者一些半人半兽的东西为主人公编造故事，早期人类似乎与此如出一辙，而且比儿童们更相信这种想象是真实存在的。

我们如今所知道的最早的人类，可能已经非常善于进行语言交流了。从这点来讲，他们可要比尼安德特人先进多了，后者很有可能依然处于默默无言的阶段。当然，早期人类的语言可能依然很不完善，只有很少的一些名词，并且还需要很多手势和动作的补充。

无论多么低等的人类，他们都有一套自己的因果论。然而，早期人类由于缺乏最基本的分析能力，往往会把两种风马牛不相及的事物联系在一起，生硬地认为某种原因会造成某种不相干的结果，又武断地把某种结果归结为某种不相干的原因。比如，给小孩吃了毒草莓，小孩便会死去；如果生吃了一个强敌的心脏，自己便会更加强壮。前一种确实是正确的因果关系，而后一种则完全错误。我们把早期人类信奉的这种因果系统称为"物神崇拜"，它是野蛮人的科学，与真正的现代科学相比，它是不成系统、不加鉴别的，因此也是错误百出的。

很多时候，要将事物的原因和结果正确地联系在一起并没有那么困难；在另外一些情况下，即使有一些错误的想法，也可通过实践得以慢慢纠正。那些对于早期人类一些极重要的命题，虽然他们在不断努力地探索原因，但所获得的答案又往往是错误的，而错误的程度又让他们很难意识到自己的

英国社会人类学家弗雷泽在其代表作《金枝》中对人类的原始思维做出了开创性的阐释。

错误。对他们来说，最重要的事情就是能不能抓到足够多的野兽和大批鱼虾。为此，它们坚定地相信只有经过千百次的诅咒和占卜，才能实现自己的心愿。疾病和死亡是他们关注的另一件事情。有时人们由于瘟疫的流行而大量死亡，有时则没有明显症状便突然死去，这些事情常常引起早期人类的激动、伤悼的情绪，他们因此会做出一些狂热的行为。梦境和幻想使他们常常陷入无端的猜测中，将自身与某个人、某种动物、某一类事物胡乱地联系起来，有时诅咒，有时哀求，像小孩子一样容易感到恐惧和惊悚。

在早期人类的小群体中，那些年长且有威望的人也会幻想，也会感到恐惧。但由于他们更为尊贵，在遇到这种情况时，他们必须比别人更加镇定，并在关键时刻训诫和劝导部落中的其他成员，指出什么是凶兆，什么是不可避免的，什么是吉兆，等等。"物神崇拜"的领袖和会念符咒人是最早的祭司，负责训诫、解梦和预言，也负责施展一些禳灾祈福的巫术。这种原始的宗教与我们今天所敬奉的宗教完全不同，事实上，它只是一种习俗和仪式；古代祭司们所传授的，其实都是一些独断的、原始的实用科学。

第 13 章
农耕的开始

尽管在过去的五十年里，学者们进行过大量的研究和推测，但有关世界上最早的耕种和定居的起源问题，目前我们仍然一无所知。目前唯一能够确定的是，在大约公元前一万五千年到公元前一万两千年间，生活在西班牙南部的阿济尔人，仍在以狩猎为生，随后不断向北和向东迁徙。与此同时，在北非、西亚或尚未被淹没的地中海地峡中，有一些人祖祖辈辈都在做着两件极其重要的事情：耕种土地和驯养动物。除了他们的猎人祖先使用的打猎工具外，他们还学会了磨制石器，甚至懂得用植物纤维编织粗糙的织物，并且已经能够制作粗陋的陶器了。

人类文明已经进入新石器时代，这与克罗马农人、格里马迪人、阿济尔人等所生活的旧石器时代完全不同。新石器时代的人类向地球上的温暖地带不断扩张，在此过程中，他们的先进技术也随之在世界各地传播开来，其他的民族通过模仿和学习，也逐渐掌握了先进器具的制作工艺和驯化野兽的方法。因此，到公元前一万年时，大部分人类都已达到了新石器时代的水平。

对一个现代人来说，耕地、播种、收割、脱粒和磨粉，这是再自然不过的过程了，正如地球是圆的一样，这属于常识。"要不然呢？还能是别的顺序不成？"人们肯定会这样反问。但是，对于两万年前的早期人类来说，这种在今天看来如此明确的事实和必然的推断，却仍是很难理解的。经过了大量的试错和无数次的证伪，流过那么多徒劳无功的汗水，最后才找到了行之有效的操作过程。在地中海地区的一些地方，曾经有过野生的小麦，那里的人们似乎早在学会播种之前就已经懂得舂磨麦子了。换句话说，他们在学会播种之前，就已经学会收获了。

一件尤其值得注意的事情是，世界上哪里有播种和收获，哪里就可以看到用活人作牺牲的血祭仪式。播种的观念与血祭的思想紧紧地扭结在一起，其背后的原因深深地吸引着那些好奇心强的人。对此，感兴趣的读者可以参看 J. G. 弗雷泽的不朽名著《金枝》，里面有非常全面的论述。我们必须记住：这只是生活在神话世界里、幼稚且充满幻想的原始人心中的一种莫名情愫，理智的推理是无法对此进行解释的。在一万两千万年到两万年前，每当播种的季节到来时，新石器时代的人类就会选出一些人作为牺牲，完成血祭仪式。通常，这些人并不是身份卑贱或遭到驱逐的人，而是被精挑细选出来的童男童女。献祭之前，这些人还将享受极其尊贵的礼遇。后来，这演变为一种固定的模式，由经验丰富的长老主持。

起初，早期人类对季节的概念是相当模糊的，决定播种和献祭的合适时间对他们来说相当困难。我们有理由相信，在人类历史的早期，一定经历过没有"年"的阶段。最初的年代记录中，以月亮的一次圆缺作为一个月，《圣经》中之所以出现那么多"高寿"的先民，其实就是误把"一个月"算成了"一年"。古巴比伦人的历法中也可以明显地看出这种迹象，他们为了计算播种期，以月亮的十三次圆缺作为一个循环。这种历法迄今仍有影响。例如，基督教的复活节并不是每年都在固定的日子举行，它实际上与月亮的盈亏有关，每年的日期都会随之改变。很多时候，人们对这种异常现象已经习以为常，因而不自觉地将其忽视了。

原始部落普遍相信人的血液具有强大的力量，血祭这种祭祀方式直到 18 世纪仍在部分地区流行。

最初的农民是否观测星象，这很难下定论。最早开始观测星象的，更可能是游牧民族，因为他们需要利用星辰来辨明方位。但是，当人类意识到星象可以确定季节的时候，它对农业的重要性便凸显出来了。当他们认识到播种、献祭的时间总是与某颗重要的星星位置的南移或北移紧密相关时，这颗星星也就理所当然地成为他们崇拜和神化的对象了。

由此我们不难想象，在新石器时代初期的社会中，那些懂得血祭和星象知识的人，在部落中的地位是何等的重要！

早期人类对污秽和不洁有着深深的恐惧，这就让那些懂得如何消除这种恐惧的人拥有了某种权威。所以，原始社会中一直存在着男巫和女巫、男祭司和女祭司。这些最早的祭司，与其说是一种神职人员，不如说是当时的实用科学家。他们的知识大多是经验的积累，以现代人的观点来看往往都是错误的。他们谨小慎微，守口如瓶，唯恐这些知识泄露出去，被其他人掌握。尽管如此，却无法改变这样的事实：他们的首要职责是拥有知识，他们的第一要务是将这些知识运用于生活中。

一万两千年至一万五千年前，世界上所有气候温暖、水源丰富的地方，都遍布着新石器时代的群落社会。在每一个群落中，都有着祭司阶层与祭祀传统，有着耕地和兴起的小村落，还有由简单城墙围起的小城池。久而久之，各个群落之间也形成流动，思想的传播也逐渐开展。艾略特·史密斯和里弗斯把这些早期农业居民的文化命名为"日石文化"。也许，"日石"（太阳和石头）这个名字并不够恰当，但在科学家找到下一个更贴切的名字之前，我们也只好先这样勉强称呼着了。日石文化发源于地中海或是西亚的某个地方，而后散播到东方，从一个岛屿传至另外一个岛屿，最终横渡太平洋，到达美洲。在这里，它与来自北方更为原始的蒙古系部族生活方式最终互相融合在了一起。

深受日石文化熏陶的褐色人种，不管走到何处，都会带去他们的奇妙想法和令人匪夷所思的行为习惯。他们的一些奇妙想法，只有心理学家才能

位于英格兰威尔特郡埃姆斯伯里的巨石阵是典型的"日石"崇拜遗迹。

勉强弄懂其中的含义。也许是为了方便祭司观测天文，他们建造了宏伟的金字塔和陵墓，设置了巨石阵。人死后，他们将尸体或其中一部分制作成木乃伊。他们文身、行割礼，甚至还有"拟娩"的风俗，即妇女生小孩时，做父亲的也要模仿产妇躺在床上，不准吃任何东西。除此之外，他们还创造出了象征幸运的"卍"字纹饰。

如果想要在地图上标出这些习俗的传播轨迹，我们可以沿着温带和亚热带海岸画一条线，起点就是英国的史前巨石阵，随后经过西班牙，并横穿世界，最终抵达墨西哥、秘鲁。不过，在赤道以南的非洲、欧洲中北部和亚洲北部地区并未包含在内——这些地方的种族是完全独立发展的又一人类支脉。

第14章
原始的新石器时代文明

大约公元前一万年,世界地理的大致轮廓与今日已相差无几了。在那个时候,穿过直布罗陀海峡的天然巨型堤坝,在海水日积月累的侵蚀之下,已经訇然中开,地中海与大洋从此相连,海岸线与现在已经几乎相同。那时,里海的面积可能比现在要大得多,可能还和黑海连在一起,水面一直向北波及高加索山脉。那时候中亚沿海一带还没有成为荒野和沙漠,而是一片肥沃的土地,适宜人类的居住。总的来说,当时的地球还是一个湿润丰饶的世界,俄罗斯的欧洲部分有比现在多得多的沼泽和湖泊,亚洲和美洲之间的白令海峡可能还是一片陆地。

我们今天所知道的所有主要人种,在当时已经可以明确分辨出来了。在气候温暖、树木丛生的温带地区,沿着海岸线,分布着具有日石文化传统的棕色民族。他们是现在地中海一带大部分居民的祖先,如柏柏尔人、古埃及人以及许多从南方和东方来的亚洲移民。这一庞大的人种支系众多,其他如大西洋和地中海沿岸的伊比利亚人(人们所说的"暗白人种"或"地中海人")、达罗毗荼人(东印度的多数居民以及肤色更黑的印度人)、闪米特人(包括古埃及人、柏柏尔人)、波利尼西亚人、毛利人等,也都是这一主要人种的不同分支。

在这些众多分支中，相对而言，西方分支人种的肤色要更浅一些。此后，在欧洲的中部和北部的森林里，棕色人种中又逐渐分离出一支金发碧眼的"北欧人"。在亚洲东北部的开阔地带，棕色人种又分出另外一支，即黄皮肤、高颧骨、头发又黑又直、眼角向上吊的蒙古人种。在非洲南部、澳大利亚、亚洲南部的一些热带岛屿上，仍生活着许多早期黑色人种的后裔。至于非洲的中部，已经成了多种族杂居的地区。今天，非洲大陆上几乎所有的有色人种，看上去都是北方棕色人种与黑色人种的混血后代。

我们要牢牢记住，人类各种族之间都不存在生殖隔离，是可以自由杂交的。好似飘在天空中的那些云朵，有时分离，有时又能聚在一起相互混合。不像树上长出的枝丫，一经分开，就再难重新会合在一起。我们永远都应该记得，各人种之间，只要有合适的机会，就将重新结合。如果我们能够明白这个道理，就可以避免许多残酷的偏见和臆断。常有人把"人种"挂在嘴上，极为不当地使用这个词汇，并借此发表一些极其荒谬的言论，说什么"不列颠人种""欧洲人种"如何如何。实际上，几乎所有的欧洲人种都是棕色人种、暗白人种、白色人种和蒙古人种等混血的后裔。

新石器时代之后，蒙古人种第一次登上美洲大陆。他们的路线很明确，即通过白令海峡到达北美洲，然后逐渐向南方延伸、扩展。在美洲北部，他们发现了驯鹿；在美洲南部，又发现了成群的野牛。当他们刚踏上南美洲土地的时候，那里应该还生活着巨大的犰狳类动物雕齿兽和身形堪比大象的大懒兽——一种高大、笨拙、奇怪的树懒，后来可能由于体型过大、行动不便而灭绝了。

大多数美洲部落，至今仍处于新石器时代的水平，还在过着狩猎、游牧的生活。他们几乎从来都没认识到铁的用途，日常使用的主要金属也不过是天然存在的金和铜。不过在墨西哥的尤卡坦和秘鲁，由于环境很适合定居的农耕生活，因此早在公元前1000年左右，这些地方出现了一种有趣的文明形态，几乎能够与旧大陆相媲美，但其形式则完全不同。和旧大陆上的原始文明一样，这种新的文明形态也会在播种前进行血祭仪式。然而，在旧大陆，这种原始观念后来往往逐渐淡化，与其他不同观念杂糅甚至被彻底取代。新大陆上的文明却呈现出一种完全相反的趋势，血祭竟一步步地发扬光大，甚至登峰造极。在美洲的这些国家中，其实际统治者是祭司，世俗首脑或战争领袖都要受到严格的宗教戒律和神秘预言的约束。

祭司们将天文学发展成了一种相当精确的高水平科学，比我们后文要讲的巴比伦人更擅长制定历法。在尤卡坦，祭司创造了一种最奇特、最复杂的文字——玛雅文字。按照现在解读出来的内容看，这种文字是专门用来书写刁钻、精确而又复杂的历书的。在大约公元前800年到公元前700年间，玛雅文明的艺术达到巅峰。这个时期的玛雅雕刻，极具创造力和立体感，绚丽夺目，现代人看到后无不赞叹。与此同时，它那奇诡的风格、怪诞的特征及其复杂寓意，又是那么令人困惑。旧大陆的各种文明中，除古印度的一些原始纹饰外，根本没有类似的东西。玛雅人的许多雕刻，看起来简直是欧洲疯人院里一些精神病人的涂鸦之作，他们的精神文化，似乎是沿着一条完全不同的轨迹发展而来。用我们的标准来看，他们的思想完全是非理性的。

这种原始的美洲文明极其迷恋鲜血，人类的鲜血使他们狂热，他们偏离常规，与精神病患者确实非常相像。古代墨西哥文明尤其注重血祭，每年都有数千人沦为祭品。把活人剖开，然后将仍在跳动的心脏扯出来，这里变态的祭司们毕生从事的就是这样一种事业；一切公共活动，包括国家盛典，都是围绕着这种恐怖的行为展开的。

这种社会中普通民众的生活方式，和其他野蛮部落相比，并没有什么两样。他们能够制造精美的陶器和织物，染色技术也很高超。玛雅人的文字并不单单刻在石头上，兽皮等物品上也常常能够看到。这种深奥难解的玛雅文

金字塔是玛雅文明的标志性符号，和埃及金字塔不同，玛雅金字塔不是陵墓，而是祭坛。

书，在欧洲和美洲的一些博物馆中都能够看到。至于其内容，我们只能了解计算日历中的一小部分。在秘鲁，也出现过类似的文字，只不过后来被结绳记事的方式取代了。而在中国，那里的人们早在几千年前就已经采用这种记事方法了。

公元前5000到公元前4000年的旧世界中，已经出现了与此类似的原始文明，比美洲文明大约领先三四千年的时间。这种文明是建立在神庙基础上的，同样也有血祭的传统以及精通天文的祭司。在旧世界里，各种原始文明在互相冲击、共同促进，使世界朝着现代文明的方向发展。然而，美洲的原始文明却止步不前，一直都没有超越其原始阶段。这里几乎每一种文明都局限于自己狭小的世界中。在欧洲人到达美洲之前，墨西哥人甚至对秘鲁都一无所知，对秘鲁人的主要食物马铃薯更是闻所未闻。

日复一日，时光继续流逝，美洲大陆上的居民们一如过往，忙碌地生活、敬神、血祭，然后死去。在此期间，玛雅人的装饰艺术水平达到了前所未有的高度。人们相爱着，战斗着，荒年与丰年、疾疫与健康循环往复。祭司绞尽脑汁完善他们的历法和祭祀仪式，但除此之外，一无所获。

第15章
苏美尔、古埃及和文字

与美洲相比，旧大陆是一个更为广阔、更富于变化的舞台。在公元前7000年到公元前6000年间，在富饶的亚洲地区和尼罗河流域，已经产生了可与秘鲁文明比肩的准文明社会。那时的波斯北部、土耳其西部、阿拉伯南部的土地都比现在更为肥沃，在这些地方，我们发现了早期原始公社的遗迹。在较为低洼的美索不达米亚平原和埃及，首先出现了城市、庙宇和灌溉系统。那时，幼发拉底河和底格里斯河从各自的河口流入波斯湾，在两条大河之间的地带，苏美尔人建立起他们最初的城市。几乎就在同一时间，埃及文明也开始了她的伟大进程。

苏美尔人的鼻子高高的，看上去属于棕色人种。经过破译，他们的语言文字现在已经能够被人所了解。他们已懂得铸造青铜器，并用晒干的泥砖搭建宏伟的塔状神庙。他们常常在黏土上写字，由于质地很好，所以这些文字一直保存到现在。牛、羊、驴子都已被驯化，唯独没有马。他们剃着光头，穿着羊毛衣服，组成密集阵型来与敌人作战，一手拿着长矛，一手拿着皮制盾牌。

几乎所有的苏美尔城市都是独立的国家，有着自己的神灵和祭司。但在有的时候，当其一个城市明显更为强大时，它便会要求其他城市的居民来此进贡。人们曾在尼普尔发现一块古碑，碑文与当年苏美尔的乌鲁克城有关，据记载，这个现存资料中最早的帝国统治者从波斯湾到达红海的广大区域，它的国王兼任祭司，并宣称自己便是这个国家崇拜的神灵。

起初，文字仅是图画记事的简化形式，在新石器时代以前就已经出现了这种萌芽。前面我们提到的阿济尔人的岩画，可以算作文字的开端。岩画中的情景，大多与狩猎和征战相关，人物形象清晰可辨。也许是作画者没有耐心去仔细描绘人物的头部和四肢，他们干脆就用一条竖线和一两条横线来简单表示一个人。图画逐渐简化成约定俗成的象形文字，这是一个很简单的变迁过程。苏美尔人的文字是用芦苇秆按在黏土上面的，要不了多久就会变得模糊不清。而在埃及，人们用颜料在墙壁和纸莎草（最早的纸）上书写，所以他们的文字明显与实物更为相像。苏美尔文字看起来很笨拙，呈楔形，因此又被称为楔形文字。

当图画不是用来代指原物，而可以表示类似的物体时，便说明它比原来更加接

来自苏美尔文明的原始楔形文字泥板，其内容是关于土地的转让。

近于真正的文字了。现在适龄儿童喜欢的字谜，可以很好地说明其中的道理。当我们画出一个帐篷（表示营地，即英语的 camp）和一个铃铛（bell）时，儿童们便会欢快地猜出这是一个苏格兰名字坎贝尔（Campbell）。苏美尔文字与现在美洲的印第安文字很像，是一种音节拼成的文字，能够很容易表达一些难以用图画直接传达的含义。与此同时，埃及文字也得到了类似的发展。此后，那些无法理解语言音节体系的外来民族学会了这种绘画文字之后，又以此为基础进行了修改和简化，最终发展为字母文字。后来世界上所有的字母文字，都是由苏美尔人的楔形文字和古埃及的象形文字（祭司文字）融合发展而来的。后来，中国也发展出一种定型化的象形文字，只是从来也没有达到字母文字的阶段。

　　文字的发明对人类社会的发展至关重要。自此之后，各种契约、法律、命令都能够被记录下来，大国的产生成为可能，历史也能够被连续不断地保存下来。利用文字，祭司和国王们的命令、印章可以传播得更远、更久，耳目所及之外、千秋万岁之后，他们的影响力和威严极大地扩展开来。这实在是一件有趣的事情。苏美尔人很早就普遍地使用印章了，国王、贵族和商贾的印章雕刻得华美精致，盖在展现其权威的泥制文书之上。这就是说，早在六千年前，人类文明就已经和印刷术紧密地联系在了一起。黏土在干燥后会变得异常坚硬，故而能够长久地保存下去。读者们一定记得，美索不达米亚的人们，在漫长的历史岁月中，一直都把公文和账目写在泥板上，这才使得我们知悉过去的那段历史。

　　苏美尔人和古埃及人，在很早的时候就已经知道了多种金属，包括青铜、铜、金、银，以及珍稀的陨铁。

　　在旧世界的古城中，无论是苏美尔还是古埃及，最初的城市生活都相当接近。三四千年后的美洲玛雅城市与此也不会有多大差别，除了街上的牛和驴子之外。只要不是宗教节日，在和平时期，大部分百姓都忙着灌溉和耕作。当时还没有出现货币，因为他们根本用不着这些，即使偶尔参与小型交易，也都是以物易物的形式。只有当时的统治者和贵族，才偶尔用金、银及珍贵宝石进行大宗交易。那个时候，神庙是人们生活的中心。苏美尔的神庙都是些宏伟高大的塔殿，塔顶用来观测天文星象，站在上面的祭司是王国中地位最显赫的人。而古埃及则与此不同，他们的神庙只有一层，却极其宏伟，祭司并不是权力最大的人，法老的地位才是最高的，他是这一地区的主神的化身，被认为是诸神之王。

此时的世界是那样的平静，几乎永远都没有变化。在烈日之下，人们年复一年地辛苦耕耘着，很少有人扰乱这样的安宁。祭司们观测星象、确定播种日期、解释梦境、挑选祭祀的良辰吉日，古老的律法始终支配着人们的生活，人们劳作、恋爱，直到死去，一如往常，恬静安逸。

他们从不关心未来，亦不念及过去。

他们的统治者有的比较仁慈，比如佩比二世，曾统治古埃及达九十年之久。有的则野心勃勃，如基奥普斯、卡拉夫、孟卡拉等，强迫百姓为其征战四方或是做苦役，修建巨大的陵墓和金字塔。基塞高地上的金字塔就是这样修成的，其中最大的金字塔高达四百五十英尺，石料重达四百八十八万吨。这些建筑材料都是从尼罗河用船运过来，然后靠人力搬到这个地方。对古埃及来说，这远比发动一场大规模的战争更加劳民伤财。

第 16 章
原始游牧民族

在公元前 6000 年到公元前 3000 年之间，并非只有美索不达米亚地区和尼罗河流域出现了定居的耕种文明和城邦国家，实际上，当时世界上凡是能够灌溉、食物来源充足的地方，人们都放弃了艰辛的游牧生活方式，安宁地定居下来。亚述人在底格里斯河上游建立城邦，不少小部落也从小亚细亚河谷及地中海的岛屿、沿岸逐渐兴起，走向文明。另外，还有一些国家也在以类似的文明进程发展着，例如中国和印度。在欧洲，为了弥补农耕的不足，许多小部落定居在湖泊广布、水产丰富的地方，渔猎为生，搭起了水上建筑。然而，这样的生活方式并没有普及旧世界的每一个角落。在那时，很多地区其实根本无法定居，贫瘠的土地、繁密的森林、变幻无常的气候等，对于缺乏相关知识、只能依赖原始工具的古代人类来讲，都是无法克服的困难。

在原始文明的条件下，人类只有在阳光充沛、水源充足、气候温暖的地区，才能够过上安定的生活。倘若缺少这些条件，他们便只能四海为家、漂泊不定，随着季节的变迁，逐水草而居，过着游猎的生活。从初始的狩猎到后来的放牧，这种生活方式上的转变，也经历了一段相当漫长的时间。人类第一次产生这样的念头，可能源于这样一种情境：他们追逐野牛或野马（在亚洲），将其驱赶到山谷之中，围起来作为自己的私有财产。当豺狼意图侵吞这些囊中之物时，他们便与之搏斗，保证自己的圈养猎物不受伤害。

原始的农耕文明皆发源于大河流域，而与此同时，原始的游牧文明也从冬季牧场和夏季牧场之间的不断迁徙中逐渐发展成型。游牧生活远比农耕更为艰辛，他们既没有真正的祭司阶层和固定的神庙，也没有足够的工具和众多的人口。但是，读者不要因此便轻下结论，认为他们的生活方式落后于农耕文明。事实上，游牧文明在很多方面比农耕文明更加优越，游牧民族的生活更加自由、更加充实，每个人都更具独立性，而不是仅仅作为集体中的一员；而且，在他们的心中，军事首领的地位也比巫师更加崇高。

游牧民族的眼界十分开阔，他们游遍广阔的大地，接触过各种不同风俗的居民，为了保护牧场，他们还时常要与各路前来争夺的部族进行交涉，因此掌握了很多相关的知识。由于迁徙辗转于各地，往往要翻山越岭，他们比农耕民族更加了解山中出产的各种矿石。对他们来说，冶炼可能是一件很简单的事情。冶炼青铜、冶铁，在很大程度上讲，这门技术的最早掌握者就是这些游牧民族。在中欧曾出土过一些铁器，据考证，这些铁器诞生于人类早期文明之前，显然就是从铁矿石中提炼出来的。

另一方面，农耕民族在定居生活中，学会了制作陶器、纺织等许多物品。游牧民族和农耕民族，二者生活方式迥异，因此，两者之间不断的争夺和交易成为无法避免的事情。特别是在苏美尔，这里既有耕地又有沙漠，游牧部落的帐篷就扎在农耕居民的田垄旁边。在这里，他们在彼此互通有无的同时，还有不少偷鸡摸狗的事情发生，类似于今天吉卜赛人的行为（当然，那时候他们是偷不到鸡的，因为鸡原本是印度丛林中的一种飞禽，直到公元前1000年才成功被人类驯化）。通常，游牧民族用金属、皮革或宝石，交换农耕民族的陶器、珍珠、玻璃、衣服或其他手工制品。

在早期文明时代，肤色白皙的北欧人生活在茂密的森林里，生活方式较为落后。在公元前1500年的东亚广阔草原上，还生活着一个鲜为人知的民族——匈奴人。匈奴人驯养野马，习惯于在冬季和夏季进行大迁徙。在那时，北欧人和匈奴人多半是互相隔绝的，俄罗斯地区的湿地比今天的里海还要广阔得多，形成一道无法逾越的天然屏障。此外，暗白或浅黑肤色的闪米特人穿过日益干燥的叙利亚和阿拉伯沙漠，驱赶着羊群和驴子，游走于各个草场之间。不久，这些闪米特人便与波斯南部黑皮肤的埃兰人碰面了。这些游牧民族与早期文明的接触，一方面是为了贸易，一方面则是为了掠夺。部落之中有远见、有胆识的军事领袖，便逐渐成为后来的征服者。

公元前2750年左右，一位伟大的闪米特领袖东征西讨，不仅征服了苏美尔全境，还把波斯湾到地中海的大片领土纳入版图，他便是大名鼎鼎的萨尔贡。萨尔贡本人目不识丁，但被他征服的阿卡德人却有自己的文字。因此，他将这些人使用的苏美尔文定为官方语言和书面文字。大约两百年后，

巴比伦城遗址。

萨尔贡的帝国才逐渐衰亡。之后，埃兰人一度占据这里，但又被闪米特人的一个新分支（被称作亚摩利人）重新夺回统治权。后来，他们在河流旁边建造了一座都城——巴比伦，称为"巴比伦第一帝国"。公元前2100年，在伟大的汉谟拉比国王的统治下，巴比伦帝国国力日盛，而他颁布的《汉谟拉比法典》也成为历史上最早的一部法典。

美索不达米亚平原地形开阔，无险可守，入侵的游牧民族很容易长驱直入。与之相比，狭长的尼罗河流域则险要得多。尽管如此，在汉谟拉比统治时期，闪米特人还是成功地征服了埃及，并最终建立了法老统治的"希克索斯王朝"，又称为"牧人王朝"，曾延续数百年之久。终归说来，埃及人并不待见这些闪米特征服者，始终把他们看作一种野蛮人，并最终在公元前1600年将其赶走。

闪米特人对苏美尔留下了不可磨灭的影响。这两个种族彼此同化，无论是语言还是民族性格，巴比伦帝国都留下了闪米特人的深刻印记。

第 17 章
最早的航海民族

大约在两万五千年到三万年前，人类最早开始使用船只。最晚在新石器时代的早期，人类就已学会利用长木头或充满空气的兽皮在水上航行了。苏美尔人和古埃及人很早便采用缝合兽皮的手段，做出能够渡水的小船。直到今天，这些地方还在使用这种小船。在阿拉斯加，人们也依然在用这种手段，将海豹皮制作成小船，从而横渡白令海峡。后来，人类的造船技术逐渐提高，空心的独木舟、小船甚至大船相继被制造出来。

流传于民间的上古洪水传说，实际上源于早期人类遭遇过的地中海水患。同样的道理，挪亚方舟的传说，其实也不过是人类在纪念他们当初造船的壮举罢了。

红海上船只出现的年代远远早于金字塔的建立年代。在公元前 7000 年，波斯湾和地中海的辽阔海面上也出现了船只，其中大部分都是渔船，只有很少的商船和海盗船。以我们对人类的了解，我们完全有理由推测，最初的航海者只是在不得已的情况下才渡海贸易，大部分时候其实都是在做海盗。

起初，由于船只简陋，只能在风平浪静的条件下行驶，因此航海技术其实并未得到充分的发展。装备完善、能够乘风破浪的大帆船，是在最近四百年内才慢慢发展起来的。在古代，绝大多数情况下船只都是在沿着海岸线航行，只要一遇到恶劣的天气，就必须迅速地躲进港口中。航行的动力来源于船桨的划动，因此后来船的规模变大后，船主常常会俘虏一些奴隶，多添一些划桨的人手。

在前面，我们曾述及闪米特人在叙利亚和阿拉伯地区的游牧生活，他们征服了苏美尔人，又建立了"第一巴比伦帝国"。而在西方，这些闪米特人也曾出没在海上，沿着地中海东岸建立了许多港口，其中最重要的两大港口分别是蒂尔和西顿。在汉谟拉比统治时期，闪米特人集游猎者、商人、殖民者多重身份于一身，在整个地中海地区都能看到他们的身影。这些闪米特人往往出现在海上，被称为腓尼基人。他们大多在西班牙定居，不仅将伊比利亚半岛上的巴斯克人赶跑，还穿越了直布罗陀海峡，在北非北海岸建立了不少的殖民地，如迦太基等。关于迦太基，我们将在后文中予以更多的介绍。

其实，在地中海地区，最先拥有大帆船的并不是腓尼基人，而是周围沿岸和岛屿上的爱琴人。他们的语言和血缘与南方的柏柏尔人、西方的巴斯克人以及埃及人较为接近。爱琴人为后来出现的希腊人的前身，切勿将二者混淆不分。在希腊和小亚细亚，爱琴人很早便在这些地方建立了属于自己的城邦，如迈锡尼和特洛伊。他们还曾在克里特岛的克诺索斯建造过宏伟的宫殿。

直到近五十年，人们才逐渐知晓爱琴人当年的势力范围和文明程度。考古学家们对克诺索斯进行了深入、仔细的挖掘，由于此处后来一直没有建造过大型城市，它的大部分古迹都因此完整地保存下来，从而成为现代人类研究这一失落文明的主要资料。

和埃及一样，克诺索斯的历史也非常悠久。早在公元前4000年，这两个国家就曾有过频繁的海上贸易活动。在萨尔贡一世统治结束到汉谟拉比统

克里特岛克诺索斯宫遗迹中的壁画《跳牛杂耍》。

治开始的时间段，即公元前 2500 年左右，克里特文明达到顶峰。

与其说克诺索斯是个城邦，不如说它是一个大宫殿。起初，它甚至连城墙都没有，直到后来腓尼基人的势力日益膨胀，而从事海盗勾当的希腊人又不断从北方来渡海侵扰，不得已之下，克诺索斯才在宫殿周围修起一道防御入侵的城墙。

埃及的统治者被称为法老，而克里特岛的统治者则叫作米诺斯。米诺斯居住的宫殿豪华、讲究，各种设施一应俱全，甚至完善的自来水系统也已具备，在当时其他国家的遗迹中很难看到能够与之相比的。米诺斯经常在这个宫殿中举办大型的祭祀典礼和各种表演，有时还会有斗牛比赛！今天西班牙盛行的斗牛比赛，与之颇为相似，斗牛士身着的服饰更是与之如出一辙。宫中还时常举办体操表演。妇女们衣着已经相当时髦，不仅有百褶裙，还会穿上紧身胸衣。此外，克里特人制作的陶瓷、纺织品、珠宝、象牙、金属制品、绘画作品及镶嵌饰品，也都精美得令人赞叹。他们曾拥有过独立的文字体系，只可惜，时至今日依然没有人能够破译他们的文字。

这样美好的昌明时代延续了将近两千年。那时，克诺索斯和巴比伦的人民和乐富足，经常举办各种欢聚盛宴和宗教仪式，身边的各色奴仆随时待命。当这些克诺索斯人在碧海蓝天之下，享受生活的宁静与安适时，另一边的埃及却面临着衰退的危机。约公元前 2000 年，埃及尚处于半开化的"牧人王朝"统治时期。在那段时期，一个政治嗅觉足够灵敏的人会很容易发现，闪米特人正在大肆扩张，不仅控制了埃及和巴比伦，还在底格里斯河的上游建立了尼尼微城。为了进一步扩大疆域，他们又一直向西航行，到达"海格力斯之柱"（直布罗陀海峡两边耸立的海岬），在遥远的海岸开辟了许多殖民地。

克诺索斯出现过不少头脑灵活、富有想象力的人，其中巧匠代达罗斯尤为著名，直到后来，希腊人中间还在传颂着他的故事。据说，代达罗斯曾尝试制造过一种飞行器（可能是一架滑翔机），但不幸最终坠毁在大海中。

现在，让我们来做一件有趣的事——比较一下克诺索斯人与现代人的生活有何异同。在公元前 2500 年的克诺索斯人看来，铁是一种天上掉下来的罕见金属（陨铁），根本没有意识到它的实用价值，更不知道从矿石中冶铁的方法。而现在，钢铁在生活中随处可见。马，如今家喻户晓的动物，对克诺索斯人而言却是一种稀罕物，因为在那个时候，这种牲畜还只是黑海以北荒原上一种品种优良的驴子。在克诺索斯人的认知中，文明主要存在于希腊的爱琴人、小亚细亚的迦利亚人、吕底亚人以及特洛伊人中间，而他们与自己所使用的语言是一样的。虽然在西班牙和北非也生活着不少腓尼基人和爱琴人，但在他们看来，这里仍不过是蛮夷之地罢了。可以想象，如果某个克诺索斯绅士来到码头，当他看到那些白皮肤、蓝眼睛的俘虏时，肯定吃惊不小。也许，这位绅士会尝试与这个相貌奇怪的俘虏聊上两句，但很快会发现彼此之间语言根本不通。此时，他必定会以为，这些俘虏的家乡比黑海更为遥远，完全是一种没开化的野蛮人。实际上，俘虏是雅利安人种，他们的语言将在后世分化为波斯语、希腊语、梵语、德语、拉丁语、英语以及世界上大多数语种的母语——对此，我们在后文还将作更为详细的介绍。

　　这就是全盛时期的克诺索斯人，他们头脑聪明，快乐地生活在这里，直到公元前1400年一场突如其来的灾难，将曾经的一切繁华统统摧毁。米诺斯的宫殿遭到毁灭，再没有人生活在这里，再没有任何庙宇、宫殿建筑在这里。直到今天，我们仍不知道这场灾难从何而来，只在废墟上发现了些许被火烧和侵略过的遗迹，以及某次极具破坏力的地震痕迹。毁灭克诺索斯的是大自然单方面的灾难，还是希腊人的趁火打劫？这仍是一个谜团……

第 18 章
埃及、巴比伦和亚述

闪米特人建立的"牧人王朝"，从未让埃及人心甘情愿地臣服。在公元前1600年左右，埃及爆发了一场轰轰烈烈的爱国运动，将这些外来的侵略者驱逐出境。随后，埃及迎来了复兴的新时期，古埃及研究专家称这一时期为"新帝国"时期。在希克索斯王朝入侵之前，埃及从来不是一个统一的国家，而现在，他们第一次完成了统一大业。被异族征服的日子里，他们不仅没有变得驯顺，反而将他们旺盛的斗志激发出来。如今，埃及的法老也成了一个雄心勃勃的征服者，他们用从希克索斯王朝那里抢来的车马武装军队，在图特摩斯三世和阿蒙霍特普三世执政时期，埃及的势力大大扩张，已经延伸到了亚洲的幼发拉底河流域。

下面我们将要进行一场历时千年的大战，战争的双方是美索不达米亚文明和尼罗河文明——在此之前，二者可是完全隔绝，彼此不相干的。大战的初期，埃及占有明显的优势。那些辉煌的王朝曾使埃及走向繁荣，如图特摩斯三世、阿蒙霍特普三世、阿蒙霍特普四世、第十七王朝（包括哈达苏女王）以及拉美西斯二世（在位长达六十七年，摩西在其统治时期率领犹太人离开埃及）的第十九王朝。当然，这段时期内埃及也曾几度衰落，被叙利亚和南部的埃塞俄比亚人征服过。

美索不达米亚先是由巴比伦统治，此后又被赫梯人和大马士革的叙利亚人占领过一段时间。叙利亚人一度征服了埃及。此时，居住在尼尼微的亚述人盛衰无常。衰落时，他们被外来的侵略者征服；兴盛时，他们在统治巴比伦的同时，还有余力去侵略埃及。由于篇幅所限，在此无法将埃及军队与那些来自叙利亚、小亚细亚和美索不达米亚的各路闪米特人的交锋情形一一叙述。但我们仍要特别指出，此时的军队已经装备了大量的战车，尽管马匹仍只出现于战场和庆功宴会上，但它从遥远的东亚传入这古代的文明区域，这本身就是一种进步。

在那段遥远的战争年代，也曾出现过几位伟大的征服者，如征服过尼尼微城的米坦尼国王图什拉塔，征服过巴比伦的亚述王提格拉特帕拉沙尔一世。然而，这些征服者的辉煌全部转瞬即逝，没有建立过长久的统治。最终的强者是亚述。公元前745年，提格拉特帕拉沙尔三世征服了巴比伦，建立起历史学家们所说的"新亚述帝国"。此时，铁器已经从北方传入了文明国家。在这片土地上，亚美尼亚人的先驱赫梯人最早学会冶铁，并将这种技术传入亚述。后来，萨尔贡二世篡夺亚述王位，以铁制武器装备自己的军队，亚述成了历史上第一个"铁血"帝国。萨尔贡的儿子辛那赫里布曾经率兵攻打埃及，最终却由于瘟疫的蔓延而失败。公元前670年，辛那赫里布的孙子阿舒巴尼泊（以其希腊名字"萨达纳帕尔斯"闻名于世）总算完成了其先辈的宏愿，成功征服埃及。不过，此时的埃及早已屈于埃塞俄比亚王朝的统治，阿舒巴尼泊不过是取而代之罢了。

在长达千年的悠久岁月中，如果我们能将各国的政治版图描画出来，就会发现，埃及就像显微镜下一条忽大忽小的变形虫，而亚述、叙利亚、赫梯和巴比伦等闪米特国家变化不定，时而互相吞并，时而彼此分离。此时，在小亚细亚的西面，一些爱琴人的小国家如吕底亚（都城为萨底斯）、迦利亚

第18章 埃及、巴比伦和亚述　073

萨尔贡二世（右）在其统治时期将亚述帝国推向了巅峰。

等也已经出现。到了公元前 1200 年左右，古代文明世界中多了一些从东北和西北而来的新兴民族。他们已学会用铁器和马车作战，曾与北部的爱琴人激烈争斗。至于他们所使用的语言，很大程度上也是由雅利安语演化而来的。

这时候，米底人和波斯人已经在黑海和里海的东北部过上了定居生活。从历史记录来看，萨尔马提亚人、斯基泰人一度被人们混为一谈。此外，亚美尼亚人从北方迁徙而至，今天希腊人的祖先（包括古希腊部落、弗里吉亚人和西米里人）也从巴尔干半岛渡水来到这里。这些人同属雅利安人，都是作风剽悍、以劫掠为生的游牧民族。他们走到哪里就抢到哪里，在东部只是打劫边地人民，而在西方则攻城略地，所向披靡，把此处的爱琴人都赶走了。迫不得已，爱琴人开始在雅利安人的势力之外寻找新的家园：有些人为再次过上安稳日子而移居尼罗河三角洲，不料却遭到了埃及人的攻打；有些人（主要是伊特鲁里亚人）从小亚细亚渡海，在荒芜的意大利旷野中建立新的国家；还有些人（即腓力斯丁人）则来到了地中海的东南沿岸，建立了自己的城邦。

对这些闯入古代文明领地的雅利安人，后面的章节中有更为详细的介绍。在这里，我们只简单地交代一下这些古代文明动荡和迁徙的原因：大约在公元前 1600 年到公元前 600 年间，未开化的雅利安人从北部荒原走来，并逐渐向前推进和侵扰，最后导致该地区文明的变迁。

居住在腓尼基和腓力斯海岸山区中的希伯来人，也是闪米特人的一个小分支，后文中同样将会给予更多介绍。在这个时代的末期，他们将在世界历史的舞台上扮演重要角色，创作一部集历史、诗歌、文学、预言和箴言等多种体裁为一体，对后世影响极为深远的重要文献——希伯来《圣经》。

在公元前 600 年以前，雅利安人的入侵，并没有使美索不达米亚和埃及发生本质上的改变。不管是爱琴人的大逃亡，还是克诺索斯的毁灭，在埃及和巴比伦人看来，都已是很遥远的事情了。在这些文明的发祥地，众多王朝世代更迭、重复，但人类历史的主流却越来越向着更高级、更复杂的方向发展。埃及的金字塔，历经三千年的风霜，至今已是一处游览胜地。除此之外，那时还有不少其他的宏伟建筑耸立在这片古老的大地上，特别是后来第十七王朝和第十九王朝建造的卡尔纳克和卢克索大神庙。尼尼微城所有重要古迹都完成于公元前1600年到公元前600年的这段时间，如大寺院、带翅膀的人首牛身像以及国王、战车、猎狮等浮雕。可以说，这是巴比伦历史上最辉煌灿烂的时代。

现在，在埃及和美索不达米亚都发现了很多的官方记录、故事、诗歌、私人信件或商业账目。从这些遗迹，我们得以了解，那时在巴比伦和埃及底比斯生活的贵族和富人的生活，几乎与现代的富豪们一样奢华。他们浑身上下珠光宝气，在豪华的房间中举行盛宴，歌女、舞者为他们助兴，老仆、医师照料他们的生活。他们很少远行，但如果有闲情逸致，仍会在夏日泛舟于幼发拉底河或尼罗河之上，好不快哉！

当时，骡子非常罕见，而马匹也只被用于战争和国家庆典，驴车依然是最不可或缺的交通工具。对于骆驼，美索不达米亚人只是有所耳闻，而埃及人则完全闻所未闻。他们所用的金属，仍是铜和青铜，铁器还是很少见。至于身上穿的衣服，主要是棉麻织物和毛织物，丝绸还没有出现。他们此时已经能够制作一些玻璃制品，色泽也还算漂亮，只是还没有掌握透明玻璃的工艺，所以当时人们的鼻梁上还没有架上一副眼镜。不过，他们倒是已经学会镶金牙了！

与现代不同，在古代底比斯和巴比伦，他们的大部分交易都还是最原始的"以物易物"的形式。不过，从金融学角度看，巴比伦其实要比埃及先进得多。在巴比伦地区，人们已经使用金和银来交换物品，或将其铸造为金锭、银锭保存起来——那时候，巴比伦已经出现了"银行家"，还在自家发

巴比伦战争中乘坐战车的辛那赫里布。

行的金银锭上刻上名号和分量，作为流通时的标记。商人、旅行者离家时，往往会随身携带一些宝石，用来在途中换得一些生活必需品。大部分仆人和劳役都属于奴隶，无须支付工钱，给他们一些食物、衣服等具体东西就足够了。后来，在货币出现之后，奴隶制度也逐渐瓦解了。

如果一个现代人穿越到古巴比伦和埃及繁华的街市中，他们会惊奇地发现，如今最常吃的鸡肉和鸡蛋，在当时都是没有的！大概要到亚述帝国的末期，这两种食物才从东方传到这里。照此说来，一位法国厨师到这里的话，肯定也做不出什么好菜来。

在这个时期，宗教也得到了很大的发展。活人祭祀已遭摒弃，代之以动物和面人。不过，腓尼基人，特别是他们在非洲建立的移民区——迦太基的市民仍然延续着血祭的陋习。在远古时代，一个强权领袖死去后，为了在另一个世界仍有人服侍，便会让他的妻子和奴仆殉葬。同时还会把折断的长矛、弓箭一同带进坟墓，作为在另一个世界战斗的武器。这种做法，在古埃及依然盛行，他们甚至还将房屋、商铺、奴仆和家畜做成模型来陪葬。所以，当后人发掘出这些东西时，便能够真切地了解三千多年前那段文明而安逸的生活。

在雅利安人从北方的森林中走出来之前，古代世界就是这个样子。印度和中国的文明也经过了类似的发展，在这两个国家的大河流域，都有一些褐色人种建立的城邦。印度的城邦相对安定，没有像美索不达米亚或埃及那样经历过快速发展然后统一的历程，倒是与古代苏美尔和美洲的玛雅情况有些相似。至于中国的历史，其中融入了太多神话和传说，学者们必须首先将之剔除才行。但是总的说来，这个时期的中国比印度更为进步。在埃及第十七王朝的同一时期，中国出现了商朝，是一个由下属诸侯国组成的松散帝国。商朝的统治者同时也是国家的宗教领袖，其首要职责为主持季节性的祭祀典礼。商代的精美青铜器遗存至今，其考究的工艺使我们认识到，在此之前，中国文明至少已有数百年的历史了。

第19章
早期的雅利安人

四千年前，即公元前2000年左右，欧洲南部、中部和中亚地区的气候比现在要更温暖、更湿润，丛林也更为茂密。在这里，有许多白皮肤、蓝眼睛的北欧人往来于莱茵河与里海之间，操着源自同一母语演化而来的各种语言。那个时候，他们的人口还很少，因此，无论是已经颁行《汉谟拉比法典》的巴比伦人，还是刚刚遭到异族入侵的埃及人，都没有将他们放在眼里。

这些北欧民族，注定要在世界历史上写下浓墨重彩的一笔。他们在草原和森林的开阔地带生活，起初连马匹都没有，只有牛，迁徙时便将帐篷和其他生活用品放在简陋的牛车上。如果看好了定居的地方，便用泥巴和树枝搭一个小屋。与浅黑人种不同，他们在人死之后举行火葬，而非庄重地埋入土中。一些重要人物的骨灰在火葬之后还会被收集起来，装入一个瓮中，然后再将其埋入一个圆形的土丘中，称为"圆冢"。

雅利安人早就懂得用牛耕地和种植小麦，可是并没有因此过上定居的生活。每年的收获刚结束，他们就又继续迁徙。他们也掌握了青铜器的制作工艺，在大约公元前1500年，他们又拥有了铁器——他们可能是最早掌握冶铁技术的人。似乎就在那个时期，他们拥有了马匹，但仅限于用来驮运货物。与地中海沿岸的定居者不同，他们没有将神庙作为生活的中心，他们的领导者是军事领袖而非祭司。他们实行贵族统治，而非神权统治或君主专制。在很早以前，他们的社会中就已经分化出统治阶层和贵族阶层了。

雅利安人天生擅长唱歌，在迁徙的过程中常常举行宴会，饮酒作乐，还有专职的吟游诗人吟唱助兴。在与文明社会接触之前，雅利安人还没有自己的文字，这些吟游诗人的记忆就成了他们活的文学作品。这种用于娱乐的吟诵，对语言的发展有着重要意义，并因此在后来发展为一种优美动听的表达方式。从某种程度上讲，此后雅利安各分支语种之所以极具优势，都与此有着极大的关系。将本民族的传奇历史注入吟游诗人的叙事诗、宗教传说和长篇故事中，是雅利安人所有部族的共同传统。

在社会生活中，雅利安人以首领的家族为中心，安营扎寨时，为其建造的房屋都是极为宽敞的木质建筑，既包括圈养家畜的窝棚，也有远处广阔的畜牧场。但是，对大部分雅利安人来说，首领宽阔的住所并非他一人所有，它实际上是整个部落的活动中心。不管是举行宴会、吟唱诗歌、角逐竞技还是商讨部落发展大计，大家都会来到这里聚集。他们通常会在周边搭上牛棚和马圈。睡觉时，首领及其家人躺在大房间高台上，而普通人则像现在的印度人那样，随地而卧。在部落中，只有装饰品、工具、武器等归个人所有，其余则全部属于公共财产，可以说是一个族长制的共产社会。为了公共的利益，家畜和牧场由首领统一管理，而此时的河流与森林还没有被开发利用，仍处于无人占有的原始状态。在美索不达米亚平原和尼罗河流域两大文明兴盛时代，遍布中欧和亚洲的雅利安人的生活状态就是这种面貌。

在耶稣诞生两千年之前，雅利安人开始实施他们的侵略计划，目标是那些拥有"日石文化"的民族。他们兵分两路，向着西边的不列颠、法兰西和西班牙地区推进。第一支队伍被称为"盖尔凯尔特人"，他们用青铜兵器，扫平了不列颠和爱尔兰。曾在布列塔尼的卡纳克神庙中建造石碑的民族，曾在英格兰建造巨石阵的民族，都在这时候被他们一一消灭。第二支队伍被称为"布里托尼凯尔特人"，与第一支队伍存在亲缘关系，并夹杂着其他的一些民族，他们将铁传入了不列颠岛，其语言还在后来发生分化，现在的威尔士语就是其中之一。

血统相近的凯尔特各部族接着向南推进，进入西班牙，与当时统治西班牙的巴斯克人以及腓尼基殖民地的闪米特人打了交道。除此之外，他们并不总是以征服者的姿态出现，由于与意大利各个部落相处融洽，他们在那时候又迁徙到了尚属一片荒芜之地的意大利半岛。在这里，公元前8世纪时，罗马出现在了历史舞台上——当然，那时候它还不过是台伯河畔的一座商业小镇，尽管居民大多为雅利安语系的拉丁人，但统治者却是伊特鲁里亚的贵族和王室成员。

除了上面提到的，雅利安人的另一股势力也曾南向入侵。早在公元前1000年，这些说梵语的雅利安人便从西方穿越到了印度北部。在那里，他们受到当地达罗毗荼文明的影响，这种浅黑色人种的原始文明令他们获益良多。其他的雅利安民族似乎已经广布中亚的广大山区，而且一直延伸到今天这些民族聚居区域的最东边。不过，今天中亚地区的这些雅利安人，所说的已不是雅利安语，而是蒙古语了。

大约在公元前1000年，在里海与黑海之间生活的古赫梯族人，已经被亚美尼亚人所征服，语言、文化等都已经"雅利安化"了。而巴比伦人和亚述人已经意识到，东北边疆地区已经出现了新的威胁，很多蛮族虎视眈眈，其中实力最强的是米底人、波斯人和斯基泰人。穿越巴尔干半岛，雅利安人第一次给了旧世界文明的中心重重的一击。弗里吉亚人以及属于希腊部族的伊奥利亚人、爱奥尼亚人和多利安人等雅利安种族相继南下，进入小亚细亚，希腊本土及其周围岛屿上的古爱琴文明被消灭殆尽。古老的迈锡尼城和

英格兰凯尔特人的彩绘艺术。

科林斯城被摧毁，克诺索斯也几乎被世人遗忘。希腊人终于实现了他们向海洋发展的夙愿，来到克里特岛和罗德岛上定居，并且仿照腓尼基人在地中海海岸建立商业城市的模式，在西西里岛和意大利的南部广泛建立殖民地。

此时，提格拉特帕拉沙尔三世、萨尔贡二世和沙拉纳帕路斯统治着亚述，与巴比伦、叙利亚和埃及连年交战。雅利安人学习了他们的文明成果，并根据自身的需要，对这些古代文明进行改造，在意大利、希腊和波斯的北部建立了属于他们自己的文明。从公元前 9 世纪开始，在其后长达六百年的历史中，世界历史讲述的其实就是这些雅利安人发展、崛起并走向巅峰的过程。雅利安人征服了旧世界中所有的闪米特人、爱琴人和埃及人，从表面上看，他们大获全胜，但实际上，在思想和制度方面，那些被征服民族仍与雅利安人不断斗争。这种无形的斗争持续很长时间，甚至可以说一直贯穿了此后的整个历史，直到如今，仍以某种形式继续着。

第20章
最后的巴比伦帝国与大流士一世帝国

前文我们已经提到过，亚述是怎样在提格拉特帕拉沙尔三世和篡位者萨尔贡二世的统治下成为一个军事强国的。实际上，萨尔贡并非这个篡位者的原名，他为了迎合被征服的巴比伦人的心理才起的这个名字，这样能使他们很自然地联想起两千年前阿卡德帝国的缔造者萨尔贡一世。当时的巴比伦是一个被征服的城市，但却比亚述人自己的尼尼微城人口更多、地位更重要，因此征服者们不敢不对这座城市崇拜的神灵、商人与祭司以礼相待。到公元前8世纪时，美索不达米亚平原上的征服者已经不再劫掠残杀，而是采取一种相对仁慈的怀柔政策，以期赢得被征服者的认同。这一政策使得萨尔贡二世去世之后，新亚述帝国仍勉强维持了一个半世纪之久，就如我们前面指出的，亚述巴尼拔（也就是沙达纳帕路斯）至少还占据过埃及地区半壁江山。

然而，亚述帝国江河日下，很快变得脆弱而涣散。埃及人在法老埃·萨麦提克斯一世的领导下赶走了侵略者。到了尼科二世时期，古埃及人已经野心膨胀，要去征服叙利亚了。到了这个时候，亚述与当前的敌人正打得不可开交，已无力抵抗乘虚而入的侵略者。在公元前606年，来自美索不达米亚东南部的闪米特族的迦勒底人与雅利安族的米底人及来自东北部的波斯人组成联军,一举攻陷了尼尼微城——从那时起,我们的历史才拥有准确可考的纪年。

亚述帝国惨遭瓜分:在北方,基亚克萨雷斯建立了一个米底帝国,定都埃克巴坦那,尼尼微城也在其统治范围内,其东向边界与印度接壤;而在南面,则新建立了一个版图呈半月形的迦勒底帝国,即第二巴比伦帝国。迦勒底帝国在尼布甲尼撒大帝(《圣经》中曾提到过他)的统治之下达到了巅峰,国力昌盛,财力丰厚。这是巴比伦最后的盛世,也是巴比伦历史上最繁荣的盛世,因为此时南北两个帝国尚处于和平中,尼布甲尼撒大帝甚至曾将自己的女儿嫁给基亚克萨雷斯。

与此同时,尼科二世在叙利亚的征服战争中势如破竹,于公元前608年

有学者研究认为《圣经》中的巴别塔就是第二巴比伦帝国时期建造的巴比伦塔。

的米吉多战役中击杀犹太国王约西亚。关于弱小的犹太国，我们将会在接下来的章节中讲述。后来，尼科二世又挥师推进到了幼发拉底河流域——他的对手，不是衰落的亚述，而是正在复兴的巴比伦。迦勒底人的抵抗非常顽强，尼科二世败绩，不得不退回埃及，而巴比伦人则乘此机会将疆域拓展到古埃及边界。

从公元前606年到公元前539年的这段时间，第二巴比伦帝国的盛世其实也并不稳固。但是，只要它北方更强盛、更剽悍的米底帝国保持和平，它就能保持繁荣昌盛。在这六十七年里，这座古城不仅生活富足，而且在文化方面也取得很大的成就。

即使在亚述人的统治下，特别是在萨达那帕尔斯在位的那段时期，巴比伦也是一个学术活动频繁的地方。萨达那帕尔斯虽是亚述人，但深受巴比伦文化影响。他曾建造过一个图书馆，里面收藏的书籍不是纸质的，而是泥版书！这些藏书现在已经被发掘出来了，这大概是世界上最宝贵的一批历史资料了。

古巴比伦最后一位迦勒底系君主纳波尼德斯更加热衷文学，曾赞助过古文物的研究。当研究者们考证出萨尔贡一世即位的具体时间时，他为此甚至专门派人刻碑纪念。然而，在他统治时期，帝国出现了很多分裂的迹象。为了应对这一局面，加强他的集权统治，纳波尼德斯将各地神灵都集中到了巴比伦，并为其兴建庙宇。后来的罗马人曾成功地运用过这种手段，但在巴比伦，这却引起了旧有祭司的不满。这些祭司开始四处寻找潜在的替代者，以此来推翻纳波尼德斯的统治。最后，他们找到了邻国米底的统治者波斯人居鲁士，想要让他取代纳波尼德斯。居鲁士曾因征服东小亚细亚富有的吕底亚国王克里索斯而一举成名。公元前538年，居鲁士率兵征讨巴比伦。他的部队还在城外战斗的时候，城门便向他打开了，轻而易举便占领了城池。《圣经》曾这样记载：当时纳波尼德斯的儿子伯沙撒太子正在举行宴会，突然看见一只手，并用火在墙上写下了一串神秘的文字："弥尼，弥尼，提客勒，乌法珥新。"于是他叫来预言家解释此语的含义，得出的解释是"上帝已经算出，你国王的气数已尽，天平上估量出你的分量不够，不足以担任国王，因此，你的国家应该让给波斯人和米底人"。

关于伯沙撒太子见到的那些字，那些信奉柏尔·马尔杜克神的祭司应该早就知道这个把戏。而由于此次巴比伦被占领几乎没有人员伤亡，所以他们对柏尔·马尔杜克神的祭祀照常进行。

就这样，巴比伦和米底两大帝国终于实现了统一。居鲁士的儿子冈比西斯，一度成功攻占过古埃及，却因为发疯而死于非命。在冈比西斯的儿子也去世后，帝国的统治者就变成了米底人大流士一世，而他的父亲便是居鲁士的宠臣希斯塔斯皮斯。

大流士一世统治的波斯帝国，是古代文明的舞台上最早出现的新雅利安帝国，也是有史以来最繁荣强大的帝国之一。它的领土包括小亚细亚全境、叙利亚全部、古亚述、巴比伦帝国，还包括古埃及、高加索和里海地区以及米底、波斯等地，领土范围一直延伸至印度河。

维持如此庞大的帝国并不是一件容易的事儿，但是因为他们有马匹、骑兵、战车，还有人工修建的道路，所以做到了。在此之前，最方便快捷的运输工具大多是驴、牛和沙漠中的骆驼。而到了这一时期，波斯的统治者为了更好地管理新帝国，修建了许多干线道路，在各地都安排有驿马，以供帝国的信使或是获得官方特批的旅行者使用。此外，货币已经开始流通使用，货币的出现促进了商业的发展。但是，波斯帝国不再把巴比伦设为首都。从长远来看，那些谋反的、信奉柏尔·马杜克神的祭司，并没有得到什么好处。虽然巴比伦城还是很重要，但却日渐衰落。与此同时，珀塞波利斯、苏萨和埃克巴坦那则发展成为帝国的大都市，帝国的都城设在苏萨。而尼尼微城已为人所遗忘，逐渐成了一片废墟。

第 21 章
犹太人的早期历史

本章我们将要讲到的是一个闪米特民族，即希伯来人。这个民族当时对世界历史的贡献，远不如日后的大。公元前1000年前，他们就已经定居犹大了，而且一直都将耶路撒冷作为首都，从未改变。提到希伯来人，就不得不将周边各国如南边的埃及和北边的叙利亚、亚述、巴比伦等也一并提及，因为他们生活的地方实际上是北方诸国通往埃及的必经之路。

犹太人在世界历史上的重要地位，源于公元前四五世纪创作的一部融历史、律法、诗歌、箴言、小说、政论于一体的经典巨著——希伯来《圣经》，也就是后来基督徒所说的《圣经·旧约》。

《旧约》最早可能是在巴比伦整理完成的。我们已经讲过，法老尼科二世曾经趁亚述人与米底人、波斯人和迦勒底激烈鏖战的时候率兵入侵亚述帝国。犹大国王约西亚与他为敌，于公元前608年在米吉多战役中被杀。自此之后，犹大成了埃及的附属国。当巴比伦新的迦勒底王尼布甲尼撒大帝把尼科二世赶回埃及之后，他曾试图在耶路撒冷建立一个傀儡政权来管理犹太人。然而，这种尝试最终失败了，他的巴比伦官员惨遭犹太人屠杀。尼布甲尼撒大怒，这个小国一直以来都在埃及与北方各国相互制衡，寻求生存空间。不能再这样下去了，尼布甲尼撒决定彻底摧毁它。最终，耶路撒冷被焚掠一空，其余的人全都被掳到巴比伦去了。

公元前538年，居鲁士占领了巴比伦。直到此时，犹太人才得以重归故土，在耶路撒冷重建城墙和庙宇。

在此之前，犹太人似乎还不是一个团结的、具有高度文明的民族，那时可能只有很少的人能够读写。在他们自己的历史中，从未听说有人读过《圣经》的早期内容，第一次提到此书，已经是约西亚统治时期了。在巴比伦的囚禁经历，使犹太民族变得更加文明、更加团结一致。返归故乡之后，他们才意识到本民族文学的重要性，逐渐成为一个有强烈自我意识和杰出政治能力的民族。

当时的《圣经》似乎只包括《摩西五经》，也就是我们所知道的《旧约》的前五卷。此外，他们还有不少独立成篇的书，如《历代志》《诗篇》和《箴言》，这些书后来与《摩西五经》合并成为现在的希伯来《圣经》。

《圣经》以亚当、夏娃和大洪水为开端，这些创世故事与巴比伦人的传说极为相似，似乎属于所有闪米特民族共同信仰的一部分。摩西和力士参孙的故事，在苏美尔和巴比伦也有类似的版本。但是在亚伯拉罕的故事展开之后，犹太民族开始有了更特别的东西。

亚伯拉罕可能生活在汉谟拉比时期的巴比伦，是一支闪米特游牧部落的族长。在《圣经·创世记》中，读者必定会读到他流浪的故事、他子孙的事迹以及他们在埃及被奴役的前因后果。《圣经》上说，当亚伯拉罕辗转经过迦南时，上帝对他许诺，将会赐给他和他的后代这片肥沃富饶的土地。

亚伯拉罕的子孙在埃及停驻了很长时间，此后在摩西的带领下，他们又在旷野中漂泊了五十年。这时，这些犹太人已壮大为十二个支派，从阿拉伯的沙漠一路迁徙到迦南的东边。这个过程可能发生于公元前1600年到公元前1300年之间，不过，我们在古埃及史料中并没有发现关于摩西和迦南的相关记载。但不管怎样，他们除了"应许之地"周边的山区外，并没有成功征服任何地方。海岸现在并不属于迦南人，而是在那些爱琴人和腓力斯丁人的掌控之中，他们的城市如加沙、迦特、阿什杜德、亚实基伦、雅法、桥帕等，都成功地抵挡住了希伯来人的攻击。历经了许多世代，亚伯拉罕的子孙仍然是这偏僻山区一个默默无闻的民族，与腓力斯丁人以及他们周围的摩押人、米甸人等等纠纷不断。读者可以在《士师记》中了解到他们这一时期的惨痛经历，因为在很大程度上，这部分内容实际上就是犹太民族不幸与失败

亚伯拉罕被认为是包括希伯来人和阿拉伯人在内的闪米特人的共同祖先。

的真是记录。

在这段时期的大部分时间里，希伯来人都是由长老们选出的祭司来统治的，也就是所谓的"士师"。直到后来，他们才有了自己的王，即扫罗。扫罗的领导能力并不比此前的士师们强多少，他最后在基利波战役中死于腓力斯丁人的箭雨，盔甲被当作战利品带回腓力斯丁人的维纳斯神庙中，而尸体则被钉在贝特谢安的城墙上。

与扫罗相比，他的继任者大卫更成功，也更有谋略。随着大卫的登基，希伯来人历史上唯一的黄金时代也到来了。大量的贸易通过耶路撒冷向北和向南进行。所罗门取得了空前的繁荣和辉煌。他甚至娶了法老的女儿为妻。这种繁荣主要归因于他们与腓尼基提尔人的结盟。海勒姆是提尔的国王，他足智多谋、励精图治，迫切希望打通由希伯来到红海的商贸要道。通常，腓尼基商人都是穿越埃及抵达红海的，但近来埃及局势动荡，这条路上麻烦多多，不得不另辟蹊径。为了达到这一目的，海勒姆一直与大卫及其儿子所罗门，保持友好的往来。在海勒姆的援助下，耶路撒冷建起了城墙、宫殿和庙宇。而为了回报他，希伯来人同意海勒姆在红海上建立船队。于是，大规模南北往来的商业活动通过耶路撒冷发展起来。在所罗门统治时期，希伯来民族达到了前所未有的高度，埃及法老甚至将女儿都嫁给了他。

但读者心里应该清楚，这只是相对而言的。即使在犹太人最辉煌的时候，所罗门也不过是一座小城里的一个小国王。他的权力是如此短暂，以至于在他死后的几年里，第二十二王朝的第一任法老谢克就攻克了耶路撒冷，并掠夺走它的大部分财富。许多评论家都对《列王记》和《历代志》中所记载的所罗门时期的辉煌提出过质疑。他们说，这其实是后来的作者出于爱国情感的夸张描写。但是，如果我们仔细阅读《圣经》的话，其实它也没有人们印象中的那样不可思议。所罗门的神殿，如果有人测量的话，其大小不过与一间乡村小教堂相当。当我们从亚述人的纪念碑中知道，所罗门的王位继

正在进行圣殿建设筹划的所罗门。

承者亚哈曾派遣过一支两千人的队伍加入亚述军队，那么所罗门的一千四百辆战车就显得不那么显赫了，也不那么令人震惊了。《圣经》的叙述也曾清楚地写道，所罗门好大喜功，使得百姓疲于奔命。他死后，王国的北部脱离控制，成为独立的以色列王国，而耶路撒冷则仍为南方犹大国的首都。

希伯来人的黄金时代异常短暂。海勒姆死了，提尔人也就不再帮助耶路撒冷了。埃及再次强大起来。以色列国王和犹大国王的历史变成了两个小国家在周边大国威胁之下挣扎生存的历史，北方的是叙利亚、亚述、巴比伦，而南方的则是埃及。残暴的国王统治着粗野的人民，最终的灾难迟早都将降临。终于，大难临头！公元前721年，以色列人被亚述人掳去，被历史彻底遗忘；而南方的犹大，挣扎到公元前604年，也终于面临同样的命运。希伯来《圣经》所记述的士师时代以来的历史，除了一些小细节有待商榷外，总的来说都是很真实的。18世纪人们在亚述、巴比伦、埃及遗址中的考古发现，也是与之相吻合的。

正是在巴比伦，希伯来人汇集了他们的历史，发展了他们的传统。那些在居鲁士的命令下回到耶路撒冷的人，在精神和知识层面都与被掳时截然不同。他们学会了文明。在他们特殊民族性的发展过程中，某些人起了很大的作用，他们就是先知。我们现在必须对这些人给予更多的关注，因为，他们是人类社会稳定发展进程中一种新兴的强大力量。

第 22 章
犹太祭司与先知

　　亚述和巴比伦的陷落只是发生在闪米特人身上一系列灾难的头一个。在公元前 7 世纪,似乎整个文明世界都被闪米特人统治着。他们统治着庞大的亚述帝国,还征服了古埃及,此外巴比伦、亚述、叙利亚也是闪米特人的天下,他们的语言都是相通的。世界贸易也掌握在闪米特人手中,在腓尼基海岸上,提尔、西顿等一大批闪米特人的城市逐渐形成,并在接下来扩张到西西里、西班牙和非洲等地,在这些地方建立起更多的殖民地。他们于公元前 800 年建立的迦太基城,一度是世界上最伟大的城市,此时的人口数目已经超过百万。它的船只时常驶向不列颠,也曾抵达大西洋甚至更远的马德拉岛。如前面我们所说,海勒姆与所罗门为了开拓阿拉伯和印度间的贸易,建造了红海船队。在法老尼科统治期间,一支腓尼基探险队已经出现,绕着非洲航行一周了。

　　那时雅利安人还是野蛮人,只有希腊人在他们摧毁的废墟上重建了一个新的文明。而在中亚,米底亚人正变得"令人生畏"——亚述人的铭文曾这样形容他们。在公元前 800 年,没有人能够想到,到公元前 3 世纪时,闪米特人统治的痕迹会被雅利安征服者抹除得一干二净,他们只能沦为各地分散的臣民，以附庸国的形式勉强维持。只有阿拉伯半岛北部沙漠中的贝都因人是个例外。那个时候，这些贝都因人依旧延续古老的游牧传统，和萨尔贡一世率领阿卡德人南下征服苏美尔人时的样子并无不同。正是这个缘故，阿拉伯的贝都因人成为唯一一个从来没有被雅利安人征服的闪米特支脉。

在变故频仍的五百年中，所有这些闪米特文明都跌倒在敌人的脚下，惨遭蹂躏。只有一个民族自始至终团结一致，坚守着古老的传统，他们就是被波斯居鲁士释放回乡后的犹太人。他们之所以能够做到，全凭他们在巴比伦时编纂的那份文献——他们的《圣经》。所以，与其说是犹太人创造了《圣经》，不如说是《圣经》创造了犹太人。与人们通常的印象不同，贯穿《圣经》始终的是一种鼓舞人心、教人永不言败的思想，正是依赖这些思想，犹太人得以熬过长达二十五个世纪的苦难、风险和压迫。

犹太人最重要的思想是，他们的神是一个无所不在、全知全能、至为公义的神，并不住在凡人创造的庙宇中。所有其他民族的神都是神庙里的偶像，有朝一日偶像被打碎、圣殿被夷为平地，那么上帝也就随之消失。然而，犹太人的上帝与此不同，他们的上帝在天上，是高于祭司和祭祀仪式的另一重概念。犹太人坚信，神选择犹太人作为他的子民，他们未来将要重建耶路撒冷，使之成为世界正义的首都，他们因拥有这种共同的使命而感到自豪。自从他们返回耶路撒冷，这种信念就一直深深地刻在他们的骨子里。

这小小的犹太国不断被摧毁，但每一次它都能顽强地站起来。犹太人的这种能在艰难岁月中鼓舞人心的精神崇拜，深深地吸引着一大批语言相通且有着共同的习俗、嗜好和传统的民族，如巴比伦人、叙利亚人以及后来的腓尼基人——他们都想拥有犹太人的宗教信仰，履行宗教誓言。这是不是可以算作一个奇迹呢？在迦太基、提尔、西顿以及西班牙的腓尼基城市败落之后，腓尼基人便突然消失在世界历史中了。然而我们却能发现，不管在耶路撒冷，还是在非洲、西班牙、古埃及、阿拉伯和东方，但凡腓尼基人出现过

摩西颁布的《十诫》是犹太人的生活和信仰准则,也是犹太人最初的法律条文。

的地方，就一定能找到犹太人的聚居区。这些犹太人就是依靠《圣经》，依靠阅读《圣经》而聚集到一块儿的。一开始，耶路撒冷不过是犹太人名义上的都城而已，他们心中真正的首都则是《圣经》中要传达的精神。这是一种全新的历史现象，而这种现象其实早就已经开始萌芽了，早至苏美尔人和古埃及人用现代文字替代象形符号之前。犹太民族是一个与众不同的民族，他们没有国王，也没有神庙（后面我们将会详述公元前70年耶路撒冷被毁的情况），仅仅凭借文字的力量就把人们聚集在一起。

犹太人的精神纽带既不是有计划产生的，也不是事先能够预见的，更不是神职人员或政治家刻意设计出来的。随着犹太人的发展，不仅出现了一种新的群体，而且出现了一种新的类型的人。在所罗门王统治期间，出现了一些不起眼的小人物，聚集在宫廷和神殿周围，祭司的智慧和国王的野心都在很大程度上影响了他们。那时，他们和其他的小人物并无不同，但是，读者从《圣经》中可以知道，这种新人，也就是先知，已经开始崭露头角了。

随着分裂的希伯来人周围的麻烦越来越多，这些先知的重要性也越来越大。

这些先知是什么？他们的出身极为不同，先知以西结祭

以赛亚被认为是犹太教最重要的先知之一。

司出身，而先知阿摩司则是披着牧羊皮披风的牧人。然而，他们却有一个共同点：只效忠于正义之神，不效忠任何人，他们直接对民众说话，既没有官方的许可，也不曾进行过献祭。他们只是说："耶和华的话临到我。"就是这样。他们的言行与政治紧密相关，比如劝百姓攻击埃及或反抗亚述和巴比伦。他们揭发僧侣们的腐化和国王明目张胆的罪行。他们中的一些人甚至把注意力转向了我们现在称为"社会改革"的问题，他们说富人在"磨穷人的脸"，奢侈者在消耗儿童的面包，有钱人和外邦人朋比为奸——这是耶和华憎恶的，他必定要惩罚这地。

这些谴责的言辞被记录、保存下来，成为后人研习的经典。犹太人去哪里，先知就跟着去哪里传播新的宗教精神。这些"普通人"，从祭司和圣殿旁边昂首走过，从国王和宫廷旁边昂首走过，他们最终与人间最高的正义规则面对面地相见——这就是为什么他们在人类历史上占有这样崇高的地位。在以赛亚的伟大话语中，预言的声音上升至最为昂扬美妙的音调，他预言整个世界都将在一个上帝的统治下实现团结与和平。

不过，并非所有的先知都是这样预言的。聪明的读者一定会注意到，《先知书》中也有很多仇恨、偏见的内容，简直使人联想起现在的一些宣传小册子。但无论如何，我们都应该承认，在犹太人受辱于巴比伦期间出现的先知，代表着人类历史上一股新兴力量。这种力量，提倡加强个人道德修养，呼吁人们摆脱物神崇拜的束缚和奴隶式的愚忠，是一种代表自由意志的进步力量。

第 23 章
希腊人

大约在公元前960年左右,所罗门王统治着犹太人。他去世之后,国家分裂为以色列和犹大两个部分,并在后来遭受毁灭和驱逐。当犹太人被掳走,在巴比伦潜心发展他们自己的传统时,另一种影响人类思想的强大力量,即希腊文明,登上了历史舞台。当希伯来先知们在为人与神之间搭建一种新的道德桥梁时,希腊的哲学家们也在用一种新的方法训练人类的心智,培养人类探求知识的精神。

我们已经说过,希腊人是雅利安语人的一个分支。在公元前1000年以前,他们迁徙到了南方爱琴海沿岸的城市和一些岛屿中。在埃及法老图特摩斯征服幼发拉底河流域、第一次在对岸捕猎大象之前,他们已经走在南迁的路上了。在那些日子里,美索不达米亚仍有大象,而希腊也仍有狮子存在。

克诺索斯城极有可能是被入侵的希腊人焚毁的。但是令人疑惑的是,尽管希腊神话中有米诺斯及其王宫(迷宫)、克里特工匠们的相关传说,但对攻克克诺索斯城一事却只字未提。

和多数雅利安民族一样,希腊人也有自己的歌手和游吟诗人。这种吟诵不单单是一种表演,更是一种社会联系方式。当希腊人还没有进入文明阶段

荷马相传为古希腊的游吟诗人，创作了史诗《伊利亚特》和《奥德赛》，两者统称《荷马史诗》。

时，《伊利亚特》和《奥德赛》这两部伟大史诗就已经流传在他们中间了。其中，《伊利亚特》是希腊人联合盟国攻克小亚细亚的特洛伊城的故事，而《奥德赛》讲的则是他们英明的国王奥德修斯历尽千辛万苦从特洛伊回到故乡的冒险传奇。这两部史诗大约创作于公元前8世纪到公元前6世纪，正是在这一时期，希腊人从文明程度更高的邻国那里学会了使用字母。不过，有一些学者却提出，《伊利亚特》和《奥德赛》实际上远在此之前就已经开始流传了。此前人们一直认为《伊利亚特》和《奥德赛》出自游吟诗人荷马之手，他双目失明，像弥尔顿创作《失乐园》一样，坐着完成了这两部巨著。荷马是否确有其人，两部史诗究竟是原创还是仅在前人基础上的整理和润色，类似的种种问题，学者们一直争论不休。在此，我们不必在意这种争论，我们只需知道，希腊人在公元前8世纪就已经拥有了这两部伟大的文化遗产。这两部史诗后来成为希腊各部族的联系纽带，当面对外来的敌人时，希腊人才能团结在一起。通过这些口头的和书面的文学，他们血脉相连，休戚与共。

从史诗记载中我们知道，希腊人那个时候仍未开化，没有铁器，没有文字，也没有生活在城市里。起初，他们居住在被他们摧毁的爱琴人城市的废墟旁，并以首领的大房子为中心，在其周围建筑了许多小屋。后来，他们才开始建造城墙，并不断向被其征服的国家学习，还学会了建造神庙。据说，原始文明在建设城市时，都是以部落的祭坛为中心，然后才开始建造城墙的。但是，希腊城市的建设却恰恰相反，他们先建设了城墙，然后才建造了神庙。后来，希腊人也逐渐开始进行商业贸易，还建立了自己的殖民地。公元前7世纪左右，在希腊的大河流域和岛屿上矗立起一座座新城市。在它们的冲击下，早期的爱琴文明逐渐淡出人们的视线。当时比较重要的希腊城市有雅典、斯巴达、科林斯、底比斯、萨摩斯和米利都等。另外，西西里岛、黑海沿岸和意大利也已经出现希腊定居者了。从地图上看，意大利半岛就像是一只靴子,而希腊人便在其"脚趾"和"脚跟"部分建立起了"大希腊";至于马赛,则是希腊人在古腓尼基人殖民地旧址上重新修建的城市。

现在,那些拥有广袤平原或主要大河(如幼发拉底河、尼罗河等)的国家,正在某种共同规则之下走向统一,例如埃及和苏美尔的众多城邦,它们现在都已处于同一政府的管控之下。然而,希腊的趋势却刚好相反。希腊境内大多为丘陵山地,散落在各岛屿和山谷之中的希腊各部族各自为政,毫无联合与统一的迹象。他们之间的种族血统差异巨大,有些城邦居住着部落族群,如伊奥里亚人、爱奥尼亚人、多利安人等;一些城邦主要居住着希腊人与前希腊的"地中海人"的混血后裔;还有些城邦则居住着纯正血统的希腊公民,他们高高在上,统治着那些俘虏来的奴隶(如斯巴达的奴隶"希洛人")。至于各城邦的政治制度,那差异就更大了:有些城邦是贵族政治,雅利安原始部落的那些统治家族,现在成了垄断特权、操纵政治的贵族;而有些城邦则是民主政治,雅利安市民们自己参与政治决策;有些城邦的国王由选举或世袭产生;而有些城邦的统治者则是僭主或暴君。

这样的地理条件,使得希腊分成了许多各具特色的城邦。这些城邦的规模非常小,人口可能都达不到三十万(实际上,一般城邦的人口也就五万左右),其中最大城邦的面积还比不上英国的一些郡。城邦之间也存在一些情感或利益上的联合,但都没有形成过真正意义上的联邦。随着贸易的增长,城市结成了同盟,小城市把自己置于大城市的保护之下。然而,由于希腊史诗和四年一届的奥林匹克竞赛,整个希腊城邦,彼此之间形成了一种特殊的情感联系。这并不能阻止战争的发生,但却实实在在地减轻了战争的野蛮程度。奥林匹克竞赛期间,交战国会暂时休战以保护前来参赛人员的安全。随着时间的推移,人们对共同文化传统的认同感越来越强烈,奥林匹克体育竞赛的参赛国也越来越多,最后不仅希腊人,甚至北部的伊庇鲁斯和马其顿选手也都参与其中了。

奥林匹克运动会因其举办地奥林匹亚而得名。

从公元前 7 世纪到公元前 6 世纪，希腊各城邦的贸易日益繁荣，影响力日益增强，希腊的文明稳步发展。在社会生活的许多方面，他们与爱琴文明、大河流域文明存在很大的不同。尽管希腊人也建造了很多宏伟的神庙，但他们的祭司却不再被人们视为文化传统的载体，知识和思想的活宝库。同样，希腊人也有自己的领袖，但却没把他奉为高于一切的神圣君主。相反，希腊城邦的统治形式为贵族政治，即由贵族领导和维持社会秩序。他们所谓的"民主"其实也是贵族式的。的确，每个公民都有资格参与公共事务和民主会议，但并非每个人都有资格成为公民。希腊的民主并不像现代的民主制度那样，每个人都有投票的权利。很多希腊民主国家往往只有几百或几千位公民，其余成千上万人的身份都是奴隶或自由人等等，这些人都是没资格参与公共事务的。一般来说，在希腊，掌握权力的都是真真正正的"人"，要么是公平选举出来的，要么是靠自身实力篡夺的。这与他们埃及、米诺斯或者美索不达米亚的君主们极为不同，因为他们都号称自己是高高在上的"神"。因此，与此前所有古老的文明相比，希腊人在思想、政治领域都享有更大的自由。希腊人把他们的个人主义，即北方草原上游牧生活培养出来的个人自由意志，带入了城市中。可以说，他们是历史上第一批重要的共和派。

我们发现，当他们摆脱了野蛮的战争后，他们的精神生活中出现了一种新的东西。他们开始寻求并记录知识，探索生命和存在的奥秘。而在此之前，这些都只是祭司阶层和君王们才能享受的特权，如今普通阶层也能享有了。在公元前6世纪，当先知以赛亚在巴比伦发表预言时，在希腊，米利都的泰勒斯和阿那克西曼德，以弗所的赫拉克利特这些人物也已经出现了。用现在的话来说，他们都是"具备独立精神的绅士"。在那个时代，他们就已经对我们所生存的世界提出了许多深奥的问题，如世界的本原是什么，世界从何处来又到何处去。他们拒绝所有现成的或逃避的答案，他们一定要刨根究底。希腊人对于宇宙的这些疑问，我们在这段历史的稍后部分，将作更详细的叙述。世界上最早的哲学家，即"爱智慧的人"，就是公元前6世纪的这些刨根究底的人。

我们可以注意到，在人类历史上，公元前6世纪是多么重要的一个世纪！在这个世纪，希腊哲学家开始探讨宇宙及其与人类的关系，以赛亚将犹太人的预言发展到最高级的层次，还有我们后面将会介绍的，释迦牟尼在印度传教，而中国的孔子和老子也开始授徒讲学。从雅典到太平洋，人类的思维大大地活跃起来了！

第 24 章
希波战争

希腊人在希腊本土、意大利南部及小亚细亚探索着人类自由的知识，希伯来最后一批先知在巴比伦和耶路撒冷展现着人类的自由良知，就在此时，米底人和波斯人这两个最富冒险精神的雅利安民族已经占据了旧世界文明的领地，建立起一个迄今为止疆域最为辽阔的帝国——波斯帝国。在居鲁士统治期间，不论是巴比伦、吕底亚这样富庶的文明古国，还是地中海沿岸黎凡特地区的腓尼基城邦、小亚细亚地区的希腊城邦，统统都被纳入了帝国的版图。到了冈比西斯统治时期，波斯人又将埃及征服。因此，当波斯帝国第三任统治者，米底人大流士一世于公元前 521 年继位之后，他很自然地将自己视为这个世界的主宰者。从达达尼尔海峡到印度河，从古埃及到中亚，信使们将他的法令传播到了帝国的每一个角落。

实际上，欧洲的希腊人、意大利人、迦太基人、西西里人和在西班牙殖民的腓尼基人，并非波斯帝国的臣民，但他们对这个大帝国的指令都不敢违抗。唯一带来麻烦的，是一支生活在俄罗斯南部和中亚的游牧民族——斯基泰人。斯基泰人是北欧人的祖先，那时候，他们经常袭扰波斯帝国的北部和东北边境。

当然，伟大的波斯帝国不可能全由波斯人组成。实际上，波斯人不过是占少数的征服者而已，帝国的大多数人都是世世代代生活在这片土地上的各种土著民族。这些民族的传统并没有因为波斯人的到来而发生多少改变，波斯语只是官方语言，当时大部分的贸易和金融仍掌握在闪米特人手中，而提尔和西顿依旧是地中海的大港口，闪米特人的船只往来游弋于海上。闪米特商人在辗转经商的过程中，接触到希伯来传统与《圣经》，并由于彼此共同的历史而迅速产生共鸣。与此同时，希腊人成为一股新兴的势力，在帝国内部迅速崛起。这些希腊人在后来成为了闪米特人在海上最强劲的对手。希腊人具有公正的精神和灵活的头脑，他们的官员也因此更为正直、能干。

在斯基泰人的不断骚扰下，大流士一世下定决心率军前往俄罗斯的南部，直逼斯基泰骑兵的老巢。大流士一世的军队，渡过博斯普鲁斯海峡，跨过保加利亚，来到多瑙河畔，接着用船连起了一道桥，历尽周折，继续向北挺进。大流士一世的军队主要为步兵，骑在马上的斯基泰人不断在周围骚扰，从后方包抄，切断了波斯军队的补给线路，掩杀一切掉队的散兵游勇。就这样，没有发生过一次激烈的正面战争，波斯军队就已经势穷力竭了，大流士一世不得不灰溜溜地败退回国。

大流士一世只身回到苏萨，而将一支军队留在了色雷斯和马其顿，而马其顿人是效忠于大流士一世的。此次的大败之后，位于亚洲的希腊城邦爆发了叛乱，而欧洲的希腊人也随即响应，纷纷揭竿而起。大流士一世于是决定镇压欧洲的希腊人，他自恃拥有一支强大的腓尼基舰队，足以逐个攻占希腊各岛屿。他于公元前490年对雅典展开总攻，一支庞大的舰队从小亚细亚和地中海东部的港口出发，先头部队在雅典北部的马拉松登陆。这时，他们遭到了雅典人的顽强抵抗，大败而归。

在此期间，有一个事件非比寻常。在希腊，斯巴达一直都是雅典的死敌。但在这危难关头，雅典还是决定向斯巴达求援，恳请斯巴达人不要坐视自己的希腊同胞沦为野蛮人的奴隶。雅典派出了一个跑得很快的人（他就是马拉松长跑的原型）担任信使，他在两天之内便跑过了一百多英里崎岖不平的山路，成功完成使命。斯巴达人的反应迅速而慷慨，立即出兵援助雅典。但当这些斯巴达军队在三天后到达雅典时，他们只看到战场上波斯人横七竖

希腊的斯巴达国王列奥尼达一世率领三百名斯巴达精锐战士与部分希腊城邦联军于温泉关抵抗波斯帝国，成功拖延了波斯军队的进攻。

八的尸体——战事已经结束，波斯舰队也已逃回亚洲，斯巴达人白走了这一遭。波斯对希腊的第一次战争就这样结束了，这一战由于在马拉松打响，所以又称"马拉松战役"。

第二次希波战争更加令人印象深刻。马拉松战役失败的消息传到大流士一世那里后不久，他便去世了，他的儿子薛西斯继位。薛西斯花了整整四年的时间备战，意图一举把希腊彻底击溃。在这一段时间里，强大的外敌给希腊人造成了深深的恐惧，他们却也因此而变得更加团结一致。薛西斯的军队，无疑是前所未有的庞大军队。但同时，我们也可以说，波斯大军其实只是一群乌合之众，因为许许多多的隐患都潜藏其中，随时可能爆发。公元前480年，波斯军队利用浮桥横渡达达尼尔海峡，由一支同样是拼凑起来的船队负责运送补给，沿着海岸线向前航行。在狭小的德摩比利山口（直译为"温泉关"），一支一千四百人组成的斯巴达小分队，在国王列奥尼达的率领下，经过一场极为惨烈的战斗，成功地击败了来犯的波斯大军。此役，包括莱奥尼达斯在内的所有斯巴达勇士都英勇牺牲，但是波斯人付出的代价却更大。出于强烈的报复心理，薛西斯的军队对底比斯和雅典发起猛攻。最终，底比斯投降，雅典人则弃城而逃，整座城市被波斯人付之一炬。

希腊似乎已是波斯人的囊中之物了，但就在此时，事情突然出现了转机，胜利之神再次眷顾希腊人。从数量上看，希腊舰队尚不及波斯舰队的三分之一，然而他们却在萨拉米斯海湾一役中，将波斯舰队击垮。此时，薛西斯发现，他的大军已被切断了给养，不禁万念俱灰，只得带着一半的军队逃回亚洲。公元前479年，留下的那一半军队在普拉太亚战役中被希腊人消灭。与此同时，波斯的残余舰队也在小亚细亚的麦卡利，被追击的希腊舰队彻底歼灭。

来自波斯的威胁终于结束，希腊在亚洲的大部分城邦都实现了自由。希波战争的前前后后，在希罗多德的著作《历史》中有详尽而生动的叙述。

《历史》是人类的第一部史书,其作者希罗多德在公元前 484 年出生于小亚细亚爱奥尼亚人的城邦哈利卡纳索斯。为了确切的历史细节,希罗多德曾经前往埃及和巴比伦实地探访。麦卡利一役后,波斯帝国陷入王朝动乱,埃及、叙利亚和米底相继反叛。希罗多德的《历史》,主要在于揭露波斯帝国的脆弱本质。用今天的眼光来看,这部著作更像是一个宣传册,目的就是鼓励希腊人凝聚力量抗击波斯人。在《历史》这本书中,希罗多德塑造了一个人物,名叫"阿里斯塔格拉斯",他带着一张已知世界的地图去见斯巴达人,对他们说:"这些野蛮人在战斗中并不勇敢,而你们却掌握着最为高明的战争技能……世界上没有哪个民族,像他们一样拥有那么多的黄金、白银、青铜、绣衣、牲畜和奴隶。这都是你们的,只要你们真心想要。"

第 25 章
希腊的辉煌

波斯战败后的一个半世纪,是希腊文明最辉煌的一段时期。不错,公元前 431 年至公元前 404 年的伯罗奔尼撒战争的确把希腊撕扯得很不堪,雅典、斯巴达等国惨烈的霸权争斗给国家造成了巨大的创伤,并最终导致在公元前 338 年被马其顿人所征服。尽管如此,这一时期的希腊人无论在思想方面、创造力方面还是艺术创作方面,都发展到了一个相当高的水平,成为人类历史上的一盏明灯。

精神活动的中心位于雅典。从公元前 466 年至公元前 428 年,伯里克利统治雅典长达三十余年。他精力旺盛,思想开明,在成为执政官的那一刻起,便决心重建这座被波斯人夷平的城市。至今仍令雅典人引以为豪的美丽废墟,就是当时那一伟大工程的遗迹。伯里克利不仅重建了雅典的物质世界,还重建了雅典的精神文明,众多建筑师、雕刻家、诗人、剧作家、哲学家和教师纷纷云集于此。公元前 438 年,希罗多德来到雅典朗诵他的《历史》;阿那克萨戈拉带来了对太阳和恒星的科学描述;埃斯库罗斯、索福克勒斯和欧里庇得斯也相继到来,将希腊的戏剧推向一个高贵而美丽的巅峰境界。

尽管持久、徒劳无益的伯罗奔尼撒战争破坏了希腊的和平，但伯里克利为雅典人的精神生活注入的活力，在其死后依然生机勃勃。是的，政治层面的黑暗非但没有使人们气馁，反而促进了他们对精神世界的探索。

早在伯里克利统治时代之前，希腊特有的自由氛围就已经使辩论术成了一门重要学问。政策的决定权不在国王或祭司手中，只能通过民众或领导人的投票选举而最终确定。因此，善辩成为当时人们最渴望拥有的技能。在这种情况下，专门传授年轻人辩论技巧的教师便应运而生，他们被称为"诡辩家"或"智者"。辩论应该言之有物，必须从实际出发进行推理。辩论和演说能够促进知识的发展，在不断的论战中，这些诡辩家逐渐提高了他们的辩论技艺和对具体论点的认识，思维方式也因此变得越来越完善。在伯里克利去世之后，苏格拉底以其过人的天才，对以往那些诡辩家所传授的辩论术予以毫不留情的批判，揭示了他们糟糕的论证。那时候，一大群才华横溢的青年都聚集在苏格拉底的周围。然而，公元前399年，苏格拉底却以"腐蚀年轻人思想"的罪名被判处死刑。他效仿当时雅典盛行的"体面"死法，在朋友们的注视下，在自己家中喝毒药（从毒芹中提取出来的）而死。苏格拉底虽然死了，但其思想对人们的影响却始终没有断，他的弟子们接过了他的衣钵，继续传道授业。

苏格拉底最重要的弟子是柏拉图。柏拉图生于公元前427年，去世于公元前347年，曾建立雅典学园，向门徒讲授哲学。柏拉图的学说大致可以分为两个主要部分：一是对人类的思维本质和思维方法的研究，另一个则是对社会政治制度的探讨。柏拉图是历史上第一个创造"乌托邦"的人——所谓"乌托邦"，指的是一种从未真实存在过的理想社会组织形式。"乌托邦"概念的产生，是人类思想史上一个前所未有的大胆突破。此前，人们总是毫不怀疑地遵循现有社会传统与习俗，但柏拉图却明确地呼吁人类："只要你们有足够的决心和勇气，你们就能改变使你们受苦的社会制度和政治弊端。

第25章 希腊的辉煌 111

柏拉图在《斐多篇》中所记录的苏格拉底之死，在临死前一如既往讨论哲学的苏格拉底使人崇敬。

你们只不过还没有意识到自身的力量，只要你们愿意思考并且行动起来，你们就一定能够争取到一个更加合理明智的社会制度。"教授尚需领会的普世知识，是高度冒险的。《理想国》是柏拉图的早期作品之一，描绘了一种共产主义式的贵族政治制度。而他最终没能完成的《法律篇》，则论述了另一种"乌托邦"国家的社会模式。

柏拉图死后，他的学生亚里士多德继续对当时人们的思维方式和国家体制进行批判。亚里士多德来自马其顿的斯塔尼亚城，父亲是马其顿国王的御医，而亚里士多德本人则是王子亚历山大的家庭教师。亚历山大注定要在将来建立一番丰功伟绩，对此，我们后面很快就会讲到。亚里士多德致力于思维方式的研究，将逻辑学发展到一个新的高度，在此后长达一千五百年中都无人超越，一直到中世纪的经院学者们重新研究这些问题为止。亚里士多德没有柏拉图那种"乌托邦"思想。亚里士多德认为，要想"真正掌握自己的命运"（柏拉图语），必须首先掌握更多的、更准确的知识才行。于是，他开始了对知识的系统整理——这便是我们今天所说的"科学"。此外，他还曾派出探测者实地搜集资料，为自然哲学史学之父、政治学奠基人。在吕克昂学园，亚里士多德的学生曾经认真比较、研究过一百五十八种不同的国家制度。

在公元前4世纪的希腊，有些人的思想与我们某些"现代思想家"已经十分接近。从那个时候开始，像孩子一样、梦幻般的思维方式，让位于有条理的、具有批判精神的思维模式。关于各种神怪的可怕意象，以及迄今为止所有阻碍思想的禁忌、敬畏和约束，在这里都被完全抛到一边。自由、准确、系统化的思考已经启动，这些来自北方丛林地带的新居民，有着自由、无畏的精神，他们闯入幽暗的圣殿，用理性之光照亮了周围的一切。

第 26 章
亚历山大帝国

公元前 431 年到公元前 404 年的伯罗奔尼撒战争，给希腊造成了极大的破坏。与此同时，希腊北部的马其顿王国则逐渐崛起，成为一个强大的文明国家。马其顿人的语言与希腊语非常相近，他们的运动员也曾多次参加奥林匹克盛会。公元前 359 年，雄才大略的菲利普成为这个小国的新任统治者。菲利普此前曾在希腊当过人质，接受过完全的希腊式教育。他很可能受到了希罗多德思想（事实上，哲学家伊索克拉底也曾发展过类似的观点）的影响，即一个统一的希腊能够征服亚洲。

腓力二世继位后，开始扩张并整顿自己的王国，重新打造一支军队。一千多年来，冲锋陷阵的战车和近战步兵一直都是战争胜败的决定性因素。骑兵尽管同样参与作战，但大多是以散兵游勇的形式，并无严格的组织，无法在战争中担任重要使命。腓力将步兵组成密集的阵形进行战斗，这就是著名的马其顿方阵。与此同时，他训练手下优秀的骑士有组织地作战，创造出一支真正的马其顿铁骑。在腓力和他的儿子亚历山大指挥的大多数战役中，骑兵冲锋都是他们的核心战法。每次战斗打响之后，马其顿步兵方阵与敌人正面交锋，而骑兵则包抄敌人的两翼和背后，同时命令弓箭手射杀敌人的战

亚历山大在二十岁时从他的父王腓力二世手上继承了马其顿王位，他在其统治期间进行了前无古人的大型军事征服活动。

马，使其战车失去作用。

　　凭借这支新军，腓力不断开疆拓土，势力从塞萨利一直延伸到希腊。在公元前338年的喀罗尼亚战役中，雅典及其盟友全部倒在了腓力的脚下。希罗多德当初的梦想实现了。在随后的希腊各城邦联合会议上，腓力被推举为希腊–马其顿联军的最高统帅，负责指挥与波斯的战争。公元前336年，腓力的军团进入亚洲，他蓄谋已久的军事冒险终于开始了。但是，这次行动却戛然而止。腓力遭到暗杀，主使者据说是他的王后，亚历山大的母亲奥斯匹亚斯——她妒火中烧，因为腓力又娶了第二个妻子。

　　腓力在儿子的教育问题上煞费苦心。他不仅为亚历山大请来世界上最伟大的哲学家亚里士多德担任家庭教师，还将自己的平生思想和军事经验全部传授于他。在喀罗尼亚战役中，当时只有十八岁的亚历山大已经是一名骑兵军官了。因此，尽管这个年轻人继承王位时只有二十岁，但他已经有能力继承父亲的遗志，征服波斯。

亚历山大即位后，用了两年的时间巩固自己在马其顿和希腊的统治。之后，公元前334年，他才率军挺进亚洲，在格拉尼库斯河战役中击败了一支人数不多的部队，占领了小亚细亚的一些城市。他沿着海岸线向前推进。由于波斯帝国当时仍拥有提尔和西顿的舰队，制海权在他们的手中牢牢掌握，因此亚历山大每攻克一座沿海城市后，都不得不留下一部分兵力守城，以防波斯人从海上登陆突袭，切断他们与后方的一切联系。

公元前333年，亚历山大在伊苏斯战役中摧毁了大流士三世率领的一支庞大队伍。与一个半世纪前薛西斯的那支军队一样，大流士三世的这支军队也是一群乌合之众，队伍中除战士外，掺杂了太多无关的官员、嫔妃及侍从。战斗中，这些人成为很大的累赘。不久，西顿人向亚历山大投降，而提尔人在顽强抵抗一段时间之后，也难免城破失守，这座伟大的城市最终被侵略者洗劫一空。遭到同样命运的，还有加沙。公元前332年，亚历山大攻打埃及，又将从波斯人的手中夺取了这个地方的统治权。

亚历山大在埃及兴建了不少以"亚历山大"命名的城市，并修建了通往这些城市的大路，以防它们发生叛乱。很快，腓尼基各城邦的商业活动都往这些城市转移，地中海西部的腓尼基人突然从历史上消失了，而犹太人却在亚历山大新建的各贸易城市中迅速崛起。

公元前331年，和此前的图特摩斯、拉美西斯和尼科一样，亚历山大从埃及出兵征讨巴比伦。不过，与此前不同的是，亚历山大选择绕道提尔。在离尼尼微（这座城市早已沦为废墟，被人们遗忘了）不远的阿尔比勒，双方军队展开决战。交战后，波斯的战车首先遭到重创，马其顿骑兵则乘胜追击,接着上前的步兵方阵稳扎稳打,波斯人乱七八糟的大军被杀得落花流水,大流士带着残兵败将一路逃到了北方的米底。依然繁华的巴比伦被亚历山大占领后,他再接再厉,一举攻下苏萨和波斯波利斯。在苏萨,亚历山大举行了盛大的庆功宴会,然后将"众王之王"大流士的华丽宫殿一把火烧掉了。

随后,亚历山大在中亚建立了军事大本营,他的军事触角一直伸展到波

亚历山大大帝征服巴比伦。

斯帝国的尽头。起初亚历山大挥师北上，目的在于追击大流士。希腊的先头部队在黎明时分终于追上了波斯人，然而，此时的大流士已经遭到部下暗算，正躺在战车上奄奄一息。等亚历山大赶到时，他已经呜呼哀哉了。此时，亚历山大并没有因此而撤兵，而是率军沿着里海继续行进，翻过土耳其西部的山脉，穿越赫拉特（亚历山大新建的城市之一）、喀布尔和开伯尔山口，一直到了印度。在印度河畔，亚历山大与印度国王波鲁斯展开激战，尽管他们首次领教了印度的大象军团，但最终还是在战场上取得胜利。接着，亚历山大命令士卒准备船只，从印度河顺流而下，航行至印度河河口，最终沿着俾路支斯坦海岸返航回国。公元前324年，在出征六年之后，亚历山大总算回到了苏萨。之后，他苦心经营自己打下的这个庞大帝国。为了赢得被征服者的信任，他把自己打扮得像个传统的波斯统治者，衣着、头饰与此前的那些波斯国王没什么两样。然而，这些举措却惹恼了随他出生入死的马其顿将领，给他带来了颇多麻烦。亚历山大积极提倡"东西联姻"，在他的促成下，好几位马其顿官员与波斯、巴比伦的女子结为夫妇。不过，亚历山大最终还是没能实现自己的统一大业。公元前323年，他在巴比伦的一次酒宴后，身患热病而死。

　　亚历山大去世后，庞大的帝国顷刻之间土崩瓦解。他手下的将军塞琉古斯，将原波斯帝国从印度河到以弗所的大部分领土据为己有。另外两位将军，即托勒密和安提柯，则分别攫取了埃及和马其顿。而帝国的其余部分被野心家们不断争夺，战乱长久不息，北方的蛮族也不断南下入侵，情况愈演愈烈。直到最后，一种来自西方的新生力量——罗马共和国，逐渐征服了一个又一个割据势力，并最终统一为一个更新、更稳固的庞大帝国。

第 27 章
亚历山大港的博物馆与图书馆

在亚历山大征服波斯以前，希腊的许多商人、艺术家、官员和雇佣兵已经活跃在波斯的大部分土地上了。薛西斯死后，波斯发生了数起为夺权的战争，色诺芬带领的一万多人的希腊雇佣军团，在那个时候就曾发挥过重要作用。在《一万名士兵的撤退》一书中，色诺芬详细记述了这个雇佣兵军团从巴比伦撤回希腊的亚洲部分的经过。这是第一部由亲历战场的将领所写的战争小说。亚历山大的远征，以及他的帝国被属下将领瓜分的事实，都大大促进了希腊文明在古代世界中的传播。甚至在遥远的中亚和印度，我们都能找到这种痕迹，印度的艺术就深受希腊文明影响。

数百年来，雅典始终都是文化和艺术的中心。雅典学园的历史接近千年，自创办后一直延续至公元529年。然而，这个时代，世界精神活动的中心跨过地中海，从雅典转移到了埃及的新兴城市——亚历山大港。此时，亚历山大昔日的部将托勒密当了埃及的国王，他身边的宫廷官员都是一群说希腊语的人。托勒密与亚历山大私人关系非常好，他也非常敬服亚历山大的老师亚里士多德的思想。他精力过人，学识渊博，很乐于研究和传播知识。他还曾写过一本记述亚历山大远征的著作，遗憾的是此书后来失传了。

亚历山大在世时，曾为亚里士多德的学术研究提供大量经费。托勒密则更进一步，在世界历史上第一次设立了长期的科研基金。他在亚历山大城建立了亚历山大博物馆，形式上类似于缪斯女神的神庙，但实际上却是一个科研基地。经过此后两三代人的努力，亚历山大博物馆结出了十分可喜的科研成果。这里曾涌现出大批科学先驱，如欧几里得、埃拉托斯特尼、圆锥曲线的专家阿波罗纽斯、首个绘出星图和星表的希帕卡斯以及最早设计出蒸汽机的希罗等。这些人无一不是科学史上闪耀的明星。阿基米德也曾到亚历山大

阿基米德死于第二次布匿战争期间，据说他在被杀前说的最后一句话是"别破坏我的圆"。

博物馆学习。另外，相传希腊最伟大的解剖学家希罗菲卢斯，那个时候曾在亚历山大做过活体解剖实验。

经过托勒密一世和托勒密二世的统治，不管是在科学还是知识的领域，亚历山大港达到了空前的繁荣。在公元前6世纪以前的任何一个时代，都从来没有出现过这样的繁荣。然而，它却是短暂的。衰落的原因是多方面的，根据已故的马哈菲教授的判断，最主要的原因是"皇家学院"的制度存在问题，那里的教授和学生都是埃及法老钦点的，有资格按时领取政府发放的薪水。在托勒密一世统治时期，一切都还算顺利，不过随着托勒密王朝代代更迭，埃及化日渐严重，"皇家学院"越来越受到埃及的祭司和宗教势力的左右。他们的控制越来越严厉，原有的科学研究很难继续下去，到最后完全扼杀了人们对自由精神的探索。在经历了头一个世纪的昌盛后，亚历山大博物馆就再也没能创造出什么有价值的东西了。

托勒密一世提倡以最先进的思想去指导对新知识的探索和研究，除此之外，他还建立了一座包罗万象的大型图书馆，即亚历山大图书馆。图书馆的作用不仅是保存善本，人们在这里同样可以复制和交易图书。在亚历山大图书馆，每天都有一大批图书抄写员在那里从事抄书工作。直到此时，我们知识的传播、分类与系统整理才真正开始了。亚历山大博物馆和图书馆的建立，标志着人类历史的新纪元，所谓的"近代历史"从现在才真正拉开帷幕。

当时，很多因素阻碍着对知识的研究和传播，其中影响最大的就是科学家与工匠之间的隔膜。当时已出现专门制作玻璃和金属制品的工人，但是他们与科学家之间没有任何思想交流。制造玻璃的工匠主要生产各种好看的彩色饰物和瓶瓶罐罐，从来不承想过去制造实验所需的试管和透镜——他们对透明玻璃似乎毫无兴趣。同样，冶炼金属的工匠也只会打造武器和用具，从没想过制作能够用于化学实验的天平。看那些科学家，他们一味地钻研构成事物的原子和世界的本质，对上釉、上色和制药等实际操作过程一窍不通。这种实际操作能力的缺失，使得亚历山大博物馆在繁荣的一百多年里，没有发明显微镜，也没有产生化学。虽然希罗设计出蒸汽机，但并没有制造出实物安装在泵上或安装在船上发挥实际的作用。除医学领域外，当时的科学研究并没有产生实际的作用。由于没有实际作用的效益和兴趣，也没有刺激和推动科学研究进一步发展。所以，在托勒密一世和托勒密二世之后，除了好奇心，再也没有什么可以推动科学研究的力量了。博物馆的科研成果，仅仅被记录在终年不见天日的手稿上。直到文艺复兴时，这些成果才引起人们的注意。

同样，亚历山大图书馆也并没有对图书的制作做出有益的改进。古代，还没有发明用纸浆压制成的大小相同的纸张。造纸术是由中国人发明的，直到公元9世纪才传到西方国家。当时，人们做书用的是羊皮或用纸莎草一片一片拼成的"纸"。由于用纸莎草做的书要卷起来，因此无论是阅读还是查找都不方便，同时还阻碍了印刷和装订技术的发展。关于印刷知识，人类早在旧石器时代就已经知晓，古代苏美尔人使用的签名图章就是证据。但是，如果没有大量价格低廉的纸，印刷图书就会无利可图。而且这样做还会受到图书抄写员的反对和抵制，因为这会让他们失业。虽然亚历山大图书馆的抄写员誊写了很多书，但它们价格都很昂贵，除了有权、有钱的阶层可以拥有外，普通人根本就没有机会读书。

正是因为如此，托勒密一世和托勒密二世统治时间耀眼的知识的光辉并没有照亮科学家这个小圈子之外大量的普通人。犹如一盏黑暗中的灯，灯光所及的地方，一切都很光亮，超出灯光之外的地方，仍然漆黑一团。那些被排除在科学光环之外的普通人，全然不知终将彻底改变世界的科学种子已经播下。不久之后，亚历山大又被顽固的黑暗所笼罩，一直延续了一千多年。亚里士多德播下的科学的种子也被淹没在这漫长的黑暗里。但是，这颗种子后来终于苏醒，开始发芽，在之后的几个世纪中，它所蕴含的科学精神得到了最广泛的研究和传播，最终形成了改变人类生活的知识和思想。

亚历山大图书馆曾是世界上最大的图书馆，由托勒密一世在公元前3世纪所建造，后来因火灾被毁。

第 28 章
乔达摩的一生

现在我们必须回到三个世纪前,去讲述一位伟大的老师,他几乎彻底改变了整个亚洲的宗教思想和宗教情感。他就是佛陀,他在印度的贝拿勒斯教导他的门徒;大约在同一时间,以赛亚在巴比伦的犹太人中做出预言,而赫拉克利特则在以弗所进行着对事物本质的思辨。所有这些人都生活在公元前6世纪,而他们彼此互不相识。

公元前6世纪的确是历史上最辉煌的时期之一。在世界的各个地方,包括我们在稍后会谈到的中国,人们的思想都表现出一种新的进取精神。各地的人们都会从王权、祭司和血祭的传统中醒来,去追问那些最深刻的问题。这就好像人类这个种族在经历了两万年的童年后,开始进入青春期。

印度的早期历史至今仍然很模糊。大约在公元前2000年左右,一个讲雅利安语的民族通过一次或一系列的入侵从西北部进入印度,并在北印度的大部分地区传播其语言和传统。它独特的雅利安语变体就成了梵语。他们发现,在印度河和恒河流域的土地上,住着一个深色皮肤的民族,他们的文明更为繁盛,但意志却不那么坚强。这些雅利安人似乎不像他们的先辈那样,能与希腊人和波斯人自由地交往,他们十分冷漠。历史学家隐约地发现,印度社会早在久远之前就已经被划分为几个不同的等级，各个等级又有许多不同的分支，而这些分支中的人既不一起吃饭，也不互相通婚或结成社团。这种划分随着历史的发展便逐渐变成了"种姓"。这使得印度人不同于可以自由通婚的欧洲人或蒙古人。印度社会是由一个个小团体组成的大团体。

乔达摩·悉达多是一个贵族家庭的儿子，这个家庭统治着喜马拉雅山麓的一个小地区。他十九岁时娶了一位漂亮的表妹。他可以随心所欲地打猎、玩耍，在他那充满阳光的世界——花园、树林、稻田里到处漫游。可正是在这种生活中，他感到了极大的不满。人们不会因失业而感到快乐，然而乔达摩却认为自己所过的生活并不是一种现实的生活，它更像是一种过长的休假。

疾病、死亡，以及所有幸福之后的不安定与不满足，统统出现在乔达摩的心灵中。就在他怀着这种心情的时候，他遇到了一个流浪的苦行僧。印度当时有很多这种苦行僧，这些人依照严格的戒律生活，会花很多时间用于冥想和宗教讨论。他们被认为是在生活中寻找更深层次的现实，而这种强烈的欲望同样占据了乔达摩。

故事中说，当他得知他的妻子为他生下了第一个儿子时，他正在考虑出家苦行的计划。对于孩子的降生，他认为"这又是一个需要打破的束缚"。

他在同族人的欢庆中回到了村庄。为了庆祝这个新"束缚"的诞生，人们举行了盛大的宴会，载歌载舞。乔达摩在夜里醒来，精神上极度痛苦，"就像一个人被告知他的房子着火了一样"。他决定立刻离开他那漫无目的的快乐生活。他轻手轻脚地走到他妻子卧室的门口，借着一盏小油灯的灯光，看见她抱着襁褓中的儿子，在鲜花的簇拥下甜蜜地睡着。临走前，他非常渴望能抱一次孩子，但由于害怕吵醒妻子，他没有这样做。最后他转身离去，在明亮的月光下，他骑马奔进了这个世界。

那天晚上，他骑了很远的路。第二天早上，他在他的家族领地外停了下

乔达摩生在贵族家庭，从小过着衣食无忧的生活。

来，在一条小河边下了马。他就在那里用刀砍断他下垂的发绺，摘下所有的装饰，并将这一切让马送回宫里。走着走着，他突然遇到一个衣衫褴褛的人，于是便跟这个人交换了衣服。这样，他就摆脱了一切世俗的纠缠，可以自由地追求智慧了。他一路南下，来到了温迪亚山脉的一处丘陵，那里住着隐修者和老师。这些智者都居住在山洞里，他们会进城去获取简单的生活用品，并通过口授的方式把他们的知识传授给那些关心他们的人。乔达摩精通他那个时代的所有玄奥思想，但他敏锐的智慧对这些思想提供的解决方案并不满意。

印度人的头脑总是倾向于相信，力量和知识可以通过极端的禁欲主义、斋戒、不睡觉和自我折磨来获得，而乔达摩现在开始反思这些想法。他和五个伙伴一起去了丛林，在那里他开始了斋戒和可怕的苦修。他的名声很快就像"挂在天空中的大钟发出的洪声"一样传播开来，但这并没有给他带来真实的感觉。有一天，身体已经十分虚弱的他在努力思考时，突然间失去了知觉，等他醒过来后，他发现这种好像魔法一般的智慧之道是多么荒谬。

他开始正常进食，并放弃之前的苦修，这让他的同伴们大为惊骇。他已经认识到，获得真理只有在人拥有健康的身体和大脑的前提下才能完成。这种观念与当时的主流观念是完全不同的。于是，他的伙伴离开了他，带着忧郁的心情去了贝拿勒斯。乔达摩自此开始一个人进行修习。

当一个人的头脑处理一个重大而复杂的问题时，它是一步一步地前进的，它很少意识到那些已经取得的成就；直到某一时刻，它才会以恍然大悟的方式觉察到自己获得的胜利。乔达摩就是如此，当他产生这种感觉时，他正坐在河边的一棵大树下吃东西。他似乎看清了生命的真相，据说他接下来沉思了一天一夜，然后他站起来把自己的洞见告诉了世界。

他去了贝拿勒斯，在那里他找到了离他而去的伙伴，并给他们带来了新的教导。在贝拿勒斯的鹿野苑，他们建造了自己的小屋，并建立了一所学校，许多人来这里寻求智慧。

作为一个幸运的年轻人，他的教诲的出发点是他自己的问题："为什么我不是完全快乐的？"这是一个自省的问题，这种自省在性质上既不同于泰勒斯和赫拉克利特追问宇宙问题时所表现出的坦率而忘我的外在好奇心，也不同于希伯来先知强加在希伯来人心中的、无私的道德义务。这位印度老师非但没有遗忘自我，相反他十分专注于自我并想摧毁自我。他教导说一切苦难都源自于个人的贪婪欲望，一个人只有战胜自己的欲望，才能终结自己的烦恼与悲伤。生命的贪欲有三种主要形式，而这三种形式都是邪恶的。第一种贪婪是对饮食、美色等一切感官欲求的贪婪，第二种贪婪是对自我和永生

鹿野苑遗址，乔达摩最早便是在这里宣扬他的思想。

的贪婪，第三种贪婪是对世俗成功与名望的贪婪。只有克服所有这些形式的贪婪，人才能从生活的痛苦和懊恼中解脱出来。当它们被克服，当自我完全消失，灵魂便获得宁静，进入涅槃，达到最高的善。

这便是他教诲的要点，它确实是一种非常微妙的形而上学教导。它既不像希腊人的训谕——勇敢、正确地去观察和了解，也不像希伯来人的诫命——敬畏上帝和实现公义。它是一种甚至连乔达摩的嫡传弟子都无法理解的教义，难怪他的个人影响力一消失，它就变得腐朽而粗糙。当时的印度人普遍相信，智慧会降临人间，很长一段时间内化身为某个被选中的人，也就是佛陀。乔达摩的弟子们宣称他是佛陀，也是最近的一位佛陀，然而我们没有证据表明他本人曾经接受过这个称号。在他去世之前，一系列有关他的传说便开始出现。相较于道德上的努力，人们更喜欢一些奇妙的故事，乔达摩也因此被附上了传奇的色彩。

然而，这个世界仍因为这位老师而获得巨大的收获。如果说涅槃的境界太过微妙而超出人们想象，乔达摩简单的一生因宗教竞争和创造神话的冲动而变得遥不可及，那么人们至少还能理解乔达摩所说的八正道，也就是雅利安语中"生命中的高贵道路"。这里有一种对正直的精神、目标、言论、行为以及诚实的生活的坚持，它们呼唤着良知的觉醒以及无私的奉献。

第 29 章
阿育王

在乔达摩死后的几代人里,这些崇高的教义和朴素的教诲,即人的最高利益是对自我的征服,几乎没有什么发展,但它们却征服了有史以来世界上最伟大的君主之一。

我们已经提到过亚历山大大帝是如何来到印度并在印度河上与波鲁斯作战的。根据希腊历史学家的记载,有一个叫旃陀罗笈多的人进入了亚历山大的阵营,试图说服他到恒河去征服整个印度。亚历山大做不到这一点,因为马其顿人拒绝进一步深入他们所不知道的世界,后来在公元前321年,旃陀罗笈多在没有希腊人帮助的情况下,得到了各个山地部落的帮助,实现了自己的梦想。他在北印度建立了一个帝国,并在公元前303年对旁遮普的塞琉古一世发起进攻,把希腊最后的残余力量赶出了印度。他的儿子为这个帝国开疆拓土,而他的孙子,也就是我们在这里要讲的阿育王,在公元前264年统治着从阿富汗到马德拉斯的广袤土地。

阿育王一开始打算效仿他的父亲和祖父,完成对印度半岛的征服。他在公元前255年入侵了马德拉斯东部的国家羯陵伽。阿育王的军事征服十分成功,但他始终孤独一人,他对战争的残酷和恐怖厌恶到了无法忍受的程度，于是他放弃了战争。他接受了和平的佛教教义，并宣布从今以后，他的征服应该是佛教意义上的征服。

他统治了二十八年，这是人类多灾多难的历史上最辉煌的一段插曲。他在印度大规模地开展凿井和植树运动，建立了医院、公共园林和种植草药的园圃。他设立了一个专职部门来照顾印度的土著居民和受统治的种族，并要求妇女接受教育。他为佛教的教义做出了巨大的贡献，针对那些在乔达摩这位伟大的印度觉者的淳朴教诲上逐渐累积起来的腐朽与迷信，他激励佛教徒对自己过往的文献进行更好、更有力的批判。阿育王还派遣佛教徒到克什米尔、波斯、锡兰甚至亚历山大港去传教。

这就是最伟大的君主之一阿育王。他的心智要比他的实际年龄成熟很多。他没有留下一个子嗣，也没有留下一个团体来继续他的工作；在他死后的一个世纪里，他统治的伟大岁月在支离破碎、日趋衰败的印度变成了一段光荣的回忆。婆罗门的祭司阶层是印度社会中地位最高和权力最大的阶层，他们一直反对佛陀坦率而开放的教诲。佛教在印度的影响随着他们的破坏而逐渐衰微，那些古老而可怖的神灵以及印度其他宗教再次恢复了它们的势力。种姓制度变得更加严格和复杂。几个世纪来，佛教和婆罗门教彼此激荡、共同繁荣，后来佛教慢慢衰落，婆罗门教以各种方式取而代之。但是，佛教的传播超越了印度和种姓制度的范围，它在中国、暹罗、缅甸和日本赢得了信众的支持。在这些国家，佛教直到今天还占据着宗教上的一席之地。

第30章
孔子与老子

我们还得谈谈另外两位伟人，孔子和老子，他们同样生活在公元前 6 世纪，那个开启了人类青春期的美好时代。

我们对中国的早期历史了解甚少，对于我们而言，那段历史仍然十分模糊。我们期待随着新中国的崛起，中国的探险家和考古学家能像欧洲人在 18 世纪研究他们的过去一样，来研究他们的历史。很久以前，中国最早的原始文化是出现在大河谷中的太阳崇拜。像埃及和苏美尔一样，他们也有太阳崇拜的一般特征，他们以神庙为中心，祭司和担任最高祭司的部族首领会在神庙里进行季节性的血祭。那些地方的生活一定很像六七千年前的埃及人和苏美尔人的生活，也会类似于一千年前中美洲玛雅人的生活。

如果说曾有活人献祭的话，那么早在历史开始之前，它们便被动物祭品取代了。同时在公元前 1000 年前，中国便已经出现了一种象形文字。

就像欧洲和西亚的原始文明与沙漠游牧民族和北方游牧民族时有冲突一样，原始的中国文明在其北方边界上也有一大群游牧民族常来侵犯。这些游牧民族在语言和生活方式上有很多相似之处，他们在历史上先后被称为匈奴人、蒙古人、突厥人和鞑靼人。他们不断地发生改变，分裂与合并交替不断，就像在欧洲和中亚的北欧民族一样，他们的名称会不断变化，但其民族特性始终稳定。这些蒙古游牧民族比北欧民族更早地学会了如何驾驭马匹，大约在公元前 1000 前，他们在阿尔泰山山脉地区发现了铁。这些东方的游牧民族也像北欧民族一样，一次次地实现了某种政治上的统一，成为某个文明地区的征服者、统治者和复兴者。

就像欧洲和西亚最早的文明不是北欧文明或闪米特文明，中国最早的文明也不是蒙古游牧部落的文明。更可能的情况是，中国最早的文明和最早的埃及文明、苏美尔文明和印度河流域文明一样，是一种整体性的农业文明，在中国最早的历史记录中，就已经出现了不同部族之间的征服与混合。无论如何，我们发现到公元前 1750 年时，中国就已经是一个由大大小小的诸侯国组成的庞大体系，它们对中央并不十分忠诚，但此时已经或多或少地出现了一种封建礼制，比如它们都必须向最高的祭司"天子"进贡。公元前 1125 年商朝灭亡，周朝取而代之。周朝继续维护着中国松散的统一，直到阿育王统治印度和托勒密王朝统治埃及的时代。中国在周朝漫长的统治期间逐渐走向分裂。匈奴人南下建国，各国的诸侯不再向天子朝贡并想要独立。据公元前 6 世纪的中国一位官员说，当时中国有五六千个诸侯国，这就是中国人在他们的历史中所称的"乱世"。

不过，乱世总是伴随着各种各样的智力活动、艺术创作与文明生活。当我们更深入地了解中国历史时，我们会发现中国也有它的米利都、雅典、别迦摩和马其顿。目前我们必须承认，由于我们对中国这一乱世时期的情况不甚了解，所以我们无法讲述一个连贯的故事，而只能做一个模糊而简短的描述。

不安全感和不确定性往往会催生出卓越的思想，于是希腊在分裂时出现了哲学家，犹太人被俘时出现先知，而中国则在乱世之中诞生了一批哲人与教师。孔子出身贵族，他在一个叫鲁的诸侯国里担任要职。他怀着与希腊人的冲动极为相似的心情，在鲁国建立了一所学院，专门研究和传授智慧。中国社会的失序与混乱深深地折磨着他。他构思了一套使政府和百姓生活变得更好的思想主张，于是他开始周游列国，以寻找一个可以让他实行自己的礼法和教育思想的君主。然而他从未找到这样的人选。曾经有一位诸侯对孔子的思想很感兴趣，但宫廷阴谋使得孔子的影响力大减，随后孔子不得已只能放弃在该国进行改革。值得注意的是，在一个半世纪之后，希腊哲学家柏拉图也在寻找一位能够实现其哲学理想的君主，于是他后来便成了西西里叙拉古的僭主狄奥尼修的顾问。

孔子给弟子讲学的场景。

孔子最后郁郁而终，他说："天下无道已经很久了，人们都不能听从我的教导，而我也大限将至。"然而与孔子在其晚年的绝望中所以为的那样不同，他的思想对中国人而言始终是一种强大的精神力量。他的思想和佛陀与老子的学说一起被称作"三教"。

孔子教育的要旨是"君子之道"。他关心个人的行为，就像乔达摩关心无我的安宁，希腊人关心外在的知识，犹太人关心上帝的公义一样。他是所有伟大教师中最具有公德心的。他非常关心这个世界的混乱和苦难，他想让人们变得高尚，从而造就一个高尚的世界。他想要尽可能地规范人们的行为，为生活中的每一个场合提供合理的规则。他为自己的理想赋予了一个实际的形象：一个知礼、热忱而自律的君子。

长期掌管周朝宫廷图书馆的老子的学说，比孔子的学说更神秘、更模糊、更难以捉摸。他似乎倡导人们应该漠视世间的快乐和力量，并回归到过去的那种朴素生活中。他的作品风格非常简约，思想却非常晦涩，他的文字就像谜语一般。在他死后，他的教诲就像乔达摩的教诲一样，被传说所腐蚀和覆盖，并被嫁接到最复杂、最不寻常的仪式和迷信思想之中。就像在印度一样，在中国，人类过去的童年期里出现的神秘而诡异的传说，也在和新的思想进行着斗争，它们成功地利用种种怪诞荒谬的古老仪式将后者遮掩起来。现在在中国，佛教和道教（归宗于老子）都是拥有修道者、寺庙、祭典和供奉的宗教，尽管两者在思想上不是这样的宗教，但在形式上它们和古代的苏美尔和埃及的祭祀宗教没有什么不同。相比之下，孔子的思想则没出现这种情况，因为它只关注现实生活且简单直接，不会出现这样的扭曲。

在中国北方的黄河流域，孔子的思想占据主导地位，而在中国南方的长江流域，更受人推崇的则是老子的思想。从那时起，中国的各种事务中，北方精神与南方精神，北京的正统、保守思维与南京的自由、艺术思维之间的冲突便一直持续不断。

公元前 6 世纪，中国的乱世达到了最严重的程度。周朝气衰力竭，周天子声名狼藉，老子于是离开朝廷，准备开始自己的退隐生活。

当时的中国是由三个名义上附属于周朝的诸侯国统治的，这三个诸侯国便是北方的齐国、秦国和南方的楚国。后来，齐国和秦国结成联盟征服了楚国。随着秦国势力越来越强大，最终在阿育王统治印度时期，秦国的君主获得了周天子的礼器，并接替周天子主持祭祀活动。公元前 220 年，秦始皇统一中国，这就是中国历史上的第一次"大一统"。

秦始皇比亚历山大大帝幸运得多，他作为皇帝统治了中国三十六年。他励精图治的统治标志着中国进入了一个团结而繁荣的新时代。他与来自北方沙漠的匈奴侵略者进行了激烈的斗争，为防止敌人入侵，秦始皇下令修建了一项伟大的工程——长城。

第 31 章
初登历史舞台的罗马

读者将注意到，在前文所述的印度西北边境、中亚以及更远的印度山区，这些地方的崇山峻岭形成了一种地理上的有效隔离。尽管如此，这些地区的文明总体上看依然是颇为相似的。首先，数千年的日石文化蔓延到了古代世界所有温暖、肥沃的大河流域，并发展出相应的神庙制度和祭司统治传统。日石文化的创造者，显然就是我们前面一直提到的核心人种——暗白人种。后来游牧民族从他们季节性的牧场向外迁徙、扩张，他们的特征和语言便渗入了原始文明。他们的征服行动大大刺激了原始文明的新发展，他们所到之处，都让当地的文明更加多姿多彩。扮演这种角色的，在美索不达米亚平原是埃兰人、闪米特人、米底亚人、波斯人和希腊人；在爱琴海地区，是希腊人；在印度，则是雅利安人。在古埃及，因为当地祭司文化根深蒂固，所以之后的征服者们没有特别深远的影响。在中国，因为多次遭到匈奴人不同部族的入侵，其文化显得更为多样。类似于希腊和印度北部被雅利安化、美索不达米亚被闪米特化一样，中国也逐渐地被蒙古化了。尽管游牧民族每到一处都伴随着杀戮和破坏，但其对人类的发展也并非没有益处，这些入侵者带来了自由探索的精神和道德革新的理念，并对那些传统的信仰提出质疑。他们将光明带进神庙，破除了人们对祭司和神明的盲目信仰，推举那些从长老和同僚中选拔出来的佼佼者作为首领。

我们发现，在公元前6世纪后的几百年中，古代的传统被彻底粉碎。一种追求道德和知识的新精神开始觉醒，在这种人类大变革时期不再保持沉默。自此之后，阅读和书写不再像从前那样难以掌握，祭司们已无法再将其作为垄断的法宝，统治阶级和少数的一些有钱人都有机会掌握这种才能。人类驾驭马匹的能力渐渐提高，马成为使用最为广泛的交通工具；修建的道路日益增多，人们的旅行和交通运输都变得更为便利。为了便于贸易，人们开始铸造货币。

现在，让我们将视线从古老的东方国度移开，转向地中海的西半部。在这里，一个引人注目的伟大城市出现了，它即将在人类历史舞台上扮演重要的角色，它就是罗马。

直到目前，我们在这本书中关于意大利只是略微提及。公元前1000年的意大利人烟稀少，领土多为山地，丛林密布。直到雅利安人闯入之后，这个半岛才建立起一些小城。在半岛的南端，一些希腊人的聚居地星罗棋布，到现在依然有残存的希腊式建筑矗立在帕埃斯图姆遗址上，依稀显示出它当年的宏伟风采。此时，伊特鲁里亚人（此人种非雅利安系，与爱琴人接近）定居在半岛的中间位置，不断征服周围的各个雅利安部族。当罗马刚刚登上历史舞台的时候，它不过是台伯河畔不起眼的一个商贸城镇，居民们说的都是拉丁语，但统治者却是一位伊特鲁里亚人。根据古代编年史的记载，罗马城建立于公元前753年，比腓尼基人建造迦太基晚五十年，或者说，比第一次奥林匹克竞赛晚二十三年。但是，古罗马广场遗址曾出土过一座伊特鲁里亚人陵墓，它的年代实际上还要早于公元前753年。

罗马城中的伊特鲁里亚国王，于公元前510年被废黜。在公元前6世纪这个风起云涌的时代，罗马成为一个贵族制共和国。新成立的罗马共和

根据罗马诗人维吉尔的《埃涅阿斯纪》，罗马人的祖先可以追溯到因特洛伊战争从希腊逃到意大利的埃涅阿斯。

国，除了使用拉丁语外，与此前那些贵族制的希腊共和国并无真正的差别。

几个世纪来，罗马的历史实际上就是平民为争取自由和政治权利的斗争史。这方面也与当年希腊的情况相当类似，希腊人称其为"强权与民主的斗争"。最终，罗马的平民取得了胜利，旧贵族的特权垄断被打破，建立了平等的制度。他们破除了过去的排外思想，接纳更多的外邦人成为罗马公民。尽管罗马内部处于激烈的政治斗争中，其向外扩张的步伐依然没有停顿。

罗马政权的扩张始于公元前5世纪。在那之前，罗马人曾与伊特鲁里亚人有过较量，但总体来讲并不占上风。伊特鲁里亚人的威伊城堡距罗马城不过数英里之遥，但罗马却从未占领过它。然而，公元前474年，伊特鲁里亚人遭到了一次灭顶之灾，他们的舰队被西西里岛叙拉古的希腊人摧毁。与此同时，来自北欧的高卢侵略者也趁机大举进兵。在高卢人和罗马人的夹击之下，伊特鲁里亚人最终覆灭，从历史舞台上黯然离去。罗马人如愿以偿，占领了威伊城堡。公元前390年，由于罗马城防空虚，高卢人乘虚而入。不过，最终高卢人还是没能攻入朱庇特神庙。就在准备偷袭的那个晚上，一群鹅的叫声暴露了他们的行踪，此次行动宣告失败。最后，罗马人用大量的金钱珍宝进行贿赂，高卢入侵者才再次撤回意大利北部。

看起来，高卢人的入侵没有将罗马击垮，这样的刺痛反而使他们更加振奋。在公元前3世纪的几年中，罗马人征服并同化了伊特鲁里亚人，势力范围从阿尔诺河延伸至那不勒斯的整个意大利中部地区。罗马人征服意大利，与亚历山大大帝征服印度和古埃及、菲利普征服马其顿和希腊处于同一时间段。然而，当亚历山大的帝国分崩离析的时候，罗马人已经在东方文明世界中威名远播了。

罗马帝国北部盘踞着高卢人，南部的"大希腊"（古希腊人在意大利半岛南部建立的一系列殖民城邦的总称）则是希腊人的殖民地，它包括西西里岛和意大利版图中"脚尖"和"脚跟"那部分。高卢人尚武好战，罗马人不得不在交界处修建一系列的防御工事。与之相反，南部塔兰托姆（今塔兰托）和西西里岛上的希腊城邦，则时时处于罗马人威胁之中，因而开始寻求外援，抵御这些刚刚崛起的征服者。

前文我们已经讲述过，亚历山大帝国如何崩溃以及如何被其部下瓜分的事情。在瓜分者中，有一个名叫皮洛士的，他是亚历山大的亲戚，后来建立了一个新的帝国——伊庇鲁斯帝国，其疆域从亚得里亚海一直延伸到意大利半岛的"脚跟"部分。皮洛士野心勃勃，希望能够像马其顿的菲利普那样，成为塔拉托、叙拉古及其附近区域的领袖。从作战水平来看，皮洛士的军队在当时可称一流。他的步兵方阵防守稳固，他的塞萨利骑兵所向无敌，堪与当初的马其顿骑兵媲美。另外，他还拥有二十几只经过精心训练的战象。在公元前280年的赫拉克利亚战役和公元前279年的阿斯库路姆战役中，皮洛士两次战胜罗马人，将他们赶往北方。接着，西西里又成了皮洛士的新目标。

这一次，皮洛士遇到了一个更为强大的对手，即腓尼基的贸易城市迦太基。迦太基可能是当时世界上最强盛的城市，由于它与西西里岛距离很近，

皮洛士和他的军队登陆南意大利。

没有人会欢迎一个新的征服者统治这里。迦太基人无法忘记，他们的母城提尔在五十年前的命运。正是这个缘故，迦太基派出舰队帮助罗马人，支持罗马人与皮洛士继续战斗下去。这个时候，皮洛士的海上交通也被迦太基人截断了。罗马军队打败皮洛士，连他设置在那不勒斯和罗马之间的贝内文托大本营也惨遭毁灭。

就在此时，伊庇鲁斯传来高卢人南下进犯的消息，皮洛士不得不立即返回伊庇鲁斯。由于罗马防御稳固，难以攻克，因此，此次高卢人南下并没有直接入侵意大利，而是绕道伊利里亚（即今塞尔维亚和阿尔巴尼亚），进攻马其顿和伊庇鲁斯。此时皮洛士四面楚歌，不得不放弃他的征服梦想，于公元前275年收兵回国。经过此役，罗马的势力扩张到了墨西拿海峡。

希腊城市墨西拿位于海峡另一边的西西里岛，当时落入了一伙海盗的手中。迦太基人实际统治着西西里岛，他们与叙拉古结盟，在公元前270年赶跑了这群海盗，在岛上设置驻军。落败的海盗们转而向罗马求助，而罗马也同意与海盗站在统一战线。就这样，发达的商业帝国迦太基和新兴的强国罗马形成对峙。

第 32 章
罗马与迦太基

公元前264年,罗马和迦太基之间的大战开始了,这就是后世所说的"布匿战争"。这一年,印度的阿育王在比哈尔开始执政,中国的始皇帝还是个未成年的孩童,亚历山大博物馆的科学研究已经结出累累硕果,野蛮的高卢人正在小亚细亚勒索帕加马朝贡。由于世界上不同地区之间依然相互隔绝,因此,尽管闪米特人的最后命脉与雅利安语系的新兴罗马之间的战争波及西班牙、意大利、北非和西地中海广大地区,但其他民族对这场持续了一个半世纪大战的来龙去脉却只有一点点模糊的印象,有的甚至从来都没有听说过。

这场战争的影响一直持续到今天。布匿战争的结果是,罗马最终战胜了迦太基。然而,闪米特人和雅利安人之间的敌对情绪也由此产生,并为后来犹太人与非犹太人之间的冲突埋下了祸根。因此,我们将在后面的内容中重点讲述这场战争带来的种种后果以及被歪曲的传闻,它们对当今世界的诸多纷争仍有不利影响,有的让人看不清真相,有的进一步加重了冲突的后果。

公元前264年,第一次布匿战争爆发了,它的罪魁祸首是墨西拿的海盗。随着战争规模的不断升级,除希腊的叙拉古之外的几乎整个西西里岛,全都被卷入了这场大战中。起初，迦太基人牢牢地掌控着制海权，他们拥有一支五排桨战舰组成的庞大舰队，舰上配置着巨大的撞角。如此庞大、先进的战舰在当时极为少见，要知道，在两百年前的撒拉米斯战争中，最强大的主力战舰也不过三排桨而已。罗马人尽管没有那样强大的舰队，但他们士气高涨，在海上面对迦太基人时完全不落下风。后来，为了与迦太基人抗衡，罗马人也组建了更强大的舰队，并配齐了清一色的希腊水手。此外，为了应对迦太基的强大战舰，他们发明了抓钩和抢登船的技术。在海面上狭路相逢时，迦太基人的战舰横冲直撞而来，此时罗马人便会扔出巨型的抓钩，钩住敌人的舰船，然后直接冲上敌人的甲板短兵相接。在公元前260年的米拉海战和公元前256年的埃克诺穆斯角海战中，迦太基人两次失利，遭受重创。尽管他们击退了在迦太基城附近试图登陆的罗马部队，但在随后的巴勒莫战役中再次惨败，一百零四头战象成了罗马人的战利品。后来，当罗马军队凯旋穿越广场的时候，这些被缴获的战象赢得

公元前2世纪罗马士兵的浮雕。

了人们相当狂热的追捧。虽然罗马军队在此后也遭遇了两次失败，但都能很快地恢复元气。公元前241年，迦太基最后一支海军在埃加迪战役中被歼灭，迦太基人只得求和。自此之后，除了叙拉古国王的领土之外，整个西西里岛全部落入罗马人手中。

在之后的二十二年里，罗马和迦太基内乱不断，彼此都没有再起战事。高卢人又一次南下进犯意大利，罗马城危在旦夕。惶恐之中，罗马人居然想出了一个极其荒唐的招数，以活人献祭的方式祈求神灵保佑！经过特拉蒙战役，罗马人最终将高卢人彻底击败，并将他们的势力范围继续扩张，越过阿尔卑斯山，一直延伸到亚得里亚海的伊利里亚。反观迦太基，其境内的科西嘉岛和撒丁岛先后发生叛乱。最后，罗马人趁火打劫，派兵占领并吞并了这两个岛屿。

当时，迦太基的西班牙领地一直向北延伸到埃布罗河。罗马人以河为界，如果迦太基人敢越雷池半步，就会认为是一种挑衅行为。公元前218年，迦太基人终于对罗马人的蛮横忍无可忍，他们在一位名叫汉尼拔的青年将军的带领下，越过了埃布罗河，向罗马挺进。汉尼拔是整个人类历史上最杰出的指挥官之一，他率领迦太基军队从西班牙出发，翻越阿尔卑斯山，进入意大利，并成功说服高卢人与自己结成同盟，共同对抗罗马——这就是长达十五年之久的第二次布匿战争。战争伊始，汉尼拔在特拉西美诺湖与坎尼等地屡次重创罗马军队，在意大利境内所向披靡。然后，汉尼拔由于攻城装备不足，终究也没有成功攻下罗马城，他们与西班牙之间的联系被一支从马赛登陆的罗马军队切断了。最后，由于迦太基国内发生努米底亚人暴乱，汉尼拔只得鸣金收兵，前去保卫他们的非洲领土。当迦太基军队撤退时，一支罗马军队一直跟在他们的后面，也转到了非洲。随后，在扎马城外，汉尼拔与罗马统帅大西庇阿展开殊死较量，汉尼拔第一次尝到失败的滋味，第二次布匿战争因此结束。战败的迦太基同意放弃西班牙的领地，解散舰队，并交出巨额战争赔款。除此之外，他们还答应交出汉尼拔，任由罗马人发落。此时汉尼拔已经逃往亚洲，在严密的围追堵截中，他最后选择服毒自杀，以免落入敌手。

此后的五十六年中，罗马和战败的迦太基保持着和平。在这段时期，罗马帝国吞并了诸侯混战的希腊，侵入了小亚细亚，并在吕底亚的马格尼西亚击败了塞琉古王朝的安条克三世。此外，尚处于托勒密王朝统治下的古埃及、贝加蒙和小亚细亚的一些小国，也都成了罗马的"同盟国"，或者按我们现在的说法——受保护国。

与此同时，被征服、削弱的迦太基，又慢慢地恢复了旧日的繁荣。迦太基的复兴，引起了罗马人的仇视和猜忌。为此，罗马人在公元前149年以莫须有的罪名又一次大举进攻迦太基。迦太基人顽强抵抗了很长一段时间，但最终还是于公元前146年陷落。随后发生的巷战，不如说是一场血腥的大屠杀，持续了整整六天六夜。二十五万迦太基人中，只有五万人活了下来。这些人紧接着被卖为奴隶，而迦太基城也被付之一炬。在这片废墟之上，罗马人开垦土地，播下种子，宣告这个城市彻底在历史上消失了。

第三次布匿战争就这样结束了。自此以后，五百年前繁荣一时的众多闪米特城邦中，如今只剩下一个小国继续在自己本族领袖的统治下自由地生活，它就是犹大国。从塞琉古王朝的统治中解脱的犹大国，处于本族马加比家族的统治之下。此时，《圣经》的编撰已基本完成，继续发扬着他们的独特传统。散布在世界各地的迦太基人、腓尼基人及其同宗民族可以很容易地从彼此几乎相同的语言和这部充满希望与勇气的文献中，找到共同的联系。从某种程度上讲，闪米特人仍是这个世界的商人和银行家，与其说他们从历史中湮没了，不如说他们已经融入人类的整个世界中了。

耶路撒冷不仅仅是犹太教的中心圣地，更是犹太教的象征。耶路撒冷于公元前65年被罗马人占领，在经历了若干年的分裂和叛乱之后，于公元70

迦太基围城战是第三次布匿战争一场最重要的围城战役。

年再次遭到罗马军队的围困。尽管犹太教徒们誓死抵抗，但最终罗马人还是攻破了城门，城市中的神庙遭到或大或小的破坏。在公元132年的一场叛乱中，耶路撒冷被彻底毁灭。我们如今所说的耶路撒冷，其实是在罗马人的同意下重新修建的。在原来耶和华神殿的遗址上，罗马神朱庇特的庙宇耸立起来，并且禁止犹太人居住在这座城市中。

第33章
罗马帝国的崛起

现在，这个在公元前2世纪和公元前1世纪崛起并统治西方世界的新力量——罗马，在几个方面与后来在文明世界中出现过的任何伟大帝国都不同。最初，它的体制并不是君主制，也不是任何一个伟大的征服者所创造出来的。它并不是第一个共和帝国：在伯里克利时代，雅典统治着一群盟友和附属城邦；而迦太基在开始与罗马进行惨烈的斗争时，它是撒丁岛和科西嘉、摩洛哥、阿尔及尔、突尼斯以及西班牙和西西里大部分地区的主人。但罗马是第一个未走向灭亡反而获得新发展的共和帝国。

在此之前，帝国的中心往往位于美索不达米亚和埃及的河谷，而如今这个新系统的中心则位于这些古老帝国的西部。这种偏西的位置使罗马为文明世界带来了更多全新的地域和民族。罗马的势力延伸到了摩洛哥和西班牙，接着向西北推进，越过现在的法国和比利时，一直延伸到英国，并向东北扩展到匈牙利和俄罗斯南部。但另一方面，罗马再也无法在中亚或波斯维持自己的权威，因为那里离自己的行政中心太过遥远。因此，罗马吸纳了大量的讲雅利安语的北欧民族，并统治着世界上几乎所有的希腊人，但和以前的其他帝国相比，其哈米特人和闪米特人的数量要少很多。

几个世纪来，罗马帝国并没有陷入之前那将波斯和希腊迅速吞噬的深坑中，而是在不断地发展壮大。米底人和波斯人的君主大概在一代人的时间里就彻底变成了巴比伦人，他们接管了其神灵——万王之王的冠冕、神庙和祭司；亚历山大和他的继任者们也被简单地同化了，塞琉古的统治者们和尼布甲尼撒用同样的法庭和管理方法，而托勒密王朝的帝王则完全变成了埃及人并称自己为法老。他们被同化了，就像在他们之前，闪米特征服者被苏美尔人同化一样。但罗马人统治着他们自己的城市，几个世纪来，他们一直遵守着出于自身天性的法律。在公元2世纪或3世纪之前，唯一对他们产生重大精神影响的是与他们志同道合的希腊人。因此，罗马帝国基本上是第一次试图在雅利安人的领地上统治一个辽阔的疆域。到目前为止，这是历史上的一种新模式，它是一个扩大了的雅利安共和国。那种由征服者个人统治在丰收神的神庙周围建立起来的首都的旧模式，在这里并不适用。罗马人虽然也有神和庙宇，但就像希腊人的神一样，他们的神是类人而不朽的神圣贵族。罗马人也会用血祭，甚至会在严重的情况下使用人祭，这可能是从他们阴郁的伊特鲁里亚老师那里学到的；但即便罗马早已不再鼎盛，神庙与祭司也未能在罗马的历史中发挥多大作用。

罗马的崛起是一种出人意料的全新崛起模式，罗马人发现他们在不知不觉中卷入了一场大规模的行政实验。然而不能称之为一场成功的实验，因为在最后，他们的帝国彻底崩溃了。一个世纪又一个世纪，帝国的行政形式和方法发生了巨大的变化，其一百年的变化，比孟加拉、美索不达米亚或埃及一千年的变化还要大。它总是在变化着，从未停止过。

从某种意义上说，这场实验失败了；在另外一种意义上，这一实验仍未完成，今天的欧洲和美国仍在试着解开罗马人最早面对的世界性的治理方略之谜。

研究历史的人最好记住，在整个罗马统治时期，发生巨大变化的不仅是政治领域，还有社会领域和道德领域。人们往往有一种强烈的思想倾向，以为罗马的统治是一种完成了的、稳定、坚固、全面、高尚和果断的东西。在麦考利的《古罗马叙事诗》中，元老院、老加图、西庇阿家族、尤利乌斯·恺撒、戴克里先、君士坦丁大帝，以及凯旋、演说、角斗和基督教殉道者，所有这些都被混在了一起，勾画出一幅崇高、残酷、庄严的画面。这画面中的混合之物必须被拆解开来。这些不同的要素是在一个变化过程中收集整理出来的，而这一过程所产生的深刻变化，比伦敦从征服者威廉时代到现在所发生的变化还大。

我们可以很方便地把罗马的扩张分为四个阶段。第一阶段从公元前390年高卢人洗劫罗马开始，一直持续到第一次布匿战争（公元前240年）结束。我们也许可以称该阶段为共和国的同化阶段。这也许是罗马历史上最美好也最具特色的时期。贵族和平民之间的长期纷争已接近尾声，伊特鲁里亚人的威胁已经结束，没有人特别富裕，也没有人特别贫穷，而且大多数人都具有公共意识。它就像1900年以前的南非布尔共和国或1800至1850年间美国联邦北部各州那样的共和国，是一个属于自由农民的共和国。在这个阶段开始的时候，罗马只是一个方圆不到二十英里的小国。它与周边强大而相似的国家作战，不是为将其消灭，而是为与之联合。几个世纪的国内纷争训练罗马人学会妥协和让步。一些被打败的城市完全归属于罗马，其人民在政府中享有投票权；一些城市获得自治权，其人民在罗马拥有贸易权和结婚权；在战略要地建立起由正式公民组成的要塞，并在新征服的人民那里建立起享有各种特权的殖民地。大道被修建，这一公路政策使全意大利迅速拉丁化。公元前89年，意大利所有的自由居民都成了罗马城的市民。形式上，整个罗马帝国最终变成了一座向外延伸的城市。公元212年，整个帝国范围内的每一个自由人都被授予公民身份；如果他能到达投票点，那么他便有权在罗马的城镇会议上投票。

这种将公民权扩展到易于管理的城市和整个国家的做法是罗马扩张的独特手段，它颠覆了征服者被同化的旧模式，而使被征服者以罗马的方式被同化。

但是，在第一次布匿战争和吞并西西里之后，尽管旧的同化过程仍在继续，但另一个过程也随之而来。例如，西西里岛被视为征服者的战利品，被宣布成为罗马人的"财产"，勤劳的人们在这片肥沃的土地上遭受剥削，使

罗马元老院是一个审议团体、立法机关，也是现代西方国家上议院的雏形。

罗马变得富裕。贵族和更有影响力的平民获得了大部分财富。战争也带来了大量的奴隶供应。在第一次布匿战争之前，共和国的居民以平民和农民为主，服兵役是他们的特权和责任。在服役期间，他们的农场陷入了债务危机，新的大规模的奴隶农业得以发展；当退役回家后，他们发现自己的产品要与西西里和本国新庄园的奴隶生产的产品竞争。时代变了，共和国的性质亦发生改变。就像西西里被掌握在罗马人手中一样，普通百姓受到了富有的债权人与竞争者的控制。罗马已经进入了第二阶段：属于爱冒险的富人的共和国。

两百年来，罗马农兵一直在为自由和在政府中参政议事而斗争；一百年来，他们也一直享受着自己的特权。然而第一次布匿战争却让他们消耗殆尽，并夺走了他们曾经赢得的一切。

他们的选举权也不再具有任何价值。罗马共和国有两个管理机构：第一个也是比较重要的是元老院，这是一个最初由贵族和各种显赫人物组成的机构，他们首先是被某些有权势的官员、执政官和审查员召集到一起的。和英国上议院一样，这里是大地主、杰出的政治家与大商人的聚集地。它更像是英国的上议院而不是美国的参议院。从布匿战争开始的三个世纪以来，它一直是罗马政治思想与意志的中心。第二个机构是人民大会，它汇聚了罗马的所有公民。当罗马还是一个二十平方英里的小国家时，它很可能只是一个集会；但当罗马公民群体扩展到意大利以外的地区时，这种集会便完全不可能实现了。当卡比托利欧山或城墙上有人吹响号角时，人民大会便会召开，而其中也出现了越来越多的政治投机者与市侩无赖。在公元4世纪，人民大会因其能有效代表普通公民的主张与权利，成为一种可以制衡元老院的强大力量；到布匿战争结束时，它却成了被打败的公众监督毫无力量的残余之物。那些大人物不会受到法律的有效制裁。

代议制政府的特性从未被引入罗马共和国中，没有人承想到用选举代表的方式来代表公民的意愿。这是学生要掌握的非常重要的一点。人民大会从来不曾类似于美国的众议院或英国的下议院。从理论上讲，它即是全体公民；但在实践上，已经没有人再认为它有任何价值。

因此，在第二次布匿战争之后，罗马帝国的普通公民处境异常困窘：他们很贫穷，常常会失去自己的农场；被奴隶从有利可图的生产中赶走，而他们又没有任何政治权力来补救这些问题。在失去了表达政治诉求的各种途径后，这些人只有两条路可走——罢工和起义。发生在公元前2世纪和1世纪的事件，就罗马内部政治而言，不过是一个徒劳的革命动乱的故事。鉴于本书的篇幅，我们在此无法详细了解当时错综复杂的斗争，分割财富并将土地给予自由农民的企图，以及关于全部或部分取消债务的提议。当时，起义与内战不断。公元前73年，斯巴达克斯领导的奴隶大起义加剧了意大利地区的苦难。意大利的奴隶起义起到了一定的作用，因为他们中有训练有素的角斗士。斯巴达克斯在当时似乎还是一座死火山的维苏威火山坚守了两年。最终，这场起义还是因遭到了残酷的镇压而失败。公元前71年，沿着罗马城向南修造的亚壁古道，六千名被俘的斯巴达克斯起义者被钉死在十字架上。

至于普通人，他们从来不曾对那些征服并辱骂他们的人做过正面回击。但是那些征服了他们的权贵，在他们的失败中准备为罗马帝国创造出一种全新的超越所有人的力量，那就是军队的力量。

在第二次布匿战争之前，组成罗马军队的是自由农民，他们根据自己的能力或骑马或步行去参加战斗。对于近距离战争而言，这是一支很好的军队，但它不具有在国外进行长期战争所需要的坚忍。而且，随着奴隶的增加和庄园的扩大，自由好战的农兵数量也逐渐减少。一个名叫马略的平民领袖发起了一项改革。在迦太基文明被摧毁后，北非出现了一个半野蛮的努米底亚王国。该国国王朱古达与罗马政权起了冲突，而罗马在征讨朱古达时遭到了巨大的困难。为了结束这场可耻的战争，马略在群情愤怒的情况下出任执

第33章 罗马帝国的崛起　153

罗马军队镇压斯巴达克斯起义军。

政官。为此，他提高了受薪军队的薪资，并对他们进行了严格的训练。公元前106年，铐着铁链的朱古达被带到罗马，而马略在他任期结束时，与他新创建的军团一起以非法手段保住了自己执政官的职位。在罗马，没有任何力量可以约束他。

从马略开始，罗马政权进入到第三阶段，成为由军事指挥官主宰的共和国。此时，受薪军队的首领们开始为控制罗马世界而战。马略的对手是曾在非洲为他效力的贵族苏拉。每个人都会对自己的竞争对手及其势力展开大屠杀。成千上万的人被流放或处决，其财产也被变卖。在这两个人的血腥竞争和斯巴达克斯的恐怖起义之后，罗马进入了一个由卢库鲁斯、庞培、克拉苏和尤利乌斯·恺撒等军事统帅主政的时期。克拉苏打败了斯巴达克斯。卢库鲁斯征服了小亚细亚，并渗透到亚美尼亚，然后带着巨额财富过起了退隐生活。克拉苏向更远的地方推进，他入侵波斯，但被帕提亚人打败并杀害。经过长时间的对抗，庞培在公元前48年被尤利乌斯·恺撒击败并在埃及被谋杀，于是恺撒成了罗马世界唯一的主人。

人们对尤利乌斯·恺撒这个人物有很多想象，但这些想象常常超出了这个人物原本真实而重要的功绩。他已经成为一个传奇、一个象征。对我们来说，恺撒最重要的意义在于他使罗马从军事冒险者统领的阶段进入到第四阶段，即罗马帝国的初期阶段。尽管罗马经历了最深刻的经济与社会变革，发生了内战和社会衰退，但罗马的疆域却一直悄悄地向外扩展，并在公元100年左右达到最大值。在第二次布匿战争的某些不确定的阶段，罗马曾呈现出一种衰退，而在马略进行军事改革之前，社会又一次明显丧失了活力。斯巴达克斯起义标志着第三阶段的开始。恺撒在高卢，也就是现在的法国和比利时，作为一位军事领袖而闻名。（居住在这个国家的主要部落与占领意大利北部一段时间的高卢人属于同一批凯尔特人，他们后来袭击了小亚细亚，并以加拉太人的身份定居下来。）恺撒击退了入侵高卢的日耳曼人，并将整个国家并入帝国；他两次越过多佛尔海峡进入英格兰（公元前55年和54年），但在那里，他没有取得永久性的胜利。与此同时，庞培正在巩固罗马东至里海的势力范围。

此时，公元前1世纪中叶，罗马元老院仍是罗马政府名义上的中心，可以任命执政官和其他官员，授予权力等；以西塞罗为杰出代表的政治家们都在努力维护罗马共和的伟大传统以及对其法律的尊重。但是，随着自由农民的流失，公民精神也从意大利消失了；那里成了一片只有奴隶和穷人的土地，他们对自由既不理解，也不渴望。在元老院那些坚持共和体制的领袖身后没有任何支持，而在那些冒险者身后的则是他们既害怕又想掌控的军队。在元老院之上，克拉苏、庞培和恺撒分割了帝国统治权（"前三头"同盟）。不久，当克拉苏在遥远的卡莱被杀后，庞培与恺撒便退出了同盟。庞培选择支持共和，并以违犯法律及元老院法令的理由对恺撒进行了审判。

恺撒的领军范围与意大利之间的界线是卢比孔河，通常情况下，将军将其军队带至其领军范围之外是违法的，但在公元前49年，恺撒率军越过卢比孔河，留下了一句"木已成舟"，开始向庞培所在的罗马进军。

罗马人过去在面对军事危机时形成了一种传统，他们会选举出一位"独裁者"，通过赋予其接近无限的权力来带领人们渡过危机。在推翻庞培之后，恺撒先是当了十年的独裁者，然后在公元前45年，他成为终身独裁者。实际上，他已经成了帝国的终身君主。自从五个世纪前伊特鲁里亚人被驱逐以来，罗马在谈论"国王"这个词时一直表现出一种憎恶的情感。恺撒拒绝成为国王，但他接受了王座和权杖。在击败庞培之后，恺撒继续前往埃及，并与托勒密王朝最后的女神、埃及的女神王后克利奥帕特拉联姻。克利奥帕特拉似乎把恺撒的想法完全扭转了过来，并使恺撒将埃及的神王思想带回了罗马。他的雕像被立在一座寺庙里，上面刻着"献给不可征服的神"。行将结束的罗马共和主义在最后一次抗议中爆发，恺撒被刺死于元老院，而他死的地方，正是被他谋杀的对手庞培的雕像下。

在接下来的十三年里，野心家之间的冲突又接踵而至。"后三头同盟"中的三人是雷必达、马克·安东尼和恺撒的侄子屋大维·恺撒。屋大维和他的叔叔一样，统治着西部那些最贫穷同时也最顽强的行省，那里有最优秀的军队。公元前31年，屋大维在亚克兴战役中击败了他唯一的劲敌马克·安东尼，并使自己成为罗马世界唯一的主人。但是屋大维完全不同于恺撒，他没有什么女王情人令他神魂颠倒，也没有愚蠢地想要成为神或国王。他恢复

恺撒死时五十五岁，死后按照法令被列入众神行列，被尊为"神圣的儒略"。

了元老院和罗马人民的自由。他拒绝成为一个独裁者。心怀感激的元老院反而将实际而非形式的权力授予他。人们不称他为国王，而称其为"元首"和"奥古斯都"。他成为奥古斯都·恺撒，罗马的第一位皇帝（公元前27年至公元14年）。

紧随其后的是提贝里乌斯·恺撒（公元14年至公元37年）和其他人——卡利古拉、克劳狄和尼禄等人，直到图拉真（公元98年）、哈德良（公元117年）、安敦宁·毕尤（公元138年）以及马可·奥勒留（公元161年至公元180年）。所有这些皇帝都是军队的皇帝，他们中有些因军队而称帝，有一些也因军队而败亡。元老院逐渐从罗马历史中消失，取而代之的是皇帝和他的行政官员。帝国的疆域如今已扩展到了极限。不列颠的大部分地区被并入帝国，特兰西瓦尼亚地区被命名为达契亚，成为帝国的一个新行省，而图拉真则征服了幼发拉底河流域。哈德良有了一个想法，立刻让我们想起了在古老世界的另一端发生的事情。他像秦始皇为抵御北方蛮夷而修建长城那样，也修建了一条横跨不列颠的长城，并修护了位于莱茵河与多瑙河之间的日耳曼长城。另外，他还放弃了一些图拉真开拓的领土。

罗马帝国的扩张至此结束。

第 34 章
罗马与中国之间

  对于人类历史而言,公元前 2 世纪到公元前 1 世纪意味着一个崭新的阶段。美索不达米亚和地中海东部不再是人们关注的中心。美索不达米亚和埃及仍然土地肥沃、人口众多且相当繁荣,但它们不再主导世界的发展。这种主导力量已经开始向西方和东方转移。现在统治世界的是两个新帝国,一个是新出现的罗马帝国,另一个是复兴的中华帝国。罗马把它的势力扩展到幼发拉底河,但它从来没能越过那条边界,因为那里已经太过偏远。在幼发拉底河以东,以前属于塞琉古的波斯和印度地区的领土落入了许多新主人的手中。当时的中国处于汉朝的统治之下,在秦始皇死后,汉朝取代了秦朝;汉朝的势力越过西藏及帕米尔高原的高山,进入了西突厥斯坦,汉朝势力扩张的极限就在此,它距中国已太过遥远。

  当时的中国拥有世界上最伟大、最有组织、最文明的政治制度,其面积和人口都超过了鼎盛时期的罗马帝国。因此,这两个庞大的帝国很有可能是在完全不了解对方的情况下,同时在这个世界上蓬勃发展。由于海上和陆上的交通工具还没有得到充分的发展和组织,两者之间还未发生直接的冲突。

  然而,它们以一种非常不同寻常的方式相互影响,同时也对夹在它们之间的地区——中亚和印度的命运产生了深远影响。骆驼商队穿越波斯，沿海船只驶过印度和红海，一定数量的贸易正在慢慢地进行。公元前66年，庞培的罗马军队跟随亚历山大大帝的脚步，向里海东部进军。公元102年，班超的中国使节团到达里海，随后派使者回国报告罗马的实力。然而从此还要经历很多个世纪，欧洲和东亚这两个平行发展的伟大帝国才会因确切的知识和直接的交流而有所联系。

中国与罗马之间的陆地交流促成了丝绸之路上的贸易往来，其中最为常见的便是骆驼商队。

这两个伟大帝国的北面都是蛮荒之地。现在的德意志地区在当时是一片森林，这片森林一直延伸到俄罗斯，是欧洲野牛的家，这种野牛几乎和大象一般大。在亚洲广袤的山脉群落北部，延伸着大片的沙漠、草原，然后是森林和冻土。在亚洲隆起部分的东端是满洲地区，从俄罗斯南部和突厥斯坦一直延伸到满洲里，不论过去还是现在，这片区域中的大部分地区的气候都属于极端气候。在过去的几个世纪里，这些地区的降雨量变化很大。这些土地对人类来说十分危险，其能长出牧草、变得适合耕作的时间只有几年，随后便会进入湿度下降和极度干旱的周期循环。

从德国森林到俄罗斯南部和突厥斯坦，从哥得兰到阿尔卑斯山，这片荒蛮北方的西部是北欧民族和雅利安语言的发源地。蒙古的东部草原和沙漠是匈奴人、蒙古族、鞑靼人或土耳其人的发源地，这几个民族在语言、种族和生活方式上都十分相似。由于北欧人总是不断地越过他们的边界，向南侵入美索不达米亚和地中海沿岸文明发展地区，所以匈奴人的过剩人口就变成流浪者、掠夺者和征服者，迁移到中国人的定居地。当北方处于丰饶时期，那里人口便会增加；一旦牧草干枯，牛群生病，饥饿便会把好战的部落居民赶到南方。

有一段时间，世界上同时存在着两个相当强大的帝国，它们有能力击退蛮族，甚至能够向外扩展帝国的和平边界。汉朝从华北到蒙古的推进是强大而持续的，中国人越过了作为防御工事的长城，在长城外牵着马犁开了草地，围起了冬季的牧场。匈奴人袭击并杀害了这些定居者，但中国人的惩罚性征讨令他们难以忍受。于是摆在他们面前的只有两个选择：要么定居下来耕地，成为中国的一分子；要么前往其他地方，寻找丰饶的夏季牧场。一些人为前一个选择吸引，另一些人则向东北迁移，翻越山脉，来到西突厥斯坦。

蒙古骑兵从公元前200年开始向西进军，这迫使雅利安部落向西撤离，他们再次向罗马边境施压，准备直接突破任何明显较弱的防御点。公元前1世纪，显然为斯基泰人和蒙古人混血后代的帕提亚人来到了幼发拉底河流域。他们在东部与庞培的突袭大军作战，后来又击败并杀死了克拉苏。他们创建了安息帝国，并取代了波斯人的塞琉古帝国。

但有一段时间，饥饿的游牧民族突破的最弱防线既不在西方，也不在东方，他们穿过中亚，然后向东南越过开伯尔山口进入印度。在由强大的罗马与中国控制的几个世纪中，蒙古人最终来到了印度。许多不同的征服者先后经过旁遮普涌进印度广袤的平原，开始掠夺与破坏。阿育王的帝国随之瓦解，印度的历史一度陷入黑暗。这些侵略者中，有一支"印度－斯基泰人"建立了贵霜王朝，他们在印度统治了一段时间，并使那里恢复了秩序。这些侵略持续了数个世纪。在公元5世纪的大部分时间里，嚈哒人（或称白匈奴）不断侵扰印度，他们向弱小的印度王公征贡，使印度陷入恐惧之中。每年夏天，这些嚈哒人在西突厥斯坦放牧；到了秋天，他们便从山口下来恐吓印度。

公元2世纪，罗马帝国和中华帝国遭遇了一场巨大的灾难，这可能削弱了他们对蛮族势力的抵抗。这是一场史无前例的瘟疫，它在中国肆虐了十一年，严重地扰乱了当时的社会结构。汉朝灭亡了，一个分裂和混乱的新时代随之开始，直到公元7世纪，随着伟大的唐朝的到来，中国才真正恢复其以往的兴盛。

瘟疫从亚洲蔓延到了欧洲，它于公元164年至公元180年在罗马帝国肆虐，并严重削弱了罗马帝国的势力。在此之后，罗马各行省的人口急速减少，政府的活力和效率明显下降。无论如何，我们现在发现帝国的边疆不再坚不可摧，不同的地区先后失守。一个最初来自瑞典哥特兰的新北欧民族，哥特人，穿越俄罗斯来到伏尔加河地区和黑海沿岸，开始在海上从事海盗活动。到了公元2世纪末，他们可能已经开始感受到匈人向西推进的趋势。公

公元 165 至 180 年发生的安东尼大瘟疫导致罗马帝国约五百万人死亡。

元 247 年，他们突袭多瑙河，在今天的塞尔维亚打败并杀死了罗马皇帝德西乌斯。公元 236 年，另一个日耳曼民族法兰克人冲破了莱茵河下游的边界，阿勒曼尼人涌入了阿尔萨斯。尽管驻守高卢的帝国军队击退了入侵者，但巴尔干半岛的哥特人却一次又一次地发动袭击。最终，达契亚行省在罗马人的历史中消失了。

罗马的骄傲和自信受到了打击。三个世纪来一直以安全和开放著称的罗马城，于公元 270 至 275 年，在皇帝奥勒良的命令下修建了抵御外敌的城墙。

第 35 章
早期罗马帝国中的平民生活

在我们讲述罗马帝国如何在公元前两百年中建立,如何自奥古斯都·恺撒时代起在和平与安全中繁荣了两个世纪,以及如何陷入混乱和最终解体之前,我们不妨对这个伟大帝国中平民的生活给予一些关注。我在此要讲述的历史距我们自己的时代已不到两千年;无论是罗马还是中国,其和平时期的文明生活已越来越明显地类似于其文明继承者如今的生活。

在西方世界,金属货币已被普遍使用;在宗教领域之外,很多人变得独立自主,他们既不是政府官员,也不是神殿祭司;人们比以往任何时候都可以更加自由地旅行,各地都有公路和旅店供他们使用。和公元前 500 年之前相比,人们在生活方面变得更加散漫;在此之前,人们往往被束缚在一个地区或国家以及当地的传统中,只能顾及眼前的生活;只有游牧民族才能进行贸易和旅行。

然而不论是罗马还是中国,即便在和平时期,两者都无法在其统辖的广袤领土上建立完全统一的文明。不同地域之间往往存在巨大的文化差异,就如今天的英国和印度一般。罗马的军队与殖民者遍布各地,他们崇拜罗马的神灵并说拉丁语;至于那些在罗马人到来前便已拥有独特文明的人,尽管他们臣服于罗马，但他们可以管理自己的事务，并在一段时间内继续以自己的方式崇拜自己的神灵。在希腊、小亚细亚、埃及和整个希腊化的东方，拉丁语从未流行过，希腊语在这些地方占据着统治地位。大家说的扫罗，即使徒保罗，他既是犹太人也是罗马人，但他说希腊语、写希腊语，而不是希伯来语。即使是在帕提亚王朝的宫廷中，流行的也是希腊语，因为帕提亚人在波斯推翻了希腊人的塞琉古王朝，而且完全不受罗马帝国的限制。在西班牙的一些地区和整个北非，尽管迦太基被消灭，迦太基语仍然存在了很长一段时间。像塞维利亚这样的小地方，早在人们听说罗马这个名字之前就是一个繁荣的城市，尽管几英里外的意大利驻有一群罗马老兵，但它保留了闪米特人的女神，并将闪米特语世代保留了下来。塞普蒂米乌斯·塞维鲁，这位于公元193至211年在位的罗马皇帝，以迦太基语为自己的母语，他后来是以学习外语的态度学习拉丁语的。另据记载，他的妹妹从来没有学过拉丁语，她是用布匿语来管理她的罗马家庭。

至于罗马帝国中的高卢、不列颠，以及像达契亚（大致是现在的罗马尼亚）和潘诺尼亚（多瑙河以南的匈牙利）这样的行省，由于之前并没有繁荣的城市、寺庙或文化，所以便自然地"拉丁化"了。"拉丁化"最早让这些国家和地区步入文明。它创造了城市和城镇，拉丁语从一开始就是占主导地位的语言，这些地方先是供奉罗马的神灵，紧随其后的便是罗马的习俗与风尚。罗马尼亚语、意大利语、法语和西班牙语都是拉丁语的变体，它们如今仍然在提醒我们拉丁语在语言和习俗方面的扩张。非洲的西北部最终也成为主要讲拉丁语的地区。埃及、希腊和帝国以东的其他地区则从未拉丁化，当地居民在文化和精神上仍然是埃及人或希腊人。甚至在罗马，受过教育的人也把希腊语当作高贵的语言来学习，希腊文学和思想比拉丁语更受欢迎。

在这个杂乱无章的帝国里，工作和经商的方式自然也非常繁杂。对于定居在土地上的人而言，最重要的产业仍然是农业。我们已经讲述过了，在意大利，作为早期罗马共和国中坚力量的强壮的自由农民是如何在布匿战争后被靠奴隶劳动的庄园农业所取代的。在希腊世界，人们有各种各样的耕作方法。比如阿卡迪亚人认为每个自由公民都应靠自己的双手劳作，而斯巴达人则视耕地为耻辱，他们将农业生产交给一个特殊的奴隶阶层黑劳士来做。但现在那已经是古老的历史了，在希腊化的世界中，大部分的庄园制度和奴隶群体已经四处扩散。有些农业奴隶是说着不同语言的战俘，他们无法相互理解；有些生来便是奴隶，因为不识字，他们既没有反抗压迫的团结意识，也没有追求自身权利的传统，更没有任何文化知识。虽然他们构成了帝国人口的大多数，但他们发起的起义从未成功过。公元前1世纪的斯巴达克斯起义，是由专门为角斗士战斗而训练的特殊奴隶所发起的起义。在共和国后期和帝国早期，意大利的农工遭受了可怕的侮辱，为了防止他们逃跑，人们在晚上会用铁链将他们锁住，或者剃掉他们半边头发，以使他们的身份更容易被认出。他们不能娶妻，并且随时会因激怒主人而被肢解或杀害。奴隶主可以将他的奴隶卖到斗兽场与野兽搏斗。如果一个奴隶杀了他的主人，那么该主人家里包括凶手在内的所有奴隶，都将被钉上了十字架。在希腊的一些地方，特别是在雅典，奴隶的命运从来不曾像这样可怕过，但也会令人感到憎恶。对于这样一群人来说，那些冲破军队防线的野蛮入侵者不是敌人，而是解放者。

奴隶制已经蔓延到大多数行业，每一种工作都可由特定的奴隶群体完成。采矿和冶金、划船、修路以及修建大型建筑，这些基本上都是奴隶的工作，而且几乎所有的家政服务都是由奴隶提供。城市和乡村虽然仍有自由人，但他们不是为了自己工作便是为了工资工作。他们是工匠或督工，属于一个新的工薪阶层；他们与奴隶工人竞争，但我们不知道他们在总人口中占多大比例。该阶层在不同的地方和不同的时期可能有很大的不同。奴隶制本身也发生了很大变化，从前奴隶们在晚上会被铐上锁链，白天则会被用鞭子

角斗士是古罗马奴隶社会的一种身份特殊的奴隶，他们的职责是在竞技场上进行殊死搏斗，为人们提供野蛮的娱乐。

催赶到农场或采石场工作；如今奴隶主发现，只要自己的奴隶能给出让自己满意的赎金，那么让他们像自由人一样耕种自己的土地、依靠自己的手艺甚至结婚成家都是对自己有利的。

另外还有一些拥有武装的奴隶。在公元前264年布匿战争初期，伊特鲁里亚人让奴隶为自己生命而战的号召在罗马重现。这一号召迅速流行起来，很快，每个有地位的罗马富人都拥有了一支角斗士的随从，他们有时会在竞技场上战斗，但他们真正的工作是充当恶霸的保镖。也有一些奴隶拥有知识，在共和国征服了希腊、北非和小亚细亚等地拥有高度文明的城市后，他们也获得了许多受过高等教育的俘虏。一个出身良好的年轻罗马人的家庭教师通常是个奴隶。富人常常会有一个希腊奴隶做图书管理员，此外还有奴隶秘书和奴隶学者。他会收留诗人，就像收留一只会表演的狗一样。在这种奴隶制的氛围中，现代文学学术中那种细致、羞怯又争强好胜的批判传统逐渐形成。一些有事业心的人会买来聪明的奴隶男孩，对他们进行教育，然后出售。奴隶们由此被训练成抄书员、宝石匠和其他许多熟练工种。

但是，从富人统治共和国的初期到大瘟疫之后共和国解体的四百年间，奴隶的地位发生了很大的变化。在公元前2世纪，战俘到处都是，他们遭受了粗暴而残忍的对待；奴隶没有权利，读者几乎可以想象，在那个时代，几乎没有一种暴行不会被用在奴隶身上。但到了公元1世纪，罗马文明对奴隶制的态度就有了明显改善。战俘的数量减少，奴隶变得更加昂贵。奴隶主开始意识到，随着这些不幸者自尊的提升，他们从奴隶那里获得的利润和舒适也增加了。同时，社会的道德基调也在提升，人们的正义感越发地产生作用。希腊人的高尚约束了罗马人的严苛。残忍的行为受到了限制，奴隶主不再可以把他的奴隶卖给斗兽场，奴隶被赋予了所谓的财产权，可以获得作为鼓励和刺激的薪酬，奴隶婚姻也在某种形式上得到了承认。许多农业生产不需要群体作业，有一些则只在特定的时节对帮工有所需求。在这种情形比较普遍的地区，奴隶就变成了农奴，他们需要将自己的部分收成交给自己的主人，或者在特定时节为主人劳作。

当我们开始意识到，公元前两百年中的这个讲拉丁语和希腊语的伟大的罗马帝国，其本质上是一个奴隶制国家，而在这个国家中，拥有自豪感或自由的人数是如此稀少时，我们便抓住了它所以腐朽崩溃的线索。那里几乎没有我们可以称为家庭生活的东西，同样也几乎没有人懂得什么是节制的生活或明白如何积极地去学习、思考，学校更是少之又少。自由意志和自由思想无处可寻。宏伟的道路、辉煌建筑的废墟、关于法律与权力的传统，所有这些都让它的继承者们赞叹不已，然而这些都无法遮掩，它所有外在的光辉都建立在阻碍意志、扼杀智慧以及残害并扭曲欲望的基础之上。即便是那些统治着这片充满征服、压制与强迫的广阔疆土的少数人，其心灵也很难感受到安稳与快乐；艺术、文学、科学和哲学，这些诞生于自由而快乐的心灵的果实，也在这种氛围中消亡了。艺术工匠只懂得复制和模仿，奴隶学者只会卖弄学问，与雅典这座小城在一百年中创造出的大胆而高贵的智力成果相比，整个罗马帝国在四百年时间中，没有创造出任何东西可以与之相提并论。雅典在罗马权杖下衰落了，亚历山大港的科学传统衰落了，在那段岁月中，人的精神似乎也同样衰落了。

第 36 章
罗马帝国中的宗教发展

在基督纪元前两个世纪的拉丁与希腊帝国中，人们的灵魂焦虑而沮丧。在人们心中，冲动与残忍占据着统治地位；他们自傲而爱炫耀，却没有丝毫荣誉；其内心没有宁静，已没有坚定的幸福。不幸的人遭到鄙视，幸运的人则狂热地渴求愉悦。在很多城市，人们将自己的生活聚焦在斗兽场上的血腥刺激上，在那里，人与野兽互相战斗、折磨、厮杀。斗兽场是罗马遗迹中最具特色的。靠着它，罗马人的生活才能得以继续。人们内心的不安表现为一种深刻的宗教动荡。

从雅利安部落第一次闯入古代文明的日子起，神庙和祭司供奉的古老神灵就不可避免地会遭受巨大的调整甚或消失。经历了数百代人的发展，在这些肤色较深的民族创造的农业文明中，神庙已被他们塑造成生活与思想的中心。祭典以及对扰乱仪式和牺牲可能造成的可怕后果的恐惧操控着他们的思想。因为我们如今所在的是一个雅利安化的世界，所以在我们现代人看来，他们的神似乎是怪异而不合逻辑的，但对这些古老民族而言，这些神灵如同在最真实的梦境中所见到的事物，他们对之有直接的信念和生动的印象。在苏美尔或埃及早期，一个城邦对另一个城邦的征服意味着后者的神灵会被改变或更名，但其崇拜的形态和精神会保持不变，其一般性质也不会发生变化。梦中的形象会改变，但同样的梦还在继续着。早期的闪米特征服者在精神上与早期的苏美尔人足够相似，这使他们在没有做出任何深刻改变的情况下接管了被征服的美索不达米亚文明的宗教。埃及则从未因被征服而切实地发生过宗教革命，在托勒密和恺撒的统治下，其庙宇、祭坛和祭司基本上仍是埃及式的。

只要征服与被征服者之间在社会与宗教习惯方面具有相似性，那么他们便会用分类或同化的方式化解不同地区神灵之间的冲突。如果人们发现有两个神性格彼此相似，那么祭司和百姓就会说："这的确是另一个名字下的同一个神。"这种神的融合被称为神权政治，而公元前一千年的伟大征服时代便是神权统治的时代。在广袤的土地上，当地的神被普遍的神所取代，或者更确切地说，是被吞没。因此，当希伯来先知最终在巴比伦宣布世界上只有一位公义的神时，人们的头脑已经为这个想法做好了充分的准备。

但通常情况下，众神之间的差异太大，不可能有这样的同化，于是他们就以某种似是而非的关系聚在一起。女性神，以及在希腊人之前的爱琴海文明崇拜的母亲神，可以与男性神结婚，动物神与星辰神会被拟人化，而一些动物与天体，比如蛇、太阳和星星则会变成符号或装饰。又或者，被打败的民族所崇拜的神会成为获胜民族伟大神灵的邪恶对手。神学的历史上充满了这种对地方神的修改、妥协和合理化。

当埃及从城邦发展成一个联合王国时，就出现了许多这样的神权政治。据说，埃及人的主神奥西里斯是牺牲与丰收之神，法老是他在尘世的化身。奥西里斯被描述为会不断地经历死亡与复活；他不仅象征着萌发与丰收，而且还是人类追求不朽的天性在思维中的一种自然延伸。他的象征是一种有着宽阔翅膀的甲虫，这种甲虫会将自己的卵埋入土中，随后又会再次将卵从土里取出，这也象征着太阳不断地东升西落。后来，他被认为是神牛阿匹斯。

第36章　罗马帝国中的宗教发展　171

与他有关的是女神伊西斯，后者也被称作哈索尔，是母牛之神，象征着新月和星空。奥西里斯死后，伊西斯生下了象征黎明的鹰神荷鲁斯，而荷鲁斯后来又变成了奥西里斯。伊西斯的造像是抱着荷鲁斯站在新月上的形象。这其中没有什么逻辑可言，但他们是在人类发展出严格而系统的思维前构想出来的，具有梦幻般的连续性。除了这三位神之外，埃及还有其他更加黑暗或邪

在埃及，奥西里斯是掌管阴间的神，同时也是生育之神和农业之神。

恶的神灵，比如像黑夜一样的狼头神阿努比斯，吞噬者、诱惑者以及神与人类的敌人等。

随着时间的推移，每一种宗教体系都会适应人类灵魂的形状，毫无疑问，从这些不合逻辑甚至粗俗的符号中，埃及人为自己设计出真正的奉献与宽慰之道。对不朽的渴望在埃及人的头脑中极为强烈，而埃及宗教生活的基础正是这种渴望。埃及宗教是一种不朽的宗教，这是其他宗教从未有过的。随着埃及在外国征服者的统治下沦陷，埃及诸神不再具有任何令人满意的政治意义，此后人们对于来生补偿的渴望便愈演愈烈。

在希腊人征服埃及后，一座全新的城市亚历山大港成为埃及宗教生活的中心，甚至是整个希腊世界宗教生活的中心。托勒密一世建造了伟大的塞拉潘神庙，并在那里供奉塞拉皮斯（奥西里斯－阿匹斯的新名字）、伊西斯和荷鲁斯这三位一体的神。人们并不认为他们是三位神，而是同一位神的三个不同侧面，而塞拉皮斯被认为是希腊的宙斯，罗马的朱庇特和波斯的太阳神。这种崇拜蔓延到受希腊影响的任何地方，甚至延伸到了印度北部和中国西部。这种不朽是一种提供补偿与慰藉的不朽，它在那个普通人对生活充满绝望的世界中受到了热烈欢迎。塞拉皮斯被称为"灵魂的救主"，当时的圣诗称"我们在死后仍将受到他的眷顾"。伊西斯也吸引了众多信徒，在她的神庙中，这位天空王后被塑造成怀抱荷鲁斯的形象。人们在她面前点燃蜡烛，虔诚地向她献上供品，剃净须发的祭司在她的祭坛上侍候。

罗马帝国的崛起使西欧世界对这种日益壮大的异教敞开了大门。在苏格兰和荷兰，人们也像罗马那样修建供奉塞拉皮斯－伊西斯的神庙，祭司吟诵着圣歌，人们企盼着永生。不过，塞拉皮斯－伊西斯信仰有许多对手，其中最突出的是密特拉教。这是一个起源于波斯的宗教，其如今已被遗忘的核心是关于密特拉神献祭一头神圣而仁慈的公牛。在这里，我们似乎发现了比塞拉皮斯—伊西斯信仰更古老的事物。我们被直接带回到人类文化中崇拜太阳的血祭时代。密特拉教石碑上的公牛形象总有一侧伤口在大量流血，而新的生命也随着血液涌出。密特拉教的信徒实际上沐浴在献祭公牛的血液中。在信徒入教时，信徒会走到一个脚手架下，在脚手架上，一头公牛会被宰杀，这样公牛的血就会流到信徒身上。这两种宗教，与早期罗马皇帝借以要求奴隶与人民效忠的其他许多宗教一样，都是个人宗教，它们的目标是个人的救赎与永生。那些更古老的宗教则不是个人化的，而是社会性的。古代的神灵首先是城市或国家的神，其次才是个人的神，其献祭也是公共性的，而非私人性的。它们关系到我们对这个世界的集体实际需要。但早先的希腊人以及如今的罗马人则将宗教赶出了政治领域。在埃及传统信仰的引导下，宗教已经退到了另一个世界。

这些新的关于永生的个人宗教，夺走了古老的国家宗教所拥有的全部精神与情感，却没有替代它们。早期罗马皇帝统治下的典型城市会有许多供奉各种神灵的庙宇，这些神庙既有可能供奉伟大的罗马主神朱庇特，也有可能供奉恺撒，因为恺撒在法老那里学会了如何成为神。在这些神庙中，崇拜仪式显得冷漠而带有政治意味，人们会献上自己的贡品，然后点燃一撮香以表达自己的忠诚。但如果是去伊西斯神庙，去朝拜这位天空王后，人们则会带着个人的烦恼去寻求建议和开解。城市中也会有本地神灵和其他古怪的神灵，比如在塞维利亚，人们长久以来信仰的是迦太基维纳斯；而在洞穴或地下神庙，人们也总会发现由士兵或奴隶看守的密特拉教祭坛；也许那里还会有一个犹太教堂，犹太人聚集在那里读他们的《圣经》，坚持他们对不可见的上帝的信仰。有时，在罗马国教的政治方面，犹太人会遇到麻烦。因为他们认为自己的神是一个忌邪的神，不能容忍偶像崇拜，所以他们会拒绝参加对恺撒的公共祭祀。因为害怕偶像崇拜，他们甚至不会向帝国国旗致敬。

在东方，在佛陀传教之前，就有一些禁欲的男男女女放弃了生活中的大多数乐趣，拒绝婚姻和财富，在禁欲、痛苦和孤独中寻求精神力量，以摆脱来自世界的压力和痛苦。佛陀本人坚决反对过度的苦行,但他的许多弟子却过着极其严酷的僧侣生活。一些鲜为人知的希腊异教也有类似的纪律,它们甚至会要求信徒自残。在公元前1世纪,犹地亚和亚历山大港也出现了一些信奉禁欲主义的社团。这些人群抛弃了现实世界,把自己交给苦行和神秘的沉思。他们就是艾赛尼派。在公元1世纪和2世纪,几乎世界各地都出现了一种否定生命的倾向,人们普遍想从当下的苦难中寻求"救赎"的道路。那种古老的对既定秩序的意识,对祭司、神庙、法律与风俗的信心,都已消失不见。在到处都是奴役、残忍、恐惧、焦虑、挥霍、炫耀和疯狂的自我放纵中,这种自我厌恶和心理上的不安全感蔓延开来,人们在痛苦地寻求着心灵的平和,为此,他们甚至自愿受苦。因此,塞拉皮斯神庙中充满了哭泣的忏悔者,密特拉教的信徒则被带进了阴暗血腥的洞穴中。

第 37 章
耶稣的教诲

当罗马第一位皇帝奥古斯都·恺撒统治罗马时，基督教的基督耶稣在犹地亚诞生了。在他的名义下，一种宗教应运而生，并注定成为整个罗马帝国的官方宗教。

现在，总的来说，把历史和神学分开会比较方便。在基督教的世界中，很大一部分人相信耶稣是那个犹太人最先认出的统御整个世界的上帝的化身。至于历史学家，如果他仍然是历史学家，则既不能接受也不能否认这种解释。很明显，耶稣既然以凡人的形象出现，那么历史学家就必须将他当作人来研究。

他生于提贝里乌斯统治时期的犹地亚，是一位先知，并像以前的犹太教先知那样布道。他大约三十岁，对于他布道之前的生活方式，我们一无所知。

关于耶稣的生平和教诲，我们唯一直接的信息来源是四部福音书。这四部福音书一致地向我们描述了一个非常鲜明的人物形象。人们不得不说："确实有这样一个人，他不可能是被杜撰出来的。"

然而，就像佛陀的个性被后来佛教徒制作的僵硬镀金佛像扭曲遮掩了一样，人们感受到的现代基督教艺术出于错误的敬畏而强加在耶稣身上的那种因袭传统却不真实的清瘦坚忍的形象，也扭曲遮掩了耶稣原本的个性。耶稣是一名身无分文的教师，他在尘土飞扬、阳光灿烂的犹地亚地区游荡，靠偶尔获赠的食物为生；然而，人们总是把他描绘得干净整洁、衣冠楚楚、身板挺直、一动不动，仿佛他是在空中滑翔一样。对于许多人来说，仅此一点就使他变得不真实和难以置信，他们无法区分故事的核心与出于缺乏智慧的虔诚而做的不明智的装饰性补充。

如果我们真能剥离掉这些难解的装饰，那么剩下的便是非常具有人性、非常认真而热情、也能瞬间发怒的真实的人，他传授着一个简单而深刻的教义——上帝慈父般的爱与天国的降临。用一句通俗的话来说，他显然是一个有着强烈个人魅力的人。他吸引追随者，并让他们充满爱和勇气。弱者被他鼓舞，病人因他治愈。然而，他的体格可能很纤弱，因为在被钉上十字架后，他很快便死去了。按当地传统习俗，他被要求扛着十字架走到刑场，但在这一过程中，他曾晕倒过。他用了三年的时间四处传播他的教义，后来他来到耶路撒冷，被指控想要在犹地亚建立一个奇怪的王国；他因此被审讯，并和两个盗贼一起被钉在十字架上。早在这两个人死之前，他的痛苦便已结束了。

关于天国的教义是耶稣的核心教诲，它无疑是曾经激发并改变人类思想的最具革命性的教义之一。对于当时的世界未能充分认识到它的重要性，我们并不会感到奇怪；关于它对人类既定习惯与秩序的巨大挑战，人们若能了解一半，并因此畏惧退缩，我们也不会感到意外。因为天国的教义，正如耶稣似乎所宣扬的那样，是一种大胆而毫不妥协的要求，它要求我们从里到外，彻底地改变和净化我们这个在痛苦中挣扎的族群的生命。若想寻求关于这一伟大教导所有保留下来的东西，读者必须去翻阅福音书；但在这里，我们只关心它对既定思想产生的影响。

犹太人相信他们的上帝是世界上唯一的真神，是一个公正的上帝，他与他们的远祖亚伯拉罕立下了一个契约，这一契约对犹太人来说有相当的好处，能使他们最终在这个世界中占据主导地位。当他们听说耶稣将他们从神那里得到的珍贵保证扫到了一边时，他们既沮丧又愤怒。耶稣教导说，上帝不是会讨价还价的神，在天国之中，既没有选民也没有宠儿。上帝是所有生命的慈父，他就像普照万物的太阳一般没有好恶。对于上帝而言，不论是罪人还是自己的爱子，所有人都是兄弟。在"仁慈的撒玛利亚人"这个寓言故事中，耶稣嘲笑了一种我们所有人都遵从的自然倾向，即美化我们自己的人民，贬低其他种族的信仰和正义。在"葡萄园工人"的比喻中，他摒弃了犹太人对上帝有特殊要求的顽固主张。他教导说，凡是被上帝领入天国的，上帝对他们都一视同仁；上帝的赏赐没有区别，因为他的恩典无法被衡量。此外，就像在"按才干受责任"的比喻以及"寡妇的奉献"一事中所表现的，他对所有人的要求都是最高的。天国之中没有特权或借口，没有人能讨价还价。

但耶稣激怒的不仅仅是犹太人对自己民族的强烈热爱。犹太人是一个对家庭有强烈忠诚的民族，耶稣却要在上帝之爱的洪流中扫除所有狭隘的、造成限制的家庭感情。整个天国就是他的追随者的家庭。《马太福音》上写道："耶稣还对众人说话的时候，不料他母亲和他弟兄站在外边，要与他说话。有人告诉他说：看哪，你母亲和你弟兄站在外边，要与你说话。他却回答那人说：谁是我的母亲？谁是我的弟兄？就伸手指着门徒，说：看哪，我的母亲，我的弟兄。凡遵行我天父旨意的人，就是我的弟兄姐妹和母亲了。"

耶稣不仅以上帝的普世父爱和全人类亲同手足的名义抨击了爱国主义和家庭忠诚的纽带，而且很显然，他的教导谴责了经济体制所造成的所有等级，所有私人财富和个人利益。所有人都可以进入天国，他们所有的财富也都在天国，所有人唯一公义的生活，就是用我们所拥有的一切来服侍上帝的

耶稣在向他的追随者宣讲自己的教义。

意志。一次又一次，他不断地谴责私人财富和对私人生活的保留。

耶稣出来行路的时候，有一个人跑来跪在他面前，问他说："良善的夫子，我当做什么事才可以承受永生？"耶稣对他说："你为什么称我是良善的？除了神一位之外，再没有良善的。诫命你是晓得的：不可杀人，不可奸淫，不可偷盗，不可作假见证，不可亏负人，当孝敬父母。"他对耶稣说："夫子，这一切我从小都遵守了。"耶稣看着他，就爱他，对他说："你还缺少一件：去变卖你所有的，分给穷人，就必有财宝在天上；你还要来跟从我。"他听见这话，脸上就变了色，忧忧愁愁地走了，因为他的产业很多。

耶稣周围一看，对门徒说："有钱财的人进神的国是何等地难哪！"门徒稀奇他的话。耶稣又对他们说："小子，倚靠钱财的人进神的国是何等地难哪！骆驼穿过针的眼，比财主进神的国还容易呢！"

此外，耶稣对正式宗教中讨价还价的正义毫无耐心，因为在他对天国的惊人预言中，天国中的所有人在上帝面前都将合而为一。关于其教诲的记录，还有另外很大一部分针对的是对宗教戒律一丝不苟的遵守。

于是，法利赛人和经文士就问耶稣："你的门徒们为什么不照着古人的传统行事，用不洁净的手吃饭呢？"耶稣对他们说："以赛亚指着你们这些伪善的人所说的预言是对的，正如经上所记：'这子民用嘴唇尊重我，他们的心却远离我。他们敬拜我也是徒然的，因为他们把人的规条当做教义教导人。'你们离弃了神的命令，而拘守人的传统。"耶稣又对他们说："你们为了要守住你们的传统，竟然弃绝了神的命令！"

耶稣所宣扬的不仅仅是一场道德和社会革命，种种迹象表明，他的教诲带有一种十分明显的政治倾向。他说他的国度不属于这世界，它不是在王座上，而是在人的心里，这的确是真的；但同样清楚的是，无论他的王国在哪里建立，在何种程度上建立在人们的心中，外部世界都会因之在某种程度上发生革命性的变化，并焕然一新。

他的听众中，无论那些或耳聋或失明的人在听他讲话时遗漏了什么，很明显，他们并没有遗漏他那想要彻底改变世界的决心。针对他的所有反对、审判与处刑都清楚地表明，对于和他同时代的人来说，他确实明确地提出了这样一个目标：改变、融合和扩展所有人的生命。

他的这些直白的教诲，必然会让那些富人像面对未知事物那样感到恐惧和晕眩。他把他们从社会服务中获得的所有微小的私利都拖入了普遍的宗教生活的视线中。在道德上，他就像一个可怕的猎人，把人类从他们长久以来的舒适洞穴里挖出来。在他的王国里，没有财产、特权、骄傲或等级；爱是唯一的动机，也是唯一的奖赏。所以，那些感到晕眩的人盲目地厉声反对他，这有什么可奇怪的？当他不肯给他们光明的时候，就连他的门徒也会大声喊叫。难道那些祭司不会意识到，在他与自己之间，只有你死我活的选择？难道那些躲在狂笑后面的罗马士兵会意识到，这个他们为之戴荆冠、披紫袍，当成恺撒一样嘲弄的人，是一种超越他们理解力、威胁到他们所有纪律的存在？因为认真对待他就意味着进入一种令人陌生而担忧的生活，就意味着摒弃习惯、控制本能和冲动，就意味着去体验一种难以置信的幸福……

第38章
基督教教义的发展

在四部福音书中，我们可以看到耶稣的个性和教诲，但基督教教会的教义却很少。只有耶稣的直接追随者所写的一系列的使徒书信中，基督教信仰的大致轮廓才得以确立。

基督教教义的主要制定者是圣保罗。他从来没有见过耶稣，也没有听过他布道。保罗最初的名字叫扫罗，在耶稣被钉死在十字架后，以积极迫害耶稣的少数追随者闻名。后来他突然皈依了基督教，并把名字改成了保罗。他是一个充满智慧的人，对当时的宗教运动有着浓厚的兴趣。他精通犹太教、密特拉教和当时在亚历山大港流行的宗教信仰。他把它们的很多思想与表达引入了基督教。对于耶稣最初的关于天国的教义，他几乎没有做任何扩展。但他教导说，耶稣不仅是被应许的基督，犹太人被应许的领袖，他的死更是一种牺牲，就像古代原始文明中牺牲者的牺牲一样，乃是为了人类的救赎。

当各种宗教同时兴盛时，它们往往会互相学习对方的仪式和其他外在特征。例如佛教在传到中国后，几乎和遵奉老子教诲的道教一样拥有寺庙、僧侣并发挥着相似的作用，尽管佛教和道教在最初的教义方面几乎是完全对立的。尽管基督教借鉴了当时密特拉教和其他亚历山大港宗教中的剃发风俗、奉献供品、祭坛、蜡烛等形象，并且接纳了它们的教言和神学思想，但基督教的核心教义却没有因此遭到任何怀疑。所有这些宗教都与其周围那些不太显眼的异教共生。它们都在寻求信徒，而信徒们也一定在这些宗教中往返不断。政府有时会支持其中一个，但是基督教比它的竞争对手更受人怀疑，因为它的信徒和犹太人一样，不崇拜被封神的恺撒。这使得它成为一个煽动叛乱的宗教，与耶稣自己的教义中的革命精神相去甚远。圣保罗使他的门徒们认识到，耶稣和奥西里斯一样，是一个为了复活而死并将不朽赋予人类的神。不久，尚在传教的基督教团体便被复杂的神学争论搞得四分五裂，他们争论的焦点是作为神的耶稣与人类之父上帝之间的关系。阿利乌教派教导说，耶稣是神圣的，但不同于天父，并低于天父；撒伯流教派教导说，耶稣只是父的一个侧面，神既是耶稣又是父，正如人既是父又是匠一样；而三位一体论者则教导一种更微妙的教义，即上帝既是一又是三：圣父、圣子和圣灵。有一段时间，阿利乌教派似乎会战胜它的对手，然而在争端、暴力和战争之后，三位一体成为所有基督教世界接受的原则。它在《亚他那修信经》中得到了最完善的表达。

我们在这里对这些争议不予置评。它们不会像耶稣个人的教导那样左右历史。耶稣的个人教导似乎确实标志着我们人类的道德和精神生活进入了一个新的阶段。它坚持上帝的普世父性和所有人之间都隐含的兄弟情谊，坚持把每个人的个体生命视为上帝的圣殿，这将对人类随后的所有社会和政治生活产生极深远的影响。随着基督教及耶稣教义的传播，世界上出现了一种新的对人的尊重。正如对基督教怀有敌意的批评家所极力主张的那样，圣保罗向奴隶宣扬服从，这可能是真的；但同样真实的是，在福音书中保存的耶稣教导的全部精神是反对人对人的欺压；更明显的是，基督教反对如角斗场上的战斗这样的对人的尊严的暴行。

在基督诞生后的头两个世纪里，基督教传遍了整个罗马帝国，将越来越

"三位一体"是基督教的核心教义之一,也是基督教与犹太教、伊斯兰教的一个重要区别。

多的皈依者编织成一个新的思想和意志共同体。皇帝的态度在敌视和容忍之间不断变化。公元2世纪到3世纪，一直都有人试图压制这一新信仰，最后在公元303年，戴克里先发起了一场大规模的迫害活动。大量的教会财产被没收，所有《圣经》和宗教著作被没收和销毁，基督徒不再受罗马法律的保护，许多人被处决。那些被销毁的书籍尤其引人注目，它们显示了书面文字在凝聚新信仰方面的力量是如何受到政府当局的重视的。像基督教和犹太教这种"圣典宗教"，其信仰是通过学习圣典形成的。这些宗教之所以能长久地存续，很大程度上依赖于人们能够阅读和理解它们的教义思想。那些更为古老的宗教对人的智力则没有这样的吸引力。在西欧那段野蛮而混乱的岁月里，基督教会在保存学术传统方面起到了主要的作用。

戴克里先的迫害活动并没有阻碍基督教团体的发展。在很多行省，皇帝的命令是无效的，因为当地大部分人和官员都是基督徒。公元311年，皇帝伽列里乌斯颁布《宽容敕令》，他的朋友君士坦丁大帝则于公元324年在去世前接受洗礼，成为基督徒，成为罗马世界唯一的统治者。他放弃了皇帝所有神圣的伪装，并将基督教的符号印在了他的军队的盾牌和旗帜上。

几年后，基督教被确立为帝国的官方宗教。其他曾与之竞争的宗教要么消失，要么以惊人的速度被吸收。公元390年，狄奥多西大帝拆毁了亚历山大港那雄伟的朱庇特－塞拉皮斯雕像。从5世纪开始，罗马帝国中只有基督教的教堂和教士。

第 39 章
外族入侵将帝国东西二分

在整个公元 3 世纪中,罗马帝国面对的始终是野蛮人的威胁、社会的腐朽以及道德的崩坏。这一时期的皇帝要与军事独裁者作战,帝国的首都随着军事政策的需要而转移。原来帝国的心脏在意大利北部的米兰,后来转移到塞尔维亚的色米姆或尼什,再后来是小亚细亚的尼科米底亚。皇帝想要将自己的王座放在一个方便统治整个帝国的地方,而位于意大利中部的罗马显然满足不了这一需求,罗马于是没落了。在整个帝国的大部分地区,和平仍然盛行,人们出行时并不需要佩带武器。军队仍然是权力的唯一来源;皇帝们依靠他们的军队,对帝国的其他地区的统治变得越来越专制,罗马帝国也越来越像波斯和东方其他君主制国家,戴克里先就戴上了皇冠,穿上了东方式的长袍。

沿着莱茵河和多瑙河的帝国边境,敌人正在逼近。法兰克人和其他日耳曼部落来到了莱茵河边。汪达尔人来到了匈牙利,西哥特人来到了罗马尼亚,也就是之前的达契亚;在俄罗斯南部的是东哥特人,而在伏尔加河流域的是阿兰人。另外,此时蒙古人也开始向欧洲进军。匈人已经向阿兰人和东哥特人索要贡品,并逼迫他们向西迁移。

公元260年，沙普尔一世在埃德萨战役中大败罗马军团，并且俘虏了罗马皇帝瓦勒良。

在亚洲，罗马的疆界在波斯复兴的推动下逐渐瓦解。这个新的波斯，萨珊王朝的波斯，在接下来的三个世纪里，这个在整体上十分成功的帝国将成为罗马帝国在亚洲的一个充满活力的对手。

只要看一眼欧洲地图，读者就会看出这个帝国特有的弱点。距离亚得里亚海数百英里，多瑙河流经今天被称为波斯尼亚和塞尔维亚的地区，并在那里形成了一个九十度的拐角。罗马人从来没有使他们的海上交通保持良好秩序，这两百英里的狭长土地是他们连接帝国西部的拉丁语地区和东部的希腊语地区的交通线。在多瑙河的这个直角处，外族给帝国造成的压力最大。当他们在那里取得突破时，帝国将不可避免地被分成了两部分。

若是换成一个更有活力的帝国，它可能会向前推进并重新征服达契亚，但罗马帝国却缺乏这样的活力。君士坦丁大帝诚然是一位热忱而睿智的君主，他击退了来自巴尔干地区的哥特人的进攻，但是他没有力量越过多瑙河。他过于专注帝国内部的问题，他用基督教的团结和道德力量来复兴衰落的帝国精神，并决定在赫勒斯滂（达达尼尔海峡）的拜占庭地区建立一座永久性的新首都。为了纪念他，这座在他去世时仍在建造的城市被命名为君士坦丁堡。在君士坦丁大帝统治末期，发生了一件十分重要的事情。汪达尔人在哥特人的逼迫下，要求加入罗马帝国。他们被分派到了潘诺尼亚地区，即如今多瑙河以西的匈牙利的一部分，他们的战士名义上变成了军人。但这些军人仍听命于自己的首领，罗马帝国未能消纳他们。

君士坦丁在去世前一直致力于复兴他伟大的帝国，然而在他死后不久，西哥特人便突破边境，几乎攻进了君士坦丁堡。他们在阿德里安堡击败了皇帝瓦伦斯，并在如今的保加利亚定居下来，就像汪达尔在潘诺尼亚那样。虽然名义上他们是皇帝的臣民，但实际上他们才是征服者。

从公元379年到395年，狄奥多西大帝统治着罗马，在他统治期间，罗马帝国仍然保持着形式上的完整。此时，掌管意大利和潘诺尼亚军队的是汪达尔人斯提里科，掌管巴尔干半岛军队的是哥特人亚拉里克。狄奥多西在4世纪末去世，他留下了两个儿子。亚拉里克在拜占庭拥护其中的阿卡迪乌斯，而斯提里科则在意大利支持另一个儿子霍诺留。换句话说，亚拉里克和斯提里科是以王子们作为傀儡，为争夺帝国而战。在他们斗争的过程中，亚拉里克进军意大利，并在短暂的围困后于公元410年占领了罗马。

5世纪上半叶，整个罗马帝国在欧洲的领土沦为蛮族强盗大军的猎物。我们很难想象当时的情形是什么样子。在法国、西班牙、意大利和巴尔干半岛，那些在早期帝国统治下繁荣昌盛的大城市尽管仍然屹立，但已变得贫困潦倒、人口萎缩、衰败不堪。在那里，人们一定变得十分浮躁、卑鄙，生活也充满了不确定性；地方官员则维护他们的权威，怀着他们的良知继续工作，然而毫无疑问，他们如今是以一个远在天边、难以接近的皇帝的名义继续工作的。教堂仍未关闭，但教士们大多已经变成了不识字的白丁。那里的书籍很少，迷信和恐惧却很多。不过，除了被掠夺者破坏的地区外，到处都可以找到书籍、图片、雕像和类似的艺术品。

农村的生活也堕落了。罗马世界的各个地方都比以前更加荒蛮且混乱。在一些地区，战争和瘟疫使沃土变成荒地。道路和森林常有强盗出没。在野蛮人入侵的地方，他们几乎没有遭受任何抵抗，他们的首领成为当地的统治者，并且往往会获得罗马官方认证的头衔。如果他们是半文明的野蛮人，他们会给被征服的地区以可接受的条件，他们会占领城镇，与当地人结交、通婚，并带着自己的口音学习拉丁语。但是毁灭不列颠尼亚的朱特人、盎格鲁人和撒克逊人只会耕种，城镇对他们来说毫无用处；他们后来似乎将英格兰南部的罗马居民清除干净，用自己的日耳曼方言取代了当地语言，并最终形成了英语。

在我们所研究的空间范围里，我们无法追踪到各个日耳曼和斯拉夫部落的活动轨迹，因为他们为了掠夺战利品和寻找一个舒适的家园，在这个已经

第39章　外族入侵将帝国东西二分　189

ANGLO-SAXONS.　22.　A.D. 500-1000.

1. 3. Warriors. 2. King, 750. 4. 5. 6. 7. 8. 10. Men of Rank. 9. Bishop in Domestic Dress, 1000. 11. General, 975. 12. King, 966. 13. Woman of Rank, 850. 14. Bishop, 800.

中世纪盎格鲁-撒克逊人的形象。

毫无秩序的帝国里来来回回地迁移。以汪达尔人为例，他们最早见诸历史时是在德国东部地区，就像我们已经说过的，他们在潘诺尼亚定居了下来；大约在公元 425 年，他们从那里跨越中间的各个行省，来到西班牙；在那里，他们发现来自俄罗斯南部的西哥特人和其他日耳曼部落设立了公国和王国；于是在公元 429 年，汪达尔人在盖萨里克的领导下跨海来到北非，并于 439 年攻占迦太基，在那里他们建造了一支舰队；由此他们获得了海洋的控制权，并于 455 年攻占并掠夺了罗马，而当时罗马还未从半个世纪前亚拉里克的攻占与掠夺中恢复过来；后来汪达尔人成了西西里、科西嘉、撒丁岛和其他地中海西部大部分岛屿的主人。事实上，他们建立了一个海洋帝国，其势力范围与七百多年前的海洋帝国迦太基非常相似。他们在 477 年左右达到了权力的顶峰。他们只是控制着整个国家的一小撮征服者。在接下来的一个世纪里，在查士丁尼一世短暂的励精图治中，拜占庭帝国几乎重新征服了他们以往所有的领土。

汪达尔人的故事只是许多类似冒险故事中的一个例子。但现在，在所有这些破坏者中，最无血缘关系、最令人敬畏的蒙古匈奴人或鞑靼人来到了欧洲世界，这是一个西方世界以前从未遇到过的活跃而能征善战的黄色人种。

第40章
匈人与西罗马帝国的终结

　　征服欧洲的蒙古人的出现可能标志着人类历史的一个新阶段。直到公元前1世纪左右，蒙古人和北欧人都没有过密切的接触。在遥远的北方森林之外的冻土上，蒙古民族中的一支萨米人，已经向西迁移到拉普兰，但是他们在历史的主流中没有扮演任何角色。几千年来，西方世界一直是雅利安人、闪米特人和深色人种之间以一种戏剧性的方式互相影响，几乎没有受到来自南方的黑人或远东的蒙古人的干涉（除了埃塞俄比亚对埃及的入侵）。

　　蒙古游牧民族向西迁移的主要原因可能有两个。一是汉朝兴盛时期，中华帝国的巩固、向北扩张和人口增加。另一个是气候变化的过程：降雨量减少可能会使沼泽和森林消失，降雨量增多则会延长沙漠草原上的放牧时间，或者这两种情形同时在不同的地区发生，但不论如何，气候促使牧民向西迁移。还有一个并非主要但同样需要考虑的原因是罗马帝国的经济低迷、内部衰败和人口减少。罗马共和国后期的富人，以及后来军事皇帝的税务官，将罗马的活力蚕食殆尽。由此，我们看到了推力、手段和机会：东方的压力、西方的腐朽以及一条敞开的道路。

　　匈人在公元1世纪时就已经到达了欧洲在俄罗斯的东部边界，但直到公元 4 世纪和 5 世纪，这些骑手才在草原上占据统领地位。5 世纪是匈人的世纪。第一批来到意大利的匈人是操控霍诺留的汪达尔人斯提里科的雇佣兵。不久，这些雇佣兵就占领了汪达尔人的空巢潘诺尼亚。

当 5 世纪过去了四分之一之后，匈人中出现了一位伟大的战争首领，他就是阿提拉。对于他的力量，我们能隐约地加以了解。他不仅统治着匈人，而且还统治着一群日耳曼部落；他的帝国从莱茵河跨越平原一直延伸到中亚。他与中国互派大使。他的大本营位于多瑙河以东的匈牙利平原上。在那里，来自君士坦丁堡的特使普利斯库斯拜访了他，并为我们留下了一些有关他的资料。这些匈人的生活方式与他们所取代的原始雅利安人的生活方式非常相似。平民住在棚屋和帐篷里；首领们住在有栅栏的大木房里。游吟诗人在这里设宴、饮酒、唱歌。与当时君士坦丁堡的统治者阿卡迪乌斯的儿子狄奥多西二世的那个文明而颓废的宫廷相比，荷马时代的英雄们，甚至亚历山大大帝的马其顿伙伴们，在阿提拉这个营地首都可能更会找到家的感觉。

就像久远前野蛮的希腊人对爱琴海文明所起的作用那样，在一段时期中，由匈人和阿提拉领导的游牧民族对地中海各国的希腊罗马文明也起到了同样的作用。这就像历史在一个更大的舞台上重演。但匈人比早期希腊人更执着于游牧生活，早期希腊人与其说是真正的游牧民族，不如说是迁徙的牧牛农民。匈人惯于侵袭与掠夺，而非定居。

有许多年，阿提拉可以随心所欲地欺负狄奥多西。他的军队四处侵夺，一直打到君士坦丁堡的城墙下；吉本说他在巴尔干半岛总共摧毁了不下七十座城市，狄奥多西通过进贡收买了他，并试图通过派遣间谍暗杀他以永远摆脱他。451 年，阿提拉将注意力转向另外半个说拉丁语的帝国残骸并入侵了高卢。高卢北部几乎所有城镇都被洗劫一空。法兰克人、西哥特人和帝国军队联合起来反抗他，在特鲁瓦的一场大规模分散作战中，阿提拉被打败，有人据估计约有十五到三十万人死于这场战争。阿提拉虽然止步于高卢，但他

第40章 匈人与西罗马帝国的终结　193

阿提拉，古代欧亚大陆匈人中最为人熟知的领袖和单于，史学家称之为"上帝之鞭"。

的军事力量并未因此损耗殆尽。第二年，他经由威尼斯进入意大利，烧毁了阿奎莱亚和帕多瓦，并洗劫了米兰。许多逃亡者从意大利北部的这些城镇，特别是从帕多瓦逃到亚得里亚海一端的潟湖岛屿上，并在那里奠定了威尼斯城邦的基础，由此威尼斯后来成为中世纪最大的贸易中心之一。

453 年，阿提拉在一场庆祝他与一位年轻女子结婚的盛宴后突然去世，他的这个掠夺联盟也在他死后四分五裂。真正的匈人从历史上消失了，他们融入周围更多的说雅利安语的人群中，但这些匈人的大举突袭实际上完成了西罗马帝国的终结。在阿提拉去世后，由汪达尔人和其他被雇佣兵拥立的十位不同的皇帝在罗马统治了二十年。455 年，来自迦太基的汪达尔人占领并洗劫了罗马。最后在 476 年，野蛮军队的首领奥多亚塞镇压了被认为是皇帝、其名字令人印象深刻的潘诺尼亚人罗慕路斯·奥古斯都，并通知君士坦丁堡的宫廷，西方自此不再有皇帝了。因此，西罗马帝国迎来了它可耻的终结。公元 493 年，哥特人狄奥多里克成为东哥特王国国王。

在整个西欧和中欧，野蛮人的首领开始以国王、公爵等身份统治，他们实际上是彼此独立的，但在大多数情况下，他们都宣称自己对罗马皇帝有某种隐秘的忠诚。在这片土地上，有成百上千个这样实际独立的强盗统治者。在高卢、西班牙、意大利和达契亚，拉丁语仍然以当地变形了的形式盛行，但在英国和莱茵河以东，日耳曼语系中的语言（在波希米亚是斯拉夫语系中的捷克语）是通用的语言。高阶教士和少数受过教育的人可以阅读和书写拉丁语。任何地方的生活都不安全，财产被强权把持。城堡倍增，道路破败。6 世纪初，整个西方世界都陷入了分裂与蒙昧的黑暗之中。如果不是因为基督教的僧侣和传教士，拉丁语可能就会完全绝迹。

为什么已经崛起的罗马帝国会衰落得如此彻底？在早期，是公民的概念让不同地区的人们凝聚在一起。在共和国不断扩展的整个时期，甚至直到帝国初建时代，仍有许多人能意识到自己罗马公民的身份，理解罗马公民意味

西罗马帝国覆灭后,西欧分裂成一个个彼此独立的王国,每个王国都有自己的君主统治。

着一种特权和义务,对自己在罗马法保护下的权利充满信心,并愿意以罗马的名义做出牺牲。罗马作为公正、伟大和守法的象征,其声望远远超出了国家的疆界。但早在布匿战争时期,公民意识就因财富增长和奴隶制增强而遭到削弱。公民确实到处都是,但关于公民的理念却渐趋萎缩。

　　罗马帝国毕竟是一个非常原始的组织:它没有教育,不向它日益增长的公民解释自己,亦不邀请他们参与决策。这里没有学校网络来确保大家达成共识,没有新闻传播来维持集体活动。从马略和苏拉时代起,为争夺权力而斗争的冒险者们根本不知道如何在帝国事务上制造和号召公众舆论。公民精神死于饥饿,却没有人观察到它的消亡。所有帝国、所有国家、人类社会的所有组织，归根结底都是关于理解和意志的东西。罗马帝国在世界上没有留下任何意志，因此它走到了尽头。

虽然讲拉丁语的罗马帝国在5世纪灭亡了，但在罗马帝国内部却诞生了其他的东西，这些东西极大地利用了罗马帝国的威望和传统，它们就是天主教会中讲拉丁语的那一半。在罗马帝国灭亡的时候，它依然存在，因为它吸引了人们的思想和意志，因为它有书籍，有一个伟大的导师和传教士体系来维系它，这些东西比任何法律和军队都更强大。在公元4世纪到5世纪罗马帝国衰落的时候，基督教正在欧洲广泛传播，它征服了那些征服者。当阿提拉似乎准备向罗马进军时，罗马宗主教拦住了他，并做了任何军队都做不到的事情——用纯粹的道德力量击退了他。

罗马的宗主教或教皇声称自己是整个基督教会的领袖。由于不再有皇帝，他开始吞并帝国的头衔和财产。他获得了罗马领地"大祭司"的头衔，这是罗马皇帝享有的所有头衔中最古老的。

第41章
拜占庭帝国与萨珊帝国

罗马帝国讲希腊语的东半部比西半部在政治方面要坚忍得多。它经受住了公元5世纪的灾难,见证了西罗马帝国的彻底瓦解。阿提拉欺辱了狄奥多西二世,其洗劫和袭击的范围几乎延伸到君士坦丁堡的城墙之下,但这座城市仍然完好无损。努比亚人顺着尼罗河而下,掠夺了上埃及,但下埃及和亚历山大港仍然相当繁荣。至于小亚细亚,其大部分地区被波斯人占领。

公元6世纪对于西方来说是一个完全黑暗的时代,但这个世纪也确实见证了希腊力量的复兴。查士丁尼一世是一位野心勃勃、精力充沛的统治者,他娶了皇后狄奥多拉为妻,这位演员出身的狄奥多拉是一位相当有能力的女人。查士丁尼从汪达尔人手中夺回了北非,从哥特人手中夺回了意大利的大部分区域,他甚至收复了西班牙南部地区。他没有把精力局限在海军和军事事业上。他建立了一所大学,在君士坦丁堡建造了圣索菲亚大教堂,并编纂了罗马法。当时为了摧毁他建立的大学的对手,他关闭了雅典的哲学学校,这些学校从柏拉图时代开始就未曾间断地延续着,已经有近一千年的历史。

从3世纪开始,波斯帝国就一直是拜占庭帝国的死敌。这两个帝国使小亚细亚、叙利亚和埃及总是处于动荡和荒凉的状态中。在公元1世纪时,这些地区仍然文化发达、社会富庶、人口众多，但是后来军队不断往来，屠杀、掠夺和战争税不断地损耗这些地区，以致只剩下残破的城市废墟以及分散在周边的乡村。在这一悲惨、贫困、混乱的过程中，埃及的境况可能比其他地方要好一些。和君士坦丁堡一样，东西方贸易在亚历山大港也在逐渐缩减。

科学和政治哲学在这两个正在交战和衰弱的帝国中似乎都已经消亡了。雅典的最后一批哲学家，直到他们被镇压之前，仍怀着无限的崇敬和想要被理解的心情，保护着过去那些伟大的文学作品。然而，世界上没有任何团体、任何惯于独立思考的自由而有教养的人士，能够继承这些著作中所体现的坦率表达和探索的传统。社会和政治的混乱在很大程度上导致了这类人群的消失，但在这个时代，还有另一个原因导致了人类智慧的贫乏与狂热。不论是波斯还是拜占庭，这都是一个不容异己的时代。这两个帝国都以一种新的方式成为宗教帝国，因此极大地阻碍了人类思想的自由活动。

当然，世界上最古老的帝国就是宗教帝国，它们的中心是对神或神王的崇拜。亚历山大被视为神，恺撒在一定程度上就是神，人们建造了供奉他们的祭坛和神庙，而向他们献香则是对罗马忠诚度的表现。但这些古老的宗教本质上是行为和事实的宗教，它们没有入侵人们的心灵。如果一个人向神献上他的祭品并鞠躬，他不仅可以思考，而且几乎可以说出与此有关的任何想法。但是，出现在这个世界上的新宗教，特别是基督教，开始转向内在。这些新的信仰不仅要求彼此一致，而且要求相互理解。想要弄清所信事物的确切含义，激烈的争论在所难免。这些新的宗教就是信条宗教。这个世界会出现一个新词——"正统"，人们下定决心，不仅要把行为，而且要把言论和个人思想都限制在既定的宗教教诲范围中。因为持有一个错误的观点（更不用说把它传达给其他人），不再被认为是智力上的缺陷，而是一种道德上的错误，它会使一个人的灵魂被定罪并遭受永久的毁灭。

凡与"正统"不相符的都被称作"异端",而"异端"往往会遭受迫害,这在欧洲中世纪十分常见。

不论是公元3世纪建立萨珊王朝的阿尔达希尔一世，还是公元4世纪复兴罗马帝国的君士坦丁大帝，他们都转向宗教组织寻求帮助，因为在这些组织中，他们看到了一种利用和控制人类意志的新方法。早在4世纪末之前，这两个帝国就已经在迫害自由言论和宗教创新。在波斯，阿尔达希尔发现了由琐罗亚斯德（查拉图斯特拉）创立的古老宗教，通过该教的祭司、神庙和祭坛上的圣火，阿尔达希尔意图将它变成波斯的国教。在3世纪末之前，琐罗亚斯德教一直在迫害基督教；公元277年，一个新宗教摩尼教的创教者摩尼，被钉上了十字架并被剥皮。另一方面在君士坦丁堡，人们则忙于搜寻基督教异端。摩尼教的思想影响了基督教，对比必须用最激烈的方法进行斗争；同样，基督教的思想也渗透进琐罗亚斯德教的教义中。所有的想法都变得可疑。科学首先需要的是思想可以不受干扰地自由活动，但在这个不容异己的时期，它已完全消失了。

战争、最严苛的神学理论和人类的种种恶习构成了那个时代的拜占庭生活。它像一幅浪漫的绘画，但绝无丝毫的甜美与轻松。当拜占庭和波斯不再与来自北方的野蛮人作战时，他们便在沉闷而具有破坏性的战斗中摧残了小亚细亚和叙利亚。即便结成紧密的联盟，这两个帝国也会发现要击退野蛮人并恢复繁荣是一项艰巨的任务。土耳其人或鞑靼人首先就是以盟友的身份进入历史舞台的，他们先与其中一个结盟，然后再倒向另一个。在公元6世纪，彼此敌对的是查士丁尼和霍斯劳一世；到了7世纪初，则变成了希拉克略和霍斯劳二世（公元580年）。

起初，直到希拉克略于610年成为皇帝之前，霍斯劳二世都一直走在他的前面。他占领了安条克、大马士革和耶路撒冷，他的军队到达了小亚细亚的迦克墩，与君士坦丁堡相对。619年，他征服了埃及。随后，希拉克略在君士坦丁堡发动反攻，并于627年在尼尼微击溃了一支波斯军队，尽管那时在迦克墩仍有波斯军队驻扎。628年，霍斯劳二世被他的儿子卡瓦德废黜并杀害，两个精疲力竭的帝国之间从此进入了一段不稳定的和平时期。

拜占庭与波斯已经打完了最后一战。然而在当时，没有人会料到，那场在沙漠中进行的风暴似的战斗会为这场漫长且无目的的斗争永远地画上句点。当希拉克略在叙利亚重建秩序时，他收到了一封信。它被带到了大马士革南部玻斯托拉的帝国前哨；它是用阿拉伯语写的，这是一种人们尚不熟悉的沙漠中闪米特族语言；在到达皇帝那里，一名翻译朗读给他听。送来这个消息的人自称是"神的先知穆罕默德"，他呼吁皇帝承认唯一的真神，并为他服务。至于皇帝说了什么，历史上没留下记录。

在泰西封的卡瓦德也收到了一封类似的信。他十分恼火，撕碎了信并赶走了信差。

这位穆罕默德，看起来是一个贝都因人的领袖，他的据点设在一个贫瘠的沙漠小镇麦地那。他在宣讲一种信仰独一真神的新宗教。

"即便如此，真主！"他说道，"你也会从卡瓦德手中夺走他的王国。"

第 42 章
中国的隋唐时期

公元 5 到 8 世纪，蒙古人不断向西迁移。阿提拉率领的匈人仅仅是这一进程的先驱，这一进程最终导致蒙古民族在芬兰、爱沙尼亚和匈牙利建立了自己的定居地，他们的后代说着类似于土耳其语的语言，在那里生存至今。保加利亚人也是土耳其人，但他们学会了雅利安人的语言。蒙古人在欧洲、波斯和印度的雅化文明中扮演着重要角色，而雅利安人早在多个世纪以前就对爱琴海和闪米特文明发挥了作用。

在中亚，土耳其人民在现在的西突厥斯坦扎根，波斯已经雇用了许多土耳其官员和土耳其雇佣兵。帕提亚人已经从历史上消失，融入了波斯的普通大众。在中亚历史上再也没有雅利安游牧民族了，蒙古人取代了他们。从中国到里海，土耳其人成了亚洲的主人。

公元 2 世纪末的那场大瘟疫摧毁了罗马帝国，也终结了中国的汉朝。然后是一段分裂和匈奴征服的时期，中国在这段时期中崛起，尽管欧洲也注定要这样，但中国进行得更快、更彻底。6 世纪末以前，中国在隋朝的统治下重新统一；到希拉克略时代，隋朝被唐朝取代，唐朝的统治标志着中国又迎来了一个伟大的繁荣时期。

在公元 7 到 9 世纪，中国是世界上最安全、最文明的国家。汉朝把疆域扩展到北方，隋唐时期把文明传播到南方，中国开始呈现出今天的规模。在中亚，它确实到达了更远的地方，最后通过土耳其人的旁系部落延伸到波斯和里海。崛起的新中国与汉朝的旧中国截然不同。这一时期出现了一个更有活力的新文学流派和一场伟大的诗歌复兴，佛教也彻底改变了当时的哲学和宗教思想。艺术工作、技术技能和生活方面的一切便利设施都有了很大的进步。人们开始喝茶，造纸业和雕版印刷业也开始发展。在这几个世纪里，当欧洲和西亚的业已凋零的人口住在茅舍、被围墙围起的小城市或阴冷的强盗堡垒中时，数百万中国人则过着有序、优雅、平和的生活。西方的思想是黑暗的，充满了神学的执着，而中国的思想则开放而宽容，富于探究精神。

唐朝最早的君主之一是唐太宗，他于 627 年开始统治，正是在这一年，希拉克略在尼尼微取得了胜利。他接待了希拉克略派来的使节，希拉克略可能正在波斯后方寻找盟友。635 年，一批基督教传教士从波斯来到中国。他们被允许向太宗解释他们的教义，太宗则检查了他们带来的《圣经》的中文译本。他宣布这种奇怪的宗教是可以接受的，并允许他们建立自己的寺院。

628 年，这位君主也接见了穆罕默德的信使。这些信使乘商船从阿拉伯沿印度海岸一路来到广州。与希拉克略和卡瓦德不同，太宗礼遇了这队信使。他表达了他对其神学思想的兴趣，并协助他们在广州建造了一座清真寺，据说这座清真寺至今仍是世界上最古老的清真寺。

第43章
穆罕默德与伊斯兰教

在7世纪初,一个有先见之明的历史爱好者在考察世界时,可能会得出一个非常合理的结论:几个世纪之后,整个欧洲和亚洲就会完全由蒙古人统治。西欧没有建立秩序或联合起来的迹象,拜占庭帝国和波斯帝国显然决心相互毁灭。印度也变得分裂而荒凉。另一方面,中国是一个稳步扩张的帝国,其人口数量在当时可能超过了整个欧洲,而土耳其人在中亚日益强大,他们也倾向于与中国合作。这样的预言并未落空。到了13世纪,一位蒙古君主将统治从多瑙河到太平洋的整个地区,土耳其王朝则注定要统治整个拜占庭和波斯帝国,统治埃及和印度的大部分地区。

我们的这位预言家最可能犯的错误就是低估了欧洲拉丁语地区的恢复能力,忽视了阿拉伯沙漠中的潜在力量。阿拉伯看起来像是远古时代的样子,是彼此争吵不休的小游牧部落的避难所。一千多年来,没有一个闪米特人曾建立过一个帝国。

然后,贝都因人突然爆发,创造了一个世纪的短暂辉煌。他们把自己的统治及语言从西班牙一直扩散传播到了中国的边境。他们给世界带来一种新文化。他们创立的宗教至今仍是世界上最重要的力量之一。

这位点燃阿拉伯之火的男子穆罕默德在历史上首次出现时，是麦加一位富商遗孀的年轻丈夫。直到四十岁他才在这个世界上崭露头角。他似乎对讨论宗教很感兴趣。当时的麦加是一座异教徒的城市，人们尤其崇拜一块黑色的石头——克尔白，它在整个阿拉伯享有盛誉，也是朝圣的中心；但这个国家有大量的犹太人——事实上整个阿拉伯南部都信奉犹太教——叙利亚也有基督教教堂。

大约在四十岁时，穆罕默德就开始像一千两百年前的希伯来先知一样，展现出自己的先知特征。他首先向妻子谈到独一的真神，谈到美德和邪恶的奖赏和惩罚。毫无疑问，他的思想深受犹太教和基督教思想的影响。他周围聚集了一小群信徒，不久就开始在城里布道，反对普遍存在的偶像崇拜。这使他在自己的同胞中极不受欢迎，因为麦加的繁荣主要依靠的便是来朝拜克尔白的朝圣者。在他的教会中，他的形象变得更加醒目而明确，他宣称自己是上帝最后选择的先知，被赋予完善宗教的使命。他宣称，亚伯拉罕和耶稣基督是他的先驱。他被拣选来完成和完善源自神的意志的启示。

他写下了据说是天使传达给他的经文，他还经历了一个异象，在异象中，他越过七重天来到真主面前，被指派去行使他的使命。

随着他的教导力度的加强，其同胞们的敌意也在增加。最后有人密谋要杀害他，但他和他忠实的朋友兼弟子阿布·伯克尔逃到了友善的麦地那，那里的人们接受了他的教义。麦加和麦地那之间的敌对行动最终以一项条约告终：麦加要信奉独一真主，并接受穆罕默德为先知，而这一新宗教的信徒仍然要像异教徒那样去麦加朝圣。因此，穆罕默德在没有伤害朝圣传统的情况下，在麦加建立了独一真主的信仰。他又派遣使者去觐见希拉克略、唐太宗、卡瓦达和地球上所有的统治者，一年之后，也就是629年，穆罕默德作为麦加的主人回到麦加。

在接下来的四年里，直到632年去世，穆罕默德将他的权力扩展到阿

穆罕默德夜行登霄。

拉伯的其他地方，他强加给阿拉伯人的这种信仰表现出很强的鼓舞力量。其一是它毫不妥协的一神论：它对万物之父真主的统治的简单而热情的信仰，以及它从复杂神学中解脱出来的自由。另一个是它完全脱离了祭祀和寺庙。它完全是一个预言性的宗教，它证明自己不会再回到使用血祭的宗教形态。《古兰经》关于麦加朝觐的要求与仪式性不可辩驳，穆罕默德也采取了各种预防措施，以防止他死后人们将自己神化。这种力量的第三个要点在于，伊斯兰教坚持所有信徒，无论他们的肤色、出身或地位，在真主面前都要以完美的兄弟情谊平等相待。

正是这些东西使伊斯兰教成为人类事务中的一股力量。据说，伊斯兰帝国的真正创始人与其说是穆罕默德，不如说是他的朋友和助手阿布·伯克尔。如果穆罕默德以其机智的性格成为原始伊斯兰的思想和想象力，那么阿布·伯克尔就是其良知和意志。每当穆罕默德动摇时，阿布·伯克尔就会支持他。穆罕默德去世后，阿布·伯克尔成为哈里发（继任者），他带着移动山脉的信仰，像先知在628年从麦地那送给世界所有君主的信中写的那样，以三四千人这样小规模的阿拉伯军队，简单而理智地开始了对属于真主的这整个世界的征服。

第 44 章
阿拉伯人的盛世

我们接下来要讲的是整个人类历史上最惊人的征服故事。634 年，拜占庭军队在雅莫科（约旦河的一条支流）战役中被击溃；水肿耗尽了希拉克略的精力，与波斯的战争耗尽了帝国的资源，这位皇帝只能眼看着他在大马士革、巴尔米拉、安条克、耶路撒冷和其他新征服的土地在面对穆斯林军队时毫无抵抗之力。相当多的人皈依了伊斯兰教。然后，穆斯林转向东方。波斯人在鲁斯塔姆发现了一位善战的将军，他们拥有了一支庞大的大象部队，并于 637 年在卡德西亚与阿拉伯人战斗了三天，最终在溃败中被击垮。

随之而来的是对整个波斯的征服，穆斯林帝国深入到西突厥斯坦并向东推进，一直推进到中国的边境。埃及对新征服者几乎没有进行任何抵抗，他们对《古兰经》充满了狂热的信念，并销毁了亚历山大图书馆中藏书的抄本副卷。征服的浪潮沿着非洲北部海岸涌向直布罗陀海峡和西班牙。710 年入侵西班牙，720 年抵达比利牛斯山脉。732 年，阿拉伯人已经打到了法国的中部，但在普瓦捷战役中，他们的攻势在这里永远地停止了，随后他们又退回到比利牛斯山脉。对埃及的征服给了穆斯林一支舰队，有一段时间，他们似乎要攻占君士坦丁堡。在 672 年到 718 年之间，他们不断地进行海上攻击，但是这座伟大的城市成功地抵抗住了他们的进攻。

阿拉伯人几乎没有政治才能，也没有政治经验，这个伟大帝国的首都现在是大马士革，其疆域从西班牙一直延伸至中国，然而它注定很快便会瓦解。从一开始，教义上的分歧就破坏了它的统一。但是，我们在这里的兴趣不在于它的政治解体，而在于它对人类的思想和普遍命运所产生的影响。阿拉伯智慧比一千年之前的希腊智慧传播得更快、更富于戏剧性。在中国以西的世界，由旧观念的瓦解和新观念的发展带来的智力激发是相当巨大的。

在波斯，这种新生而兴奋的阿拉伯心灵不仅接触到了摩尼教、琐罗亚斯德教和基督教的教义，更接触到了保留在希腊语和翻译成叙利亚语的希腊文献中的科学。它同样在埃及找到了希腊的学术文化。在各个地方，特别是在西班牙，它都发现了活跃的犹太人那种思考和讨论的传统。在中亚，它遇见了佛教和中华文明的物质成就。它从中国那里学会了造纸——这使印刷书籍成为可能。最后，它接触到了印度的数学和哲学。

随着阿拉伯征服者的脚步，学术如雨后春笋般涌现。到了8世纪，整个"阿拉伯化"的世界都共有一个教育组织。9世纪时，西班牙科尔多瓦学校里的学者可以和开罗、巴格达、布哈拉和撒马尔罕的学者互相通信。犹太人的思想很容易被阿拉伯人吸收，有一段时间，这两个闪米特族通过阿拉伯语进行合作交流。在阿拉伯世界的政治领域分裂并衰落许久之后，以阿拉伯语为载体的学术界仍然存续着。直到13世纪，它仍然在创造令人瞩目的文化成果。

因此，最初由希腊人开始的、对事实做系统的积累和批判的传统，再次出现于这次闪米特世界的惊人复兴中。亚里士多德和亚历山大博物馆的种子，曾因长时间无人重视而沉眠，如今它们已发芽，并开始走向成熟。数学、医学和物理学都取得了巨大的进步。笨拙的罗马数字被我们今天使用的阿拉伯数字取代，"0"这个数字符号首次被使用。代数（algebra）这个名字

巴格达的智慧宫中,阿拉伯学者们在交流讨论。

本身就是阿拉伯语，化学（chemistry）这个词也是如此。大陵五（Algol）、毕宿五（Aldebaran）和牧夫座（Boötes）这些名字记录了阿拉伯征服天空的痕迹。他们的哲学注定要复兴法国、意大利和整个基督教世界的中世纪哲学。

阿拉伯的实验化学家被称为炼金术士，他们的精神仍然十分原始，会尽可能地对自己的方法和结果保密。他们从一开始就认识到，这些可能的发现也许会给他们带来巨大的好处，也会对人类生活产生深远的影响。他们偶然发现了许多最有价值的冶金技术和设备：合金和染料、蒸馏、酊剂和香精、光学玻璃；但他们在其两个主要目标上的探索都是徒劳的。一种是"贤者之石"，把一种金属元素变成另一种金属元素，从而控制人造黄金的方法；另一种是长生不老药，一种可以无限延长寿命的兴奋剂。这些阿拉伯炼金术士疯狂而耐心的实验传播到了基督教世界。他们想要探究的目标的魅力迅速蔓延开来。渐渐地，这些炼金术士的活动变得更加社交化和合作化，他们发现了交换和比较思想的益处。最后一批炼金术士不知不觉间，逐渐成为最早的实验哲学家。

古老的炼金术士未能找到将贱金属变成黄金的贤者之石的方法，以及长生不老药；但他们找到了现代实验科学的方法，这些方法最终承诺会赋予人类无限的权力来控制世界和自己的命运。

第 45 章
拉丁语基督教世界的发展

在公元 7 到 8 世纪，有一件事情值得我们注意，那就是雅利安人控制的地域范围正在急剧缩小。一千年前，说雅利安语的种族统治着中国以西所有的文明世界。现在，蒙古人已经向匈牙利挺进，亚洲除了小亚细亚的拜占庭之外，没有任何地方仍在雅利安人的统治之下，他们失去了整个非洲以及西班牙的大部分地区。伟大的希腊世界已经缩小为君士坦丁堡这个贸易中心以及周围的几块领地，而关于罗马世界的记忆则在西方基督教教士所使用的拉丁语中得以保存。与这个倒退的故事形成鲜明对比的是，在经历了一千年的黑暗之后，闪米特人的传统从被征服和被埋没中重新崛起。

然而，北欧各民族的活力并没有被耗尽。他们现在被限制在中欧和西北欧，他们的社会和政治思想十分混乱，然而他们正在稳健地建立一种新的社会秩序，并在不知不觉中为恢复比以往任何时候都更广泛的力量做准备。

我们已经讲过，在 6 世纪初期，西欧根本没有中央政府。那个世界被许多地方统治者瓜分，并且他们都极力维护自己所拥有的东西。这是一种太不安全的状态，它不能持久；于是一种合作与联合的制度，即封建制度，便在这种混乱中发展出来。这种封建制度是一种社会权力的结晶。在任何地方，孤独的人都没有安全感，并打算用一定数量的自由来换取帮助和保护。他会寻找一个更强大的人作为自己的主人和保护者，他会为他服兵役，给他捐税，作为回报，他将得到自己想要的东西。他的主人也会在一位更伟大的领主的附庸那里找到安全感。城市也发现有封建保护者对自己来说十分方便，修道院及教会地产也通过类似的纽带联系在一起。毫无疑问，在许多情况下，这种效忠先是名义上的，然后才是实质上的，这种制度同时向上下两个方向发展。因此，一种金字塔式的制度就这样形成了，它在不同的地区差别很大；起初社会上仍有很多暴力和私斗现象存在，但慢慢地，新的秩序与法律开始出现。这种金字塔结构最终变成了王国。早在 6 世纪初期，在现在的法国与荷兰，也就是当时的西哥特王国、伦巴底王国和其他哥特人统治的地区，由克洛维创立的法兰克王国便已存在。

穆斯林在 720 年越过比利牛斯山脉后，遇见了法兰克王国的实际统治者"铁锤"查理，由于克洛维后裔的没落，查理成为王国的宫相，而这些穆斯林在 732 年的普瓦捷战役中正是败在他的手下。阿尔卑斯山以北、从比利牛斯山到匈牙利的土地实际上都由"铁锤"查理统治。他统治着一大批讲法语、拉丁语、高地德语和低地德语的下级领主。他的儿子丕平消灭了克洛维斯最后的后代，并夺取了国王的王位和头衔。他的孙子查理曼于 768 年开始统治，在发现自己是一个如此庞大的王国的统治者后，查理曼甚至开始考虑恢复皇帝的头衔。他征服了意大利北部，使自己成为罗马的主人。

当我们从更广阔的世界历史的视野来看待欧洲的故事时，我们便比单纯的民族主义历史学家更清楚地看到，西罗马帝国的这一传统是多么狭隘且具有灾难性。为了取得这种虚幻的名衔，一场狭隘而激烈的斗争持续了一千多年，极大地消耗了欧洲的力量。在整个这段时期里，人们都能追踪到某些无法平息的敌意；这些彼此敌对的人无视欧洲文明的智慧，一个个都像精神错乱一样执迷不悟。其中的一个驱力是想成为成功的统治者的雄心，正是这一

20世纪前的历史学家开始把普瓦捷战役刻画成基督教和伊斯兰教争斗的决定性转折点——保存基督教在欧洲领导地位的争斗。

驱力让查理曼成了第二个恺撒。查理曼大帝的王国由处于不同野蛮阶段的日耳曼封建国家组成。在莱茵河以西，这些日耳曼人中的大多数都学会了各种拉丁方言，而这些方言则最终融合成了法语。在莱茵河以东，种族相似的日耳曼人则保留了他们的德语。于是，语言的不同让这两个野蛮征服者群体难以交流沟通，分裂因此就在所难免。依据法兰克人的习惯，查理曼死后，法兰克王国会由他的几个儿子平分，这让分裂变得更加容易。因此，从查理曼这里开始，欧洲的历史便可以在某一侧面被分成两个阶段：先是他的家族的后人争夺各自的领土，然后是欧洲各地的王公侯爵彼此争夺不稳定的头衔，与此同时，法语势力与德语势力之间的对立，也在这种混乱中不断加深。每一个想要获得皇帝头衔的野心家都必须进行一项仪式：在那破败不堪、早已不是帝国首都的罗马加冕称帝——这是他们野心的最高点。

  导致欧洲政治混乱的另一个因素是罗马教会，教会决心使教皇而非世俗的王公，成为真正的皇帝。教皇即"大祭司"，在各种现实意义上，他都是这座衰落之城的统治者；尽管他没有军队，但他对整个拉丁语世界教士的控制使他拥有一个极为庞大的宣传组织；尽管他无法控制人们的身体，但他握有通往天堂与地狱的钥匙，可以对人们的灵魂施加强大的影响。所以，贯穿整个中世纪的，就是一个个王公先是为了平等、然后是称王、最后是称帝而与其他王公进行的战斗；而罗马教皇则时而大胆、时而狡猾、时而软弱地（能成为教皇的人大多都垂垂老矣，教皇的平均统治时间一般不超过两年）操控所有王公，使他们臣服于自己，并成为整个基督教世界的最终霸主。

  但是，王公与王公、皇帝与教皇之间的对抗并不是导致欧洲混乱的全部因素。君士坦丁堡仍然有一位讲希腊语的皇帝，他宣称整个欧洲都应效忠于自己。当查理曼大帝试图复兴帝国时，他复兴的仅仅是罗马帝国说拉丁语的那部分。于是，拉丁语帝国和希腊语帝国之间很快就会自然地产生敌对情绪，甚至希腊语天主教和说新出现的拉丁语天主教之间也出现了竞争。罗马教皇声称自己是圣彼得，这位所有使徒首领、世界各地所有基督教团体的领袖的继承人。但君士坦丁堡的皇帝与牧首都不认同这一说法。1054年，一场关于三位一体教义中一个细微之处的争论最终结束了此前长久的纷争。此后，拉丁教会和希腊教会变得截然不同，或者更直白地说是彼此对立。在我们讨论的各种导致中世纪基督教世界变得贫瘠虚弱的因素中，这一因素必须被考虑进去。

在这个分裂的基督教世界里，有三对敌手在相互攻击。在波罗的海和北海沿岸地区，仍然有一群部落，其基督化过程或十分缓慢，或根本不情愿，这些人就是北欧人。他们出海从事海盗活动，沿岸袭击所有建有教堂的地区，直到西班牙。他们沿着俄罗斯境内的河流来到中部的荒芜地区，又顺着其他河流向南而去，于是他们就成了在里海和黑海出没的海盗。他们在俄罗斯建立了公国，他们是第一批被称为俄罗斯人的人，这些来自北方的俄罗斯人几乎要攻占了君士坦丁堡。9世纪的英格兰是一个说低地德语的基督教国家，由查理曼大帝的门徒兼学生埃格伯特国王统治。北欧人从他的继任者阿尔弗雷德大帝（886年）手中夺取了半个王国，最后在克努特（1016年）的统治下，他们成为这片土地的主人。在"步行者"罗夫的带领下（912年），另一群北欧人征服了法国北部，也就是后来的诺曼底。

克努特不仅统治着英格兰，也统治着挪威和丹麦，但他短暂的帝国在他死后因野蛮民族的政治弱点——统治者的儿子们之间的分裂——而分崩离析。如果北欧人的这种临时结合能得以维持，那么推测接下来会发生什么将很有趣味。他们是一个有着惊人勇气和力量的族群。他们坐着自己建造的长船航行，甚至抵达了冰岛和格陵兰岛。他们是第一批踏上美洲土地的欧洲人。后来，一批喜欢冒险的诺曼人从撒拉逊人手中收复了西西里，并洗劫了罗马。想象一下，从美洲到俄罗斯，从克努特王国中可能发展出一个强大的北方航海强国，那是一件多么令人着迷的事情。

在日耳曼民族和拉丁化了的其他欧洲民族的东边,是斯拉夫部落和土耳其人的混合体。其中最突出的是马扎尔人或匈牙利人,他们在8世纪和9世纪时向西迁移。查理曼大帝统治了他们一段时间,但在他死后,他们在今天的匈牙利建立了自己的国家;追随和自己有血缘关系的前辈,匈人会在每年的夏季来袭扰他们在欧洲的定居地。公元938年,他们穿过德国进入法国,翻越阿尔卑斯山进入意大利北部,然后掉头回家,他们一路上只干了一件事情——烧杀抢掠。

最后,从南方进攻罗马帝国"残余"的是撒拉逊人。他们在很大程度上已成为海洋的主人;他们在海上唯一的劲敌就是来自黑海北部及西方的北欧人。

在这些更有活力和侵略性的民族的包围下,在这些他们不了解的力量和无法估计的危险中,查理曼大帝和他之后的众多野心勃勃的人,开始用一种戏剧性的方式,想以神圣罗马帝国的名义恢复往昔的西罗马帝国,然而这一切都是徒劳之举。从查理曼时代起,这一妄想就困扰着西欧的政治生活;而在东方,罗马帝国在希腊语世界的那半壁江山也在腐朽和萎缩,直到最后,除了腐败的贸易城市君士坦丁堡及其周围几英里的领土外,什么都没有留下。自查理曼以来,欧洲大陆将那种毫无改进和创新的政治传统保持了一千年。

在欧洲历史上,查理曼这个名字赫然伟岸,但其个性却鲜为人知。他既不会读书也不会写字,但他对学问相当尊重;他喜欢在吃饭的时候听人大声读诵书籍,而且他特别喜欢讨论神学问题。在冬天,他会在其位于亚琛和美因茨的行宫中召集许多学者,他从他们的讨论中获益良多。在夏天,他则会向西班牙撒拉逊人、斯拉夫人和马扎尔人、撒克逊人和其他仍然不信基督的日耳曼部族开战。至于继承罗慕路斯·奥古斯都成为恺撒一样的皇帝的想法,是他在出征意大利北部之前就有的,还是想要尽快使罗马教会独立于君士坦丁堡的教皇利奥三世向他建言的，我们已无从得知。

在罗马，教皇和未来的皇帝之间进行了一场最不寻常的谋划，以敲定皇帝是否应该由教皇加冕。公元 800 年圣诞节，教皇出人意料地在圣彼得大教堂为他的这位征服者客人加冕。他打造了一顶王冠，将它戴在查理曼的头上，并称颂他为恺撒和奥古斯都。人群中响起了热烈的掌声。查理曼对这件事的做法一点儿也不满意，他心里觉得这是一次失败；他给他的儿子留下了最仔细的指示，叫他不要让教皇为他加冕；他要把王冠夺在自己手中，亲自戴在自己的头上。因此，和帝国复兴一同开始的，还有此后相当长一段时间的皇帝与教皇之间的权力高低之争。但查理曼的儿子，"虔诚者"路易却无视父亲的命令，完全听命于教皇。

"虔诚者"路易死后，查理曼帝国分崩离析，讲法语的法兰克人和讲德语的法兰克人之间的分歧进一步扩大。下一位崛起的皇帝是奥托，他是撒克逊人"捕鸟者"亨利的儿子，919 年，他被一群日耳曼

自罗马帝国以来，查理曼首度统一了西欧大部分地区，为后世的法国、德国以及低地诸国作为一个政治实体奠下了基石。

王公和高级教士选举为日耳曼国王。接着，奥托领军抵达罗马，并于962年在那里加冕为皇帝。这支撒克逊人血统终结于11世纪，随后便让位于其他日耳曼统治者了。在查理曼加洛林王朝的血脉断绝后，西部的那些说着不同法语方言的王公并没有向日耳曼皇帝臣服，而英格兰也从未附属于神圣罗马帝国。诺曼底公爵、法国国王和一些次要的封建统治者仍然在外面保持着自己的势力。

公元987年，法兰西王国从加洛林王朝转移到休·卡佩手中，他的后代到了18世纪仍然统治着法国；尽管在休·卡佩统治时，法国国王只统治着巴黎周围相对较小的一块领土。1066年，英格兰几乎同时遭到哈拉尔三世率领的挪威人和诺曼底公爵率领的拉丁化了的诺曼人的入侵。英格兰国王哈罗德在斯坦福桥战役中战胜了前者，但在黑斯廷斯之战中被后者打败。英国被诺曼人征服，从此与斯堪的纳维亚人、日耳曼人和俄罗斯人相隔绝，并与法国人产生了最密切的关系和冲突。在接下来的四个世纪里，英国人卷入了法国封建领主的冲突中，很多人丧命于法国的田野上。

第 46 章
十字军东征与教皇统治的时代

据记载，查理曼大帝与哈里发哈伦·拉希德曾有过交流，两者间曾发生这样一件有意思的事情：为了请求保护，哈伦·拉希德派遣使节从巴格达出发前往罗马，使节团准备了很多礼物，包括华丽的帐篷、滴漏、大象以及圣墓的钥匙。哈伦·拉希德这样做的真正意图在于让拜占庭帝国和新成立的神圣罗马帝国产生矛盾，为争夺耶路撒冷基督徒的真正保护者而交战。

通过这些礼物，我们可以看到这样一个事实：9 世纪，当欧洲各地还纷争不断、互相滋扰时，埃及与美索不达米亚已发展得十分繁荣，那里出现了一个强盛的阿拉伯帝国，其文明的脚步已将欧洲远抛身后。在这里，文学、科学以及艺术都蓬勃发展，人们的精神不再受恐惧与迷信的支配，而变得积极活跃。不仅在当时，即便在之后的西班牙和北非，当撒拉逊人面对政权危机时，当地的思想生活仍然保持着活力。可见，在欧洲陷入科学与哲学的黑暗世纪之时，是犹太人和阿拉伯人保存了科学与哲学的火种，他们研究着先哲的著作，将其思想向前推进。

在哈里发领地东北区域居住着很多土耳其人，此时他们已经改信伊斯兰教。和南方那些头脑灵活的阿拉伯人和波斯人相比，这些土耳其人的信仰更加单纯，其力度也更加强烈。到公元10世纪时，土耳其人逐渐崛起，与此相对的是阿拉伯人因内部的分裂而渐趋虚弱。当时土耳其人与阿拉伯帝国的关系和一千四百年前米底人与行将毁灭的巴比伦帝国之间的关系十分相似。说突厥语的塞尔柱土耳其人在公元11世纪时开始大规模入侵美索不达米亚，尽管后来他们仍尊哈里发为领袖，但这个领袖只是个名号，其本质不过是俘虏与傀儡。随后，他们进一步征服了亚美尼亚，并向小亚细亚的拜占庭帝国发起攻击，对其残余势力加以剿灭。1071年，在梅拉斯吉特战役中，他们彻底终结了拜占庭帝国在亚洲的势力。紧接着，他们占据了塞尼西亚，准备对君士坦丁堡发起最后的进攻。

这一势态让拜占庭皇帝迈克尔七世恐慌起来，他刚打完两场仗，其一是在都拉佐对抗进攻的诺曼人，其二是在多瑙河抵御来犯的土耳其贝奇尼格人。于是，他只好向他人求助，然而让人意想不到的是，他求助的不是西欧的皇帝，而是罗马的教皇。在写给教皇格利高里七世的信中，他十分详细地说明了自己面临的困境。他的继承人阿列克修斯·科穆宁给教皇乌尔班二世发送的求救信的内容则更显急迫。

这件事正好发生在拉丁教会和希腊教会决裂后的第二十五年，人们仍然清晰地记得当时双方的争执。在教皇看来，拜占庭的这次危机对自己而言无疑是一个绝佳的机会，他可以借此加强拉丁教会的领导权，并对持异见的希腊人进行压制。另外，这次事件也为西方基督教国家提供了一个机会，以解决两个困扰它们许久的问题。一个是严重破坏社会秩序的私斗风气，另一个是要给那些过剩的战斗力，即低地日耳曼人和皈信基督教的诺曼人找一条出路。于是，十字军东征，这场针对土耳其人侵占耶路撒冷的宗教战争便这样开始了。教皇号召所有基督教教徒停止彼此间的争斗，而将主要目标放在从异教徒手中收回圣城耶路撒冷。据说，当时有一个叫彼得的隐修士，他骑着毛驴，扛着巨大的十字架，在法国和德意志地区四处游走，在集市和教堂做宣传。他痛斥异教徒玷污圣墓以及土耳其人对基督教圣人的侮辱。就这样，在被基督教教化了数个世纪之后，西方世界产生了强烈的反应并卷起了狂热的浪潮，整个基督教世界都为之震颤。

第一次十字军东征或许可以看作是欧洲人民在历史上的第一次反抗，但若因此将之视为近代民主诞生的标志，则未免名不副实，尽管后者的确是在那一时期开始出现的。不久之后，我们便会看到民主的再次崛起，这一次，它将撼动整个社会及宗教。

乌尔班二世召开克莱芒宗教会议号召十字军东征。

结局极为可悲，这场第一次民主动员运动无疑以失败告终。其参与者的数量虽然庞大，但他们只是普通民众，他们既不是军人，也没有统帅，更没有装备，完全是一支"百姓十字军"。他们急匆匆地从法国莱茵兰和中欧等地奔向东方，只是为了拯救圣墓。于是他们来到匈牙利，误杀了刚刚皈信基督教的马扎尔人，随后他们自己也惨遭屠杀。另一批人则盲目地在莱茵兰屠杀犹太人，在杀完大量犹太人之后，他们东进匈牙利，却在那里被驱散。隐修士彼得则亲自率领两支队伍，想经过匈牙利来到君士坦丁堡。他们越过了博斯普鲁斯海峡，却遭到了塞尔柱土耳其人的屠杀。就这样，作为欧洲首次民众运动的第一次十字军东征，始于匆忙而终于凄凉。

1097年，也就是第一次十字军东征结束的第二年，一支由英勇善战的诺曼人组成的真正的军队越过了博斯普鲁斯海峡。他们先攻占了尼西亚，随后沿着一千四百多年前亚历山大大帝东征的路线进军安条克，他们用了一年的时间才攻下方该城。1099年6月，他们对耶路撒冷进行了包围，一个月之后，他们发起进攻。据说，那是一场极为残忍的屠杀，人们在骑马前行时，地上的血液会溅得到处都是。十字军在7月15日黄昏时分攻入圣墓大教堂，这些双手沾满鲜血而又疲惫不堪的士兵，在彻底消灭所有抵抗者之后，虔诚地跪地祈祷，"因过度喜悦而流下泪水"。

很快，拉丁人和希腊人之间爆发了冲突。受拉丁教会控制的十字军在耶路撒冷遇到了希腊牧首之后，发现狂妄的拉丁人在统治方面比土耳其人还要恶劣。十字军不得不同时抵抗来自拜占庭和土耳其两方面的攻击。在这一过程中，拜占庭夺回了小亚细亚除叙利亚之外的大部分土地。在耶路撒冷，十字军让一些拉丁王公进行管理，以缓解自己与土耳其人之间的冲突。在双方发生冲突的地区中，最主要的是埃德萨，然而就是这样一个小国，十字军也无法有效地加以统治。1144年，埃德萨被夺。为了夺回埃德萨，1147年，第二次十字军东征浩荡起征，尽管最后他们没有夺回埃德萨，但却幸运地保住了安条克。

1169年，库尔德人萨拉丁统治了埃及。随后他整合兵力，打算发起圣战以对抗基督教徒。1187年，他领军再次占领耶路撒冷，并直接引发了第三次十字军东征，不过这一次东征并未能收复耶路撒冷。到了第四次十字军东征（1202—1204）时，拉丁教会不再寻找任何理由攻打土耳其人，反而直接向拜占庭帝国公开宣战。十字军从威尼斯出发，并于1204年占领了君士坦丁堡。新崛起的商贸城市威尼斯，作为本次作战的支持者，将拜占庭帝国大部分海岸和岛屿都划进了自己的势力范围之中。之后，人们在君士坦丁堡

第四次十字军东征中最著名的行动是攻陷了君士坦丁堡。

拥立一个拉丁人，弗朗德勒的鲍德温为皇帝，与此同时，拉丁教会与希腊教会宣布统一。

于是，自1204年始，统治君士坦丁堡的皇帝换成了拉丁人。希腊人再次从拉丁人手中夺回自由，重振希腊世界，那已是1264年的事情了。

正如11世纪塞尔柱土耳其人和10世纪的诺曼人一样，教皇的权力在12世纪到13世纪初期时达到顶峰。在这一时期，受教皇统治的基督教会比以往任何时候都容易实现统一。

在那几个世纪中，基督教一直以一种朴素的方式在这片广阔的土地上各个角落稳步传播，与此相对的是教会所在的罗马则在这段时期里陷入了羞耻与黑暗。在10世纪，让这种黑暗降临的是教皇约翰十一世和约翰十二世，这两个人一直被不宽容他们的文人诅咒着。

与这两位教皇的丑恶形成对比的是普通信徒那虔诚的心灵和质朴的肉体，一般的教士与修女仍在生活中保持着虔信。其实，历史上还有很多伟大的教皇，比如大教皇格利高里一世（590—604），邀请查理曼成为罗马皇帝并出人意料为其加冕的利奥三世（795—816）。11世纪末，有伟大的宗教政治家希尔德布兰德，也就是教皇格利高里七世（1073—1085），以及第一次十字军东征时期的乌尔班二世（1087—1099）。正是这两位为伟大的教皇统治时代奠定了基础，使教权高于君权。从保加利亚到爱尔兰，从挪威到西西里和耶路撒冷，教皇都是至高无上的。格利高里七世就曾命令亨利四世来卡诺萨忏悔，让他只穿粗布麻衣，光着脚在城堡庭院的雪地中站三天三夜，以求得自己的宽恕。1176年，腓特烈皇帝也曾到威尼斯跪在亚历山大三世面前，宣誓自己将永远效忠。11世纪初，是信众的意志与良心让教会获得了巨大的力量，但教会却未能维持支撑这种力量的道德威信。教皇的权力在14世纪初开始明显地衰弱。究竟是出于怎样的原因，导致此时的信众不再像以往那样对教会保持一种朴素的信任，既不向它索求，也不为其服务？

在各种原因中，首要的便是教会贪污敛财。一些没有子嗣的人会将自己的财富（如土地）捐赠给教会，而另一些人则愿意倾家荡产，只为从教会那里获得神的原谅。这让教会在很多欧洲国家中占据了相当于该国国土四分之一的领地。对于财富的贪婪永无止境，以至到了13世纪，欧洲普遍流传这样一种说法："教士之中绝无好人，他们眼中只有钱财和遗产。"

另外，各个国家的王公也不愿将自己的权力与教皇共享。他们发现自己的领土非但没有为自己或领主贡献所需的军事力量，反而让一个个神父与修女得享无尽的财富，甚至这些领土的实际拥有者还可能是外国人。其实早在格利高里七世以前，国王与教皇之间，就谁有权任命主教（即"圣职任命权"）发生过争执。如果教皇掌握了这项权力，那么在精神层面上，国王就会失去对自己臣民的控制，同时自己也将失去很大一部分领土的支配权；另一方面，神职人员以要向教会缴税为由拒绝国王的征税。除此以外，教会还一直要求拥有属于自己的征税权，以对信众的世俗财产征收十分之一的捐税；当然，这种什一税是在世俗捐税之外的。

因为这一点，在11世纪，几乎所有的拉丁语基督教国家的历史记录中都有下面这种内容：在圣职任命权上，国王与教皇争执不断，而最后获胜的总是教皇。教皇声称自己有权开除王室成员的教籍，免除属民对国王的义务，王位的继承人必须得到教皇的认可。教皇还声称自己可以对一个国家进行禁罚，被禁罚的国家除了洗礼、坚振和忏悔外，禁止进行任何圣事活动；教士既不能主持普通的仪式，也不能主持结婚仪式，更不能埋葬死者。就凭借这几点，12世纪的教皇们便能够让那些心怀不满的王公臣服，让那些难受约束的民众听话。这些不同寻常的权力以往只能在特殊情况下使用，但这一时期的教皇们却开始滥用，而权力滥用的结果就是权力本身失去意义。史料记载，在12世纪最后的三十年中，教皇们先后对苏格兰、法兰西、英格兰等国家进行禁罚；随后，他们又因为无法忍受这些国家的王公对自己的冒犯而调用十字军进行征讨，十字军代表的宗教精神就此破灭。

如果罗马教会只是和王公作对，同时注意保证普通信众对自己的信心，那么它或许还可以长久甚至永远地统治所有基督徒。然而那些主教们，自恃背后教皇拥有绝对的权力，慢慢在行动上变得傲慢而狂妄。在11世纪之前，

宗教裁判所是负责侦查、审判和裁决天主教会认为是异端的法庭。

罗马的神职人员可以娶妻结婚，这样他们便可以和百姓保持密切的关系。然而到了格利高里七世时，他禁止神职人员结婚，要求他们必须禁欲单身，这便切断了教会与公众之间的联系。也就是在这一时期，教会设立了自己的法庭，并开始干涉各种案件的审理。不论案件的当事人是教会人员还是普通民众，也不论案件的内容是遗嘱、婚姻、契约，又或是巫术与渎神事件，它都要横加干涉。如果在案件中，神职人员与普通百姓发生冲突，那么该案件就必须交由宗教法庭处理，而这类案件，不论是在战争时期还是在和平时期，法庭总会偏向于拥有特权的神职人员，而将种种义务加诸在百姓身上。于是，在基督教世界中，人们对教士的猜忌与愤恨开始逐渐酝酿。

然而，力量来自信徒对自身的信任的罗马教会似乎从来没有认识到这一点，反倒要与它的同盟，也就是人们的宗教热情抗争。当人们诚恳地提出自己的疑惑时，教会只知道向人们灌输正统教义。教会允许普通人讨论道德，但禁止他们讨论教义。当沃尔多在法国南部主张人们应该在生活中恢复基督教的朴素信仰时，英诺森三世便发起十字军去征讨沃尔多及其门徒，想要用火焰、长剑、侮辱与最残忍的刑罚让他们屈服。同样地，当阿西西的圣方济各（1181—1226）教导人们要以基督为榜样去过一种清贫的生活并服务他人时，他的追随者方济各会也遭到了教会的迫害，他们被强制解散，一些人还受到了鞭刑并被打入大牢。同时，英诺森三世对圣多米尼克创立的正统教派多明我会十分支持，正是在该会的推动下，英诺森三世建立了宗教裁判所，用以专门迫害那些异端分子和具有自由思想的人。

不节制的欲望、不公正的特权以及对民众不合理的压迫，最终彻底摧毁了民众对教会的信心，而教会始终没认识到这种信心正是自己的力量源泉。于是，教会的势力开始逐渐衰落，造成这种衰落的并非外敌，而是其自身内部日益加剧的腐朽。

第 47 章
桀骜的王公与教会内部的分裂

在与所有基督教国家进行斗争的过程中，为保持自己领导权的罗马教会暴露出自己一个极其致命的缺点，那就是教皇的选举制度。如果教皇想要控制所有基督教国家，那么他首先需要的便是强大而稳定的权力。要获得这种权力需要满足三个条件：第一，教皇的年龄应该在盛年，这一点十分重要；第二，教皇应有自己的继承人，以便讨论各种教会政策；第三，选举方面的形式和程序应清晰明确并加以固定，以免出现争议。但在显示方面，所有这三点都未能达到要求。关于谁有权参与教皇选举从来没有过明文规定，以至在这个问题上，拜占庭帝国的皇帝和神圣罗马帝国的皇帝发生了激烈的争执。伟大的教皇兼政治家希尔德布兰德（即格利高里七世）曾对此问题颇下苦心，他规定只有红衣主教可以参与教皇选举，并把皇帝的权力限定在只能批准教会提交的有关例行事务的公文上。按照这一想法，尽管红衣主教们会互相争论，但教皇的位置不会因他们的争论而空置。但是这种空置情况在现实中常常出现，甚至会持续一百年之久。

放眼整个有关教皇选举的历史，我们会发现，在 16 世纪以前，因为规定不明确而导致的教会问题比比皆是。这些问题在很早之前就已出现，甚至出现过两个以上的教皇同时存在的情况。一旦这种情况发生，教会只能低下头来向皇帝或其他外部力量求助调解。每当调解结束后，教皇的死又会为教会留下更多的问题，此时群龙无首的教会只能自困愁城。如果继任的新教皇是前教皇的对手，那么他在上任后就会想方设法地诋毁他的前任并破坏其功绩。如果继任的教皇已行将就木，那么其即位也不过是提前在墓场中徘徊而已。

教皇选举制度的这一独特弱点不可避免地遭到了德意志王公、法国国王以及和法国王室有血缘关系的、统治英格兰的诺曼君主的攻击。这些世俗君主极尽所能地操控选举，以让对自己有利的人坐上罗马拉特兰宫中的教皇宝座。教皇在欧洲事务中的影响越重要，这种操控与争夺就越激烈。在这样的环境中，如果教皇都变得软弱无能，人们是不会感到奇怪的。人们惊奇的是，就是在这样的环境中，仍能出现一些既有能力又有胆魄的教皇。

英诺森三世（1198—1216）就是这样一位教皇，他是那个时期最具活力也最有趣味的教皇之一，他十分幸运，不到三十八岁便当上了教皇。另一位更有趣的皇帝是腓特烈二世，他被称为"世界奇迹"，英诺森三世和他的后继者们与这位皇帝展开了相当激烈的争斗。这位皇帝与罗马之间的争斗是历史的转折点。最终，罗马击败了他并摧毁了他的王朝，但他给教会和教皇留下了严重的创伤，以致伤口逐渐溃烂并致其衰败。

腓特烈二世是亨利六世的儿子，其母亲是统治者西西里的诺曼人罗杰一世的女儿。1198年，年仅四岁的腓特烈继承了西西里并接受英诺森三世的监护。当时诺曼人刚征服西西里不久，宫廷之中有一半人都是东方面孔，那种受过高等教育的阿拉伯人到处都是，并向这位年幼的国王施加影响。毫无疑问，他们费了相当大的力气才让这位国王理解自己，这便让腓特烈既能透过伊斯兰教看基督教的教义，又能通过基督教看伊斯兰教的观念，这种双重教育带来了一个不幸的结果：在这个属于信仰的时代，他认为一切宗教都是

教皇英诺森三世在位时，中世纪的教皇权威与影响到达登峰造极的状态。

骗人的。他毫不忌讳地谈论自己的观点，人们也记录下了他不敬神的异端观点。

年轻的国王随着年龄的增长逐渐与其监护人产生冲突，而英诺森三世也对腓特烈提出了越来越高的要求。当他继承王位的时候，教皇提出了很多无理的条件：要求他必须答应镇压德意志的异教徒，必须放弃自己在西西里和意大利南部的统治权。教皇这样做的原因只有一个：这位年轻的国王实在过于强大。除了教皇这些条件外，德意志的主教们也提出了自己的条件，他们要求免除各种赋税。腓特烈答应了所有这些条件，而他这样做是因为他根本不打算满足他们。英诺森三世曾经为了自己的目的而血腥地镇压了沃尔多派，逼使法王在法国境内掀起一场战争，他打算用同样的方式套用在腓特烈和神圣罗马帝国上。然而与那淳朴虔诚的沃尔多相比，这位腓特烈恐怕更为激进，他根本不打算镇压德意志的异教徒。同样地，当教皇要求他组建十字军征讨穆斯林并夺回耶路撒冷时，他只是口头上答应，却迟迟不肯行动。在腓特烈登上皇帝之位后，他更喜欢留在西西里而非德意志。至于他向英诺森三世承诺的种种事情，他一个也没兑现。1216 年，这位教皇在困惑与不解中去世。

随后继任的教皇洪诺留三世同样对腓特烈毫无办法。接下来，格利高里九世成为教皇（1227 年），这位教皇决定不论付出什么样的代价也要让这位年轻的皇帝向自己臣服。为了剥夺腓特烈从宗教中获得的所有慰藉，格利高里九世开除了他的教籍。然而在那个充满阿拉伯风情的西西里宫廷中，这一做法似乎没有产生任何意义。紧接着，教皇公开斥责皇帝品行败坏、背弃宗教等罪行；对此，腓特烈则做出强力的回击并沉重地击退了教皇。他向欧洲各个王公写信，在信中第一次详尽地阐明了教皇与王公之间的争执，挑明了教皇想统治全欧洲的野心。他建议所有王公联合起来共同抗击教皇，同时他还提醒他们要额外留心教会的财产。

在成功击退教皇的攻击后，腓特烈决定兑现他十二年前许下的诺言，组建十字军进行东征。这是第六次十字军东征（1228 年），然而这次东征却十分滑稽可笑。腓特烈先抵达埃及与苏丹会面，这两位都倾向于怀疑主义的君主彼此交换了自己的观点并相谈甚欢，于是两人定下了一个双赢的协定，腓特烈接管耶路撒冷。于是，这场十字军东征就变成了一次通过私人交涉便达成目标的全新远征模式，这里没有征服者的血腥屠杀，人们也不会"因过度喜悦而流下泪水"。然而这场令人惊叹的胜利是一个没有教籍的人达成的，因此在耶路撒冷的加冕典礼上，主教们不得不回避，腓特烈只能自行从圣坛上把皇冠拿下来戴到头上。在回到意大利后，他把占领这里的教皇军队全部赶走，并强迫教皇恢复自己的教籍。由于教皇的极权时代已经过去，因此当腓特烈在 13 世纪这样做时，百姓没有表现出丝毫的反抗。

1239 年，格利高里九世再次向腓特烈发起进攻，又一次开除了他的教籍，这又一次将教皇权威置于公开谩骂的境地中，并造成了相当严重的后果。这种公开谩骂激起了封建王公的反抗，也导致了教会内部的分裂，格利高里因此去世，而这一情形在其后继者英诺森四世时仍在继续。为了进行反击，腓特烈又写了一封令人印象深刻的信。他在信中对主教的傲慢及其对宗教的淡漠大加斥责，他还揭露了教会堕落的万恶之源乃是主教们的傲慢与财富。他向各个王公建言，应查抄所有的教会财产以保护教会的声誉，而这一建言此后一直深深地刻印在欧洲君主的脑海中。

我们不会继续讲述腓特烈的晚年经历了，因为在他一生中发生的具体事件，远没有那个时代总体的环境气氛重要。对此，我们或可将腓特烈在西西里宫廷中生活的某些片段剪辑起来，以管窥当时的那种氛围。腓特烈过着奢华的生活，喜欢美丽的事物。他常被描述成放荡之人，但是很明显，他充满了好奇心与求知欲。他在宫廷里聚集了犹太教、伊斯兰教和基督教的哲学家；他花了大量的心力，用撒拉逊文化来浇灌意大利人的心灵。基督教学者们正是通过他才接触到阿拉伯数字和代数。此外，在他的宫廷里还有一位叫迈克尔·司各特的哲学家，他翻译了亚里士多德作品的部分内容和伟大的阿拉伯哲学家阿威罗伊（来自科尔多瓦）作品的相关注释。1224年，腓特烈创立了那不勒斯大学，并对萨勒诺大学医学院进行了扩充。他还建造了一个动物园，写了一本关于鹰的作品，其对鸟类习性的研究显示出他是一个善于观察的人。他还第一次尝试用意大利语创作诗歌，第一批意大利诗歌第一次诞生于腓特烈的宫廷里。他后来被一位有才华的作家誉为"现代主义第一人"，这一评价恰如其分地表达了他在知识方面不带偏见的超然态度。

当教皇们与逐渐强大的法国国王发生冲突时，教皇权力的衰落就变得更加明显。神圣罗马帝国早在腓特烈在世时就已出现了分裂的趋向。在霍亨施陶芬王朝历代皇帝之后，法国国王开始成为教皇的护卫者、支持者与竞争者。数任教皇接连制定政策支持法国国王，在罗马教会的这些支持下，法国的王公们开始建立西西里和那不勒斯王国，而法国国王也看到了复兴查理曼帝国的希望。然而由于霍亨施陶芬王朝的最后一位皇帝腓特烈二世死后，出现了很长一段无人继承王位的时期，所以直到1273年哈布斯堡家族的鲁道腓特烈二世给人留下深刻的印象，仿佛他不是个君主而是位学者。

夫被选举为神圣罗马帝国的皇帝，大空位时代才得以结束。罗马教会方面，其政策因历任教皇对法国和神圣罗马帝国的不同偏好而摇摆不定。在东方，希腊人于1261年从拉丁皇帝手中夺回了君士坦丁堡。新王朝的缔造者迈克尔·帕里奥洛加斯（即迈克尔八世）在与罗马教皇几次假意和解之后，最终彻底断绝了与罗马教会的联系。随着亚洲其他拉丁王国的陷落，教皇的东征战略宣告终结。

1294年，卜尼法斯八世成为新教皇。这位教皇是一个厌恶法国的意大利人，心中具有一种属于罗马伟大传统的使命感。在其在位的一段时期里，这位教皇完全以自己的意志行事。在1300年由他主持的一场庆典上，大量的信众聚集罗马，"大量财富涌入罗马教皇金库，以致两名助手忙于用耙子收集献给圣彼得墓的礼物"。这次典礼的盛况不过是一种浮于表面的现象。1302年，教皇与法国国王发生冲突；次年，当卜尼法斯打算开除法国国王教籍时，他在自己位于阿纳尼的宫殿中被捕，逮捕他的人是纪尧姆·德·诺加雷。当法国国王的部下闯进教皇的卧室时，教皇只能在床上手捧十字架并大声咒骂。一两天之后，教皇被当地居民释放并返回罗马。但是在那里，他被奥尔西尼家族抓住并再次被囚禁。几个星期之后，这个身受惊吓、幻想破灭的老人在他们手中像囚徒一样死去。

对于这种前所未有的羞辱教皇的行径，阿纳尼的居民相当愤怒，他们决意反抗诺加雷，救出卜尼法斯。然而法国百姓却对自己的国王如此粗暴地对待基督教世界的领袖鼎力支持。在采取行动之前，法国国王就召开了三级会议（教士、贵族和平民）并取得了所有人的支持。另外，意大利、德意志和英格兰地区的人民对法国国王的这一举动也都没有表示反对，可见基督教世界中的一些观念早已失了人心。

罗马教会在整个14世纪都未能巩固自己在道德领域中的统治地位。卜尼法斯八世之后的教皇克雷芒五世是一个法国人，他是由法国国王腓力四世钦定的教皇。这位教皇从来没去过罗马，他在阿维尼翁建立了自己的宫廷，尽管阿维尼翁在法国领土内，但当时它不属于法国，而是属于罗马教皇教区。他的继任者也一直留在那里，直到1377年，教皇格利高里十一世才回到罗马的梵蒂冈宫，然而格利高里却未能将教会的精神带回罗马。许多红衣主教都是法国人，他们的习惯与社会关系都深深地植根于阿维尼翁。1378年，格利高里十一世去世，意大利人乌尔班六世继任教皇，但是很多红衣主教反对这次选举并宣布其无效，他们另外选出了克雷芒七世成为教皇，与罗马教皇分庭抗礼。这次分裂史称"教皇分立"。罗马教皇仍留在罗马，所有的反法势力，包括神圣罗马帝国皇帝、英格兰国王、匈牙利、波兰和欧洲北部都效忠于他。与之对立的法国教皇仍留在阿维尼翁，他得到了法国国王、苏格兰国王、西班牙、葡萄牙以及神圣罗马帝国其他王公的支持。两个阵营的教皇都将对方的信徒开除教籍并诅咒他们。

这种情形，让所有关心自己未来的欧洲民众都开始思考宗教事务以后应如何发展。

此前我们曾谈过方济各会与多明我会，在基督教世界中，这两个教派只是众多新出现的教派中的代表。每个新教派都有自己的观点，由此它们会对教会加以支持或反对。尽管教会曾对方济各会进行过残忍的镇压，但和多明我会一样，教会最终也将方济各会纳入可供自己利用的范围。至于其他教派，教会明确地表达了自己决不容忍的态度。一百五十年后，牛津大学一位学识渊博的博士威克里夫，开始直言不讳地批评主教的腐败和教会的堕落。他成立了威克里夫教派，吸引了很多清贫的教士，并在英格兰到处传播自己的思想。为了方便人们辨别自己与教会孰是孰非，他将《圣经》译成了英文。他比圣方济各和圣多明我要博学能干得多，因此获得了许多上流人士的支持，同时在普通百姓那里，他也获得了大量的信众。罗马教会对威克里夫痛恨不已并下令将其逮捕，然而威克里夫直至去世前都是一个自由之人。但是，那种让罗马教会走向毁灭的黑暗和腐朽的精神不会让他在坟墓中安息。1415 年，康斯坦茨宗教会议颁布一项教令，要将威克里夫的遗骸掘出并焚毁。1428 年，在教皇马丁五世的命令下，弗莱明主教执行了这一教令。这种亵渎之举并不是某个单独的狂热分子所为，而是教会的官方行为。

第48章
蒙古征服

13世纪，当教皇在欧洲试图以战争的方式统一所有基督教国家时，在广袤的亚洲却正在发生一件影响更为深远的事情。来自中国北部的鞑靼人此时慢慢显露出自己的强大力量，进入世界历史之中。他们在此后展开的一系列政府行动在历史上都是前无古人，后无来者的，这些鞑靼人便是蒙古各个部族。13世纪初，蒙古人和他们的先驱匈奴人一样，是骑马放牧的游牧民族，他们住在毛毡帐篷之中，以羊肉和马奶为食。此时的他们已经不再受中国的控制，他们和许多土耳其部族结成军事同盟，并在蒙古的哈拉和林建立了大本营。

此时的中国已经分裂。自10世纪大唐帝国衰落开始，不断的分裂与战争让这片土地上出现了三个主要国家：北方定都北京的金国，南方定都南京的宋朝，以及位于中部的西夏帝国。1214年，蒙古各部落联盟的领袖成吉思汗向整个中国宣战，当年即攻占北京。随后他向西进军，依次征服了西突厥斯坦、波斯、亚美尼亚、印度，直到拉合尔。他还征服了俄罗斯南部、匈牙利和基辅。他建立了一个疆域极为辽阔的帝国，在他去世之前，他已成为从太平洋到第聂伯河之间所有土地的统治者。

他的继承人窝阔台将哈拉和林设立为帝国永久性的首都，并继续着此前令人惊叹的征服。他训练的军队战斗力极强，他们掌握了中国人发明的火药制造技术，并将火药用于火炮。在将金国完全征服后，他挥师欧洲，以令人惊讶的速度向俄罗斯进军。1240年，基辅沦陷，整个俄罗斯成为蒙古人的属国。随后遭到侵略的是波兰。1241年，波兰与神圣罗马帝国联军在西里西亚的列格尼卡战役中迎战蒙古军，但全军覆没，对于这如洪水般涌来的蒙古大军，腓特烈二世似乎无心与之对抗。

"直到最近，"伯里在对吉本的《罗马帝国衰亡史》作注时写道，"欧洲人才开始明白，蒙古军队在公元1241年春天占领波兰和匈牙利的胜利靠的是完美的战略，而不仅仅是人数上的压倒性优势。然而这一事实并未成为人们的普遍观点；认为鞑靼人是野蛮的游牧部落，其之所以能在东欧任意驰骋、冲破各种障碍，凭借的是人多势众，而非战略规划，这种庸俗的见解时下仍在流行。"

从维斯瓦河下游到特兰西瓦尼亚，在这些地方的军事部署中，指挥官的想法被准确有效地执行。这场战役远远超出了当时任何欧洲军队的力量，也超出了任何欧洲指挥官的想象。欧洲从腓特烈二世到普通将领，其战略规划与速不台相比都显得十分幼稚而肤浅。此外我们还应注意到，在发起攻势前，蒙古人就已经对匈牙利的政治形式和波兰的情况有充分的了解，而这一点应归功于其优秀的谍报组织系统。与此形成对比的是匈牙利人和其他基督教国家对自己的敌人一无所知，反倒是他们更像一群幼稚的野蛮人。

蒙古人在列格尼卡战役中大获全胜之后并没有乘胜西进，原因是他们的作战方式并不适合在森林与丘陵地形中使用。于是他们转而向南来到匈牙利，想在这里定居下来；就像此前与他们有血缘关系的马扎尔人屠杀或同化斯基泰人、阿瓦尔人和匈人的混血后代一样，蒙古人也对马扎尔人进行了屠杀和同化。然后，他们也或许会像 9 世纪的匈牙利人、7 到 8 世纪的阿瓦尔人或 5 世纪的匈人那样，从匈牙利平原向南方和西方侵袭。然而窝阔台突然去世以及 1242 年出现的继承纠纷，让这支无往不胜的军队通过匈牙利和罗马尼亚返回东方。

此后，蒙古人主要将力量用于征服亚洲。他们于 13 世纪中叶征服了南宋。1251 年，蒙哥继承窝阔台成为大汗，随后他让自己的弟弟忽必烈统治

列格尼卡战役，列格尼卡是蒙古西征中到达的最西方。

中国。1280年，忽必烈登基成为中国的皇帝，改国号为元，然而元朝的统治仅到1368年便结束了。就在蒙古人消灭南宋残党之时，蒙哥的另一个弟弟旭烈兀向波斯和叙利亚发起进攻。极端仇视伊斯兰教的蒙古人在占领巴格达之后进行了残酷的屠城，为此他们甚至破坏了苏美人在久远前就建立起来的灌溉系统，此前美索不达米亚地区的各个部族正是依靠这一灌溉系统才得以繁衍生息，此后这里就变成了荒芜之地，很少有人继续在这里居住。1260年，埃及苏丹在巴勒斯坦彻底击败了旭烈兀的军队，因此蒙古人征服埃及的计划永远也不会实现。

经历这次战败之后，蒙古人的胜利开始逐渐减少，蒙古人的领地也分裂成一个又一个汗国。在东方，蒙古人因皈信了佛教而被同化。1368年，明朝推翻了元朝，其统治一直维持到1644年。

在那段时间里，俄罗斯人仍要向在东南草原游牧的鞑靼人进献贡品。这一属国义务在1480年遭到了莫斯科大公的拒绝，近代俄国便从这里开始发端。

14世纪，在成吉思汗的后裔帖木儿的统治下，蒙古出现了短暂的复苏。他在西突厥斯坦确立了自己的地位，并于1369年获得了大汗的称号，征服了叙利亚到德里之间的大片土地。他是所有蒙古征服者中最野蛮、最具破坏性的一个。他建立了一个荒凉的帝国，不过这个帝国也随同他的去世而一并消失。然而在1505年，这个帖木儿的后代，一个名叫巴布尔的冒险者，召集了一支配枪军队，横扫了印度平原。他的孙子阿克巴（1556—1605）完成了他的征服，这个蒙古王朝（阿拉伯人称之为莫卧儿王朝）统治了印度的大部分地区，并一直持续到18世纪。

13世纪蒙古人第一次大征服的结果之一就是把土耳其的一个部落，奥斯曼土耳其人，从突厥斯坦赶到了小亚细亚。他们在小亚细亚巩固并扩大自己的势力，随后他们越过达达尼尔海峡，征服了马其顿、塞尔维亚和保加利亚；最后，君士坦丁堡就如孤岛一般存在于奥斯曼帝国之中。1453年，奥斯曼苏丹穆罕默德二世用火炮攻克了君士坦丁堡，一时间整个欧洲都为之震动，人们纷纷要求组建十字军前去讨伐，然而属于十字军的时代早已远去。

在16世纪，奥斯曼的统治者们先后征服了巴格达、匈牙利、埃及以及北非大部分土地，他们的舰队使他们成为地中海上的霸主。他们几乎攻占了维也纳，并向神圣罗马帝国的皇帝索要贡品。在15世纪，只有两件事情能够抵消欧洲基督教国家的普遍衰落，其一是莫斯科公国的复兴与独立（1480年），其二是基督教徒逐渐从穆斯林手中夺回西班牙。1492年，半岛上最后一个穆斯林据点格拉纳达回到了阿拉贡国王费迪南和卡斯蒂利亚女王伊莎贝拉的手中。

但直到1571年，勒班托海战才打破了奥斯曼帝国的统治，使地中海重新恢复了基督教的统治。

第 49 章
欧洲人的理性复苏

在整个 12 世纪，种种迹象表明欧洲那种富于勇气与从容的智慧正在复苏，人们开始像早期的希腊人和意大利人卢克莱修那样进行知性活动。这种复兴有很多方面的原因。禁止私斗，十字军东征后社会生活趋向舒适平稳，远征的经历对人们的思想产生的刺激，这些无疑都是必要的初步条件。接着由于商业贸易的复兴，城市也恢复了以往的和平与自由，很多自治或半自治的城市开始快速发展，比如威尼斯、佛罗伦萨、热那亚、里斯本、巴黎、布鲁日、伦敦、安特卫普、汉堡、纽伦堡、诺夫哥罗德、维斯比和卑尔根等城市，都发展成了商业中心。商人与旅行者们往来于这些城市，洽谈生意或交流思想。教皇和王公的论战，教会对异教徒的那种明显的、充满野蛮与邪恶的迫害，这些都使人们开始怀疑教会的权威，进而想质疑和讨论一些根本问题。

我们在前面已经说过了亚里士多德的思想是怎样通过阿拉伯人而重新在欧洲复苏的，腓特烈二世正是这一复苏的推动者。欧洲人由此开始了解阿拉伯世界的哲学和科学思想。犹太人在鼓动人们的思想方面发挥了更大的影响，他们的存在本身就是对教会主张的一种质疑。最后，炼金术士的那种神秘而迷人的探索也开始广为流传，使人们重新着手恢复那些精密而又富有成果的实验科学。

那些心智逐渐觉醒的不单单是教养良好、思想独立的人们，就连普通人也开始进行思考，这种情况在历史上可谓前所未有。教士们不断地压制自由思想并迫害那些拥有自由思想的人，然而哪里有基督教教义，哪里便会诞生自由的思想。人们直接与上帝建立了良知与正义的关系，如此一来，即便是面对国王、主教等权威，只要人们愿意，就可以用自己的思想做出判断。

早在11世纪，哲学讨论就曾在欧洲出现了复兴。当时在巴黎、牛津、博洛尼亚和其他一些重要城市，大学纷纷建立并不断扩大规模。就在这些大学中，中世纪的经院哲学对价值与意义等概念提出疑问并不断地进行讨论。这些讨论为人们厘清思想、迎接科学时代的到来起到了相当大的作

罗吉尔·培根学识渊博，著作涉及当时所知的各门类知识，并对阿拉伯世界的科学进展十分熟悉。

用。在这一时期，牛津大学的方济各会修士罗吉尔·培根因其卓越的天才而被称为近代实验科学之父，是仅次于亚里士多德的伟大人物。

为了对抗人们的无知，他写了大量著作，他揭露了他那个时代的愚昧，这在当时都是非常大胆的举措。在今天，和那些颂扬世界神圣庄严的人一样，人们也可以说这个世界是愚蠢的，他们还可以批评人们种种幼稚而笨拙的行为，谴责教条不过是一种骗小孩儿的东西，但他们不会因此而遭到杀身之祸。但是在中世纪，人们极为虔诚地信仰着宗教信条，相信它们可以保佑自己免于暴虐、饥饿和疾病的折磨；他们坚信自己的信仰毫无瑕疵，并强烈反对任何对这些信条的质疑。罗吉尔·培根的著作犹如黑暗中的一道闪光，他一方面抨击那个时代的愚昧无知，另一方面又提出了许多增长知识的建议。在他对实验和收集知识的热情坚持中，亚里士多德的精神再一次在他的心中复活。"实验！实验！"这就是罗吉尔·培根的名言。

然而，对亚里士多德本人，罗吉尔·培根却不以为然。他之所以对亚里士多德不屑一顾，是因为当时所有人都枯坐在书房里为这位大师著作的那些拙劣的拉丁语译本而皓首穷经，他认为这些人是在逃避现实。"如果让我放手去做，"他用一种激烈的笔调写道，"我会烧掉所有亚里士多德的书，因为它们只会浪费人们的时间，给人们带来无知与错谬。"如果亚里士多德能回到这个世界，发现人们不是在学习而是在崇拜，而且崇拜的还是翻译得如此拙劣的书籍，他一定会认同罗吉尔·培根的说法。

由于害怕坐牢或是其他更可怕的处罚，他不得不将自己的观点伪装得和正统思想一样，但在书中，他始终向人们疾呼："不要再受教条和权威的统治，看看这个世界吧！"他谴责了四种主要的无知来源：对权威的尊崇，对习俗的顺从，无知大众的感受，以及我们那自负的、不肯接受教育的性情。一旦人们能改掉这些问题，一个更加伟大的世界就会出现在人们眼前。

以后将出现不需要划桨的大船，可以在任何水域上航行，只需一个人操控，就能比载满桨手的船还快；同样人们也不再需要用畜力拉车，因为以后会出现一种用不可思议的力量牵引的车，就像古人在战场上用的装有刀刃的战车一样。会飞行的机器也会出现，一个人只需坐在里面进行操控，便能让人造的翅膀像飞鸟一样拍打空气。

尽管罗吉尔·培根这样写道，但那些他清楚意识到的人类的强大力量，直到三个世纪之后，才从人类的纷繁事务中解放出来，才使人们能够真正去做系统性的尝试。

不过撒拉逊人给基督教世界带来的绝不仅是哲学思想与炼金术，他们还传来了造纸术。在一定程度上讲，正是纸张使欧洲人的理性得以复苏。造纸术起源于中国，其历史大约可追溯到公元前2世纪。公元751年，中国人在怛罗斯战役中被阿拉伯穆斯林击退，在俘虏中有一些熟练的造纸工人，他们便是从这些造纸工人那里学会了造纸技术。后来也许是经由希腊，或者是基督徒在收复西班牙时获得了摩尔人的造纸作坊，造纸术便传到了欧洲。然而在基督徒的统治下，西班牙的造纸质量逐渐下降，直到13世纪末，欧洲人才造出了质量上乘的纸张，而意大利的造纸业更是世界领先。直到14世纪，这种制造方法才传到德意志地区；到了14世纪末时，这种方法能够生产出大量廉价的纸张，这使印刷书籍成为一种切实可行的商业项目。于是，印刷术便应运而生，并成为当时最伟大的发明创造。从此，欧洲人的理性生活步入了一个更具活力的新阶段。它不再是思想之间的涓涓细流；它变成了一场浩浩荡荡的洪水，有成千上万的思想参与其中。

这一技术成就的一个直接结果是世界上出现了大量的《圣经》，另一个结果是教科书变得更便宜。知识通过阅读书籍而得以迅速传播。在书籍数量增加的同时，书籍的质量比如清晰度也越来越高，这更有利于人们的阅读与理解，使人们不必再费心去猜测某个印刷模糊的地方究竟是什么意思，可以不受阻碍地阅读和思考。随着读书变得越来越便利，读书的群体也在不断增多，书籍从此不再是华丽的玩物或者学者的秘密。人们开始写普通人也能看得懂的书，于是他们用各地的一般方言而非拉丁语写作。于是，欧洲文学在14世纪开始了它真正的历史。

到目前为止，我们所说的都是撒拉逊人对欧洲理性复兴所起的作用，现在让我们转过头来看看蒙古征服对之产生了怎样的影响。这些蒙古人极大地刺激了欧洲人的地理想象力。在大汗统治的一段时期中，整个亚洲和西欧都可以公开地进行交流；所有道路都暂时得到开放，每个国家都会派遣代表前往哈拉和林的王宫。欧洲和亚洲之间由基督教和伊斯兰教的宗教宿怨产生的障碍也因此得以减少。这让罗马教会产生了一种想法，它希望只信仰原始萨满教的蒙古人能皈信基督教。然而此时在大汗的宫廷中，聚集了来自罗马教皇的使节，来自印度的佛教徒，来自巴黎、意大利和中国的工匠，来自拜占庭和亚美尼亚的商人，来自波斯和印度的天文学家与数学家。我们在历史上听到了太多与蒙古人有关的战争与屠杀，却很少了解他们的好奇心以及对知识的渴望。这个民族也许不精于发明创造，但是作为知识和技术的传播者，他们对世界历史的影响是非常巨大的。通过成吉思汗与忽必烈那种模糊而浪漫的个性，我们会发现，他们和耀眼而自负的亚历山大大帝以及政治幽灵的创造者，精力充沛、虽不识字但喜好神学的查理曼大帝一样，是聪慧而具有创造力的君主。

在所有造访蒙古王宫之人中，有一个人十分有趣，他就是威尼斯人马可·波罗。他后来将自己的故事写成了一本书。大约在1272年，他和已经去过一次中国的父亲和叔叔一起开始了他的中国之旅。此前大汗对马可·波罗的父亲印象十分深刻，因为他是自己见到的第一个拉丁人；于是大汗遣他回去，找寻能向他解释基督教的教士或学者，并再带来一些大汗感到好奇的其他欧洲器物。马可·波罗参与的正是这第二次拜见。

这次，他们从巴勒斯坦而非上一次的克里米亚出发。他们随身带着大汗赐予的金牌和随身信物，这使他们在旅程中获得了极大的便利。因为大汗想得到一些供奉在耶路撒冷圣墓中的圣灯的灯油，于是他们便先去了耶路撒冷，随后经西里西亚进入亚美尼亚。他们之所以向北走了这么远，是因为埃及苏丹此时正在入侵蒙古人的领地。然后他们打算走水路，通过美索不达米亚来到波斯湾的霍尔木兹海峡。在霍尔木兹海峡，他们遇到了来自印度的商人。然而由于某些原因，他们没有上船，而是选择向北穿过波斯沙漠，经过帕米尔高原上的巴尔赫来到喀什，再经和田、罗布泊来到黄河流域，最终抵达北京。在北京，大汗对他们进行了盛情款待。

忽必烈十分喜欢马可·波罗，他年轻聪慧，并能说一口流利的鞑靼语。于是他被委以官职，并数次被派往中国西南部的几个地区执行任务。他不由自主地讲起了他在这一过程中的见闻：这是一个幅员辽阔、人人笑容可掬的繁盛国度，"一路上都有可以让旅客休息的豪华旅馆"，那里有"美丽的葡萄园、田

马可·波罗的游记让欧洲人得以了解中亚和中国，对东西发展有很大的贡献。

野和花园",有佛教僧侣的"众多寺院",有大量的"丝绸与黄金",还有"连绵不断的城镇",等等。这些故事一开始遭到了人们的怀疑,但很快就点燃了所有欧洲人的想象。他讲述了缅甸及其数百头大象的大军,以及这些动物是如何被蒙古弓箭手打败的,他还谈到了蒙古对勃固的征服。他也谈及了日本,并严重夸大了那个国家拥有的黄金。马可·波罗曾在扬州任官三年,和其他鞑靼人相比,作为扬州的管理者,他在当地百姓眼中可能已经完全不是一个外国人。他也曾被派出使印度。中国曾有记载,在1277年的中书省中,有一个叫波罗的官员,这对于马可·波罗故事的真实性提供了极佳的佐证。

《马可·波罗游记》的问世对欧洲人的想象力产生了深远的影响。欧洲文学,尤其是15世纪的冒险故事,经常会引用《马可·波罗游记》中的名字,如契丹、汗八里等。

两个世纪后,在《马可·波罗游记》的读者中,有一位叫克里斯托弗·哥伦布的热那亚水手,他想到了一个绝妙的主意:向西航行,绕过世界并到达中国。在塞维利亚,还存有一本被哥伦布做过注释的游记。这个热亚那人之所以会产生这样的想法,其实背后有多方面的原因。在1453年被土耳其人占领之前,君士坦丁堡一直是东西方进行公平贸易的市场,热那亚人也在那里进行着自由贸易。但是,热那亚人的死敌"拉丁"威尼斯人曾经是土耳其人对抗希腊人的盟友和帮手,随着土耳其人的到来,君士坦丁堡势必不会用一种友好的态度对待热那亚人的贸易活动。地球是圆的这一早已被人遗忘的发现,已逐渐恢复了它在人们头脑中的影响。因此,向西航行抵达中国的想法是完全成立的。这一想法因两件事而得到鼓舞:其一是指南针的发明,从此水手们可以用它在夜晚中明确方向,而不必再依靠晴朗夜空中的星辰;其二是当时的诺曼人、加泰罗尼亚人、热那亚人和葡萄牙人已经驶入大西洋,并抵达了加那利群岛、马德拉岛和亚速尔群岛。

然而在驾船验证自己的想法之前，哥伦布遇到了很多困难。他不断地在一个又一个宫廷中游说，最终他在格拉纳达，得到了刚收复此地的费迪南和伊莎贝拉的支持，于是他便驾驶三艘小船向着未知的海洋驶去。经过两个月零九天的航行，他来到了他认为是印度的土地，但那实际上是一个新大陆，旧世界迄今从未怀疑过它的独特存在。他带着黄金、棉花、奇怪的野兽和鸟儿，以及两个要接受洗礼的、怒目文身的土著人，回到西班牙。他们被称为"印第安人"，因为直到哥伦布去世前，他都坚信自己发现的那片土地是印度。然而仅仅几年之后，人们便开始意识到，整个美洲新大陆不过是世界的另一部分。

哥伦布的成功极大地刺激了海外事业。1497年，葡萄牙人绕过非洲航行到印度；1515年，葡萄牙船只抵达爪哇。1519年，受雇于西班牙的葡萄牙航海家麦哲伦率领着五艘船从塞维利亚向西航行，其中一艘名为"维多利亚号"，于1522年回到塞维利亚，这是世界第一艘完成世界环游的船只。船上原本有二百八十人，但只有三十一人幸存了下来，而麦哲伦则在菲律宾群岛被杀害。

纸质书籍的印刷，确认地球是圆形的全新世界观，陌生世界的新景象——奇怪的动植物、奇怪的风土人情、海外、天空、生活方式和物质方面的所有发现都使欧洲人心潮澎湃。被埋没和遗忘很久的希腊经典迅速地被印制出来，供人们研习了解，并给人们的思想染上了一种色彩——那是柏拉图的梦想和共和时代的自由与尊严的传统。罗马人的统治最早给西欧带来了法律和秩序，而罗马教会再一次恢复了它们；然而不论是在天主教还是在异教之下，好奇心与创造力都受到了来自宗教组织的压抑和约束。拉丁精神的统治如今已接近尾声。在13世纪到16世纪之间，欧洲雅利安人，因受到闪米特人和蒙古人的影响，以及对希腊经典的重新发现，得以从拉丁传统中挣脱出来，重新登上人类在智力和物质上的领导地位。

第 50 章
罗马教会的改革

　　罗马教会本身也受到希腊精神复兴的影响，尽管这种复兴为它带来了分裂，但分裂之后剩下来的那部分也在更广泛的层面上实现了自我更新。

　　我们已经介绍过罗马教会在 11 至 12 世纪是如何统治整个基督教世界的，以及这种统治是如何在 13 至 14 世纪逐渐减弱的。我们还描述了在早期作为基督教支柱的宗教热情是如何转变成教会的骄矜与腐败，以及腓特烈二世在欧洲王公心中种下的怀疑的种子是如何加剧了他们与教会的分离。罗马教会的分裂使其宗教和政治声望跌入谷底，它在这两方面不断地遭受着人们的攻击。

　　英国人威克里夫的学说在欧洲广泛传播。1398 年，博学的捷克人扬·胡斯在布拉格大学发表了一系列有关威克里夫神学思想的演讲。这些演讲的内容迅速扩散到大学之外，引起了社会群众的极大热情。在 1414 年至 1418 年，罗马教会在康斯坦茨举行大会以处理这一教义分歧问题。在皇帝的承诺下，胡斯被安全地邀请到康斯坦茨，随后他便被抓了起来，并于 1415 年以异端的罪名被处以火刑。这一做法不仅未能平息捷克人的热情，反而激起了胡斯追随者的愤怒并导致起义。这是此后一系列宗教战争的第一场，天主教

胡斯战争虽然以失败告终，但它给捷克带来了民族独立。

世界瓦解的帷幕就此拉开。为了镇压这场起义，教皇马丁五世在康斯坦茨被选为整个基督教世界的领袖，并号召十字军对起义者加以讨伐。

为了镇压这一小伙儿顽强的起义者，教皇一共号召了五次十字军加以征讨，但这五次征讨都失败了。就像在13世纪欧洲所有的流氓恶棍都将矛头对准了瓦勒度派一样，到了15世纪，他们又开始针对捷克人。但这群捷克人和瓦勒度派不一样，他们会为信仰武装自己。当十字军来到捷克时，他们很快便在胡斯派教徒的马车声和号角声中四散溃逃。1463年在巴塞尔会议上，罗马教会与胡斯派达成协议，承认对方有权对罗马教会在宗教活动方面持反对意见。

15世纪，一场大瘟疫给整个欧洲造成了严重的社会混乱。在英国和法国，平民积攒了无数的痛苦和不满，而农民则起来反抗地主和富人。胡斯战争结束后，农民起义在德意志地区愈演愈烈，并逐渐呈现出一种宗教性质。在这一过程中，印刷术对势态的发展产生了一定的影响。到了15世纪中叶，荷兰和莱茵河左岸地带已经出现了活字印刷术。这一技术很快被传到了意大利和英格兰，由此卡克斯顿才能于1477年在威斯敏斯特印刷他的作品。印刷术发展的直接结果是《圣经》的大量印发，这使得更广泛的信众可以更方便地参与对宗教信仰的讨论。欧洲因此变成了一个读者的世界，从某种程度上讲，这件事情此前在世界的任何地方都不曾发生过。印刷术突然之间用更清晰、更易于理解的方式使大众的思想水平得以提升，而这恰巧发生在天主教世界出现困惑与分裂，罗马教会无法有效保护自己，且各国王公都在想方设法剥削领地居民财富的时候。在德意志，对教会攻击最猛烈的是曾为天主教修士的马丁·路德，他于1517年在威登堡对罗马教会的各种教义与圣礼展开批判。起初，他像其他学者一样用拉丁语争论，不久之后，他便运用印刷术这一新武器，用德语向普罗大众传播自己的观点。有人曾试图像打压胡斯那样打压他，但印刷业的发展改变了局势，德意志的许多王公或公开或秘

路德撰写的《九十五条论纲》引起很大轰动和争辩，不但引发了德意志宗教改革运动，更直接促成了新教的诞生。

密地成为他的朋友，胡斯的命运不可能再发生在路德的身上。

如今，在这个思想倍增、信仰式微的年代，许多统治者看到了民众脱离罗马教会控制可能带来的好处，于是这些君主开始尝试使自己成为本国宗教的领袖。英格兰、苏格兰、瑞典、挪威、丹麦、德意志北部各邦国和波希米亚，一个接一个地脱离了罗马教会，并在此后一直保持着分裂状态。

各国王公对其臣民的道德与思想自由极少关心，他们只想利用人民对宗教的疑虑和反叛来加强他们对罗马教会的对抗，然而一旦民众从罗马教会中脱离出来并皈信由君主领导的国家教会，他们便会迅速对民众施加控制。但是在耶稣的教诲中，总是有一种奇怪的生命力、一种对社会公义和个人尊严的直接诉求，可以超越一切对君主或教会的忠诚与附庸。所有这些由王公领导的教会都会因教派的分裂而分裂，这些分裂出去的教派不允许任何人介入信徒与上帝之间的关系，不论这个人是国王还是教皇。例如，在英格兰和苏格兰，有许多教派现在仍牢牢地把《圣经》当作他们生活和信仰的唯一指南。他们拒绝接受国家教会的信条。在英国，这些反对者并不是墨守成规之人，他们在17至18世纪的英国政治中扮演了非常重要的角色。他们强烈反对国王成为教会领袖，为此他们甚至处死了查理一世，在随后繁荣昌盛的十一年里，英国变成了一个不受国教统治的共和国。

这场导致大部分北欧国家与罗马教会分离的运动通常被称为宗教改革，它在给天主教世界带来巨大冲击的同时，也对罗马教会本身产生了深远的影响。罗马教会开始进行改革，一种新的精神被注入其中。这场罗马教会复兴运动的主要人物之一是一个名叫伊尼戈·洛佩斯·德·里卡尔德的西班牙士兵，他更为人熟知的名字是圣依纳爵·罗耀拉。在1538年成为神父后，罗耀拉蒙教会允许成立了耶稣会，这是一次将军事训练与骑士精神直接引入宗教事务的尝试。这个由耶稣会士组成的团体，后来成为世界上最伟大的教育和传教团体之一，它将基督教带到了印度、中国和美国，并阻止了罗马教会的迅速瓦解。耶稣会使整个天主教世界的教育水平得以提高，并激发了各地天主教徒的道德良知，它还通过与新教的竞争刺激了欧洲的教育发展。我们今天所了解的这个充满活力和侵略性的罗马天主教会，在很大程度上是耶稣会复兴的产物。

第51章
查理五世

作为欧洲有史以来最杰出的君主之一，在查理五世统治时期，神圣罗马帝国进入了全盛期。在一段时期里，查理五世被认为是自查理曼大帝以来最伟大的君主。

在很大程度上，查理五世的伟大不是他自身努力获得的，而是他的祖父，帝国皇帝马克西米利安一世（1459—1519）造就的。为了权力，一些家族挑起战争，一些家族擅用阴谋，而哈布斯堡家族则选择联姻。马克西米利安是靠哈布斯堡家族的遗产——奥地利、施蒂利亚、阿尔萨斯的部分领地以及其他一些地区发迹的；他通过联姻的方式——其妻子的名字对我们而言无关紧要——获得了尼德兰和勃艮第的统治权。在他的第一任妻子去世后，他失去了勃艮第的大部分土地，但他仍完整地占据着尼德兰。接着他又试图以联姻的方式获得布列塔尼，但未能如愿。1493年，他继承父亲腓特烈三世成为皇帝，并与米兰公国联姻。最后，他让儿子娶了费迪南和伊莎贝拉的弱智女儿。当时，资助哥伦布的费迪南和伊莎贝拉不仅统治着完成统一的新西班牙王国、撒丁岛和两个西西里王国，而且统治着巴西以西的整个美洲。因此，他的孙子查理五世便继承了美洲大陆的大部分土地，以及土耳其人在欧洲留下的三分之一乃至一半的领土。查理五世于1506年继承尼德兰；当他的祖父费迪南于1516年去世时，由于他的母亲有智力缺陷，他也就成为西班牙王国的实际国王；他的祖父马克西米利安于1519年去世，1520年，二十岁的他被选为神圣罗马帝国皇帝。

他是一个皮肤白皙的年轻人，却长着一张看起来不太聪明的脸——丰厚的嘴唇和略显笨拙的长下巴。他发现自己置身于一个充满朝气蓬勃的年轻人的世界，那是一个属于才华横溢的年轻君主的时代。1515年，二十一岁的弗朗索瓦一世继承法国王位，而十八岁的亨利八世于1509年成为英格兰的国王。那是印度的巴布尔和土耳其的苏莱曼大帝的时代，两者都是能力出众的君主，而利奥十世也是一位十分杰出的教皇。由于害怕如此巨大的权力集中于一人之手，教皇与弗朗索瓦一世曾极力阻止查理成为帝国皇帝。弗朗索瓦一世和亨利八世自荐为皇帝候选人，然而由于自1273年以来帝国皇帝一直由哈布斯堡家族的成员出任的传统，再加上查理对选帝侯大加贿赂，最终查理成为帝国皇帝。

起初，这位年轻的皇帝在他的大臣们看来不过是一个华丽的傀儡，但逐渐地，查理开始有了自己的主张，并慢慢收回统治权。他开始意识到他的崇高地位所具有的令人生畏的复杂性，这是一个既美妙又不

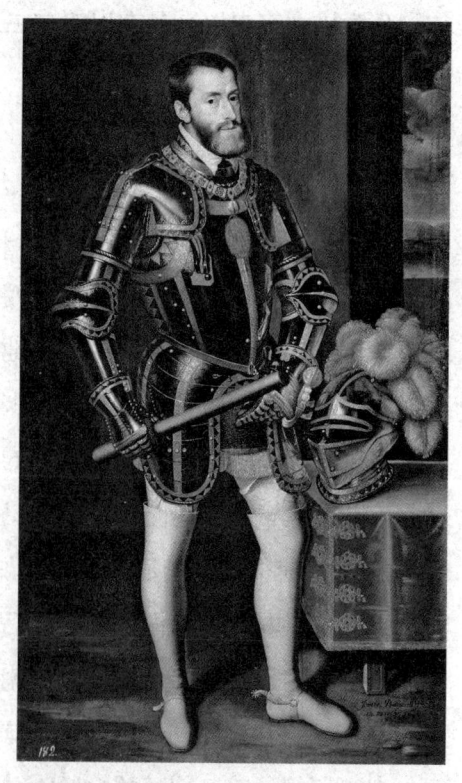

查理五世肖像。

可靠的身份。

甫登上皇帝之位的查理五世面临的就是由马丁·路德在德意志发起的宗教改革的冲击。从教皇利奥十世对他当选帝国皇帝持强烈反对的态度来看，查理五世应该支持路德的宗教改革。但是查理五世是在宗教观念极端保守的西班牙度过自己的童年的，因此天主教的观念早已深植于他的内心中，以致他可以在这件事上和教皇站在同一阵线，反对路德的改革。他与那些赞成新教的王公，尤其是萨克森的选帝侯们，发生了激烈的争执。慢慢地，查理五世察觉到这件事极有可能使基督教世界分裂成两个彼此对立的阵营。他曾试图修补双方的关系，却以失败告终。是时，帝国境内爆发了波及整个德意志地区的农民起义，这场起义与普遍的政治动乱和宗教纠纷交织在一起。这些帝国内部的问题，因东方帝国及西边其他国家的干涉而变得异常复杂。在西边的是查理五世的劲敌弗朗索瓦一世，在东方则是不断进逼的土耳其，他们已抵达匈牙利，并和弗朗索瓦建立同盟，还叫嚣着要奥地利向自己纳贡。查理五世尽管掌握着西班牙的财政权和军权，但他几乎无法在德意志地区获得任何经济支持。他面对的社会和政治问题因经济困难而变得更加复杂，于是他被迫去借了一大笔钱。

总的来说，查理和亨利八世联手，成功地打败了弗朗索瓦一世和土耳其人。双方的主要战场在意大利北部；双方的统帅都毫无将才，谁胜谁败主要取决于哪方援军先到。德意志军队攻入了法国，但未能攻下马赛，随后他们回到意大利，却失去了米兰，并在帕维亚遭到围攻。这是一场漫长而失败的围攻，弗朗索瓦因此而成为查理阶下囚。但是教皇和亨利八世仍然担心查理获得过多的权力，于是倒戈反攻查理。此时驻扎在米兰的德意志军队，因为长期领不到军饷，竟胁迫他们的指挥官进攻罗马。1527年，他们攻入并洗劫了这座城市。当他们在城中烧杀抢掠之时，教皇逃到了圣天使堡。最后，他用四十万枚金币收买了这伙德意志军队。这场持续了十年的混乱让整个欧洲陷入贫困。查理五世最终在意大利取得了胜利，1530年，他在博洛尼亚接受了教皇的加冕，成为最后一位被加冕的神圣罗马帝国皇帝。

与此同时，土耳其人在匈牙利取得了巨大的战绩。1526年他们打败并杀死了匈牙利国王，占领了布达佩斯；1529年苏莱曼大帝险些占领了维也纳。查理五世十分关切土耳其人的攻势，他竭尽全力地击退土耳其人，然而他发现最困难的事情其实是让帝国内的王公们团结一致，即便敌人打到其领地的边界，他们也不愿意合作抗敌。在这一时期，不甘失败的弗朗索瓦一世再一次挑起了战争，但在1538年查理率军蹂躏过法国南部地区后，他转而以一种更温和的态度战胜了他的对手。弗朗索瓦于是和查理结成同盟共同对抗土耳其人。但是此时德意志中信奉新教的诸位王公则决意和罗马以及查理五世决裂，于是这些王公组建了施马尔卡尔登同盟，以对抗他们的皇帝。这使得查理不得不将精力转到处理国内的叛乱上，而无暇为基督教世界收复匈牙利。但他只看到了这场斗争的开端。这是一场王公们为争夺统治权而进行的毫无理智的血腥斗争，它一会儿是战争和毁灭，一会儿是阴谋诡计与外交手腕；这条名为王权政治的毒蛇一直匍匐到19世纪，一次又一次地让中欧变成荒凉之地。

在这些不断聚集的问题中，皇帝似乎始终未能抓住问题的关键。从他所处的时代和他的身份来看，他无疑是一个非常杰出的人物，但他却把几乎要将欧洲撕成碎片的宗教战争简单地理解为神学上的分歧。他举办宴会、召开会议，试图让人们达成和解，然而这一切都徒劳无功。尽管如此，和其他那些欧洲王公相比，查理五世是真的想解决实际问题，而前者不过是想从中为自己谋利，他们冠冕堂皇的口号不过是掩人耳目的政治伎俩。比如英格兰国王亨利八世，就曾因写过一本驳斥新教的书而被教皇称赞为"信仰护卫者"，但当他急于与第一任妻子离婚，以娶一个名为安妮·博林的年轻女子，并且想要夺取英格兰教会的巨大财富之时，他便于1530年加入了新教王公的队伍。此时丹麦和挪威早已站在了新教这一边。

1546 年，就在马丁·路德去世后几个月，德意志地区便爆发了宗教战争。对于这场宗教战争的详细经过我们无须细究，及结果是萨克森的新教军队惨败。由于某种非常类似于违背信仰的原因，皇帝的主要对手，黑森伯爵菲利普被逮捕入狱，而土耳其人则被许诺以每年进贡的方式收买了。1547 年，弗朗索瓦一世去世，这让皇帝大松了一口气。因此查理五世得到了某种和解，这是他最后一次在没有和平的地方实现了和平。1552 年，整个德意志地区再次陷入战争，查理因为从因斯布鲁克仓皇出逃而幸免于难。同年，新教势力与天主教势力签订了《帕绍条约》，暂时形成了一个并不稳定的平衡局面。

查理五世在位三十二年的统治状况大致如上。有趣的是，我们注意到，欧洲人当时的思想完全集中在欧洲霸权的争夺上。土耳其人、法国人、英格兰人、德意志都还没有对美洲大陆产生什么政治兴趣，也没有发现开辟通往亚洲的新航线有什么重要意义。在美洲，重要的历史事件正在发生：科特斯只带了几个人就为西班牙征服了伟大的尚处于新石器时代的墨西哥帝国（即阿兹特克帝国），皮萨罗穿越了巴拿马地峡（1530 年），征服了另一个仙境——秘鲁。然而在当时，这些事情对欧洲而言，不过是西班牙的国库流入了大量白银。

在《帕绍条约》签订之后，查理开始展示他独特的创造性思维。如今，他对自己完成的帝国伟业感到失望和无聊，对欧洲的种种纷争产生了一种难以承受的无力感。他天生体质欠佳，后来懒于政事，如今又身患痛风，于是他决定退位，将德意志地区所有的权力交给他的弟弟费迪南，将西班牙和尼德兰的权力交给他的儿子腓力。随后他便隐居到位于塔古斯山谷北侧、被橡树和栗树环绕的尤斯特修道院中，并于 1558 年在那里去世。

在人们的印象中，这位疲惫而厌世的巨人，在向上帝寻求宁静的朴素过程中，用一种伤感的笔调，写下了很多关于退隐以及远离世界的文字。但是实际上，他的隐退生活既不孤独，也不朴素；他带了近一百五十名随从，他在修道院中仍享受着宫廷的奢华，只不过不用再关心宫廷的政务；另外，腓力二世也是个孝顺的儿子，父亲的建议就是他的命令。

查理五世退位后的隐居地尤斯特修道院。

虽然查理不再对欧洲事务有任何兴趣,但他还是会做一些其他事情。普莱斯科特曾说:"在与基沙达、加斯特卢和巴利亚多利德的大臣的日常通信中,几乎每一封信都会或多或少地谈到皇帝的饮食和疾病。话题会很自然地从这一个过渡到另一个,而大臣们似乎也从来没把这种谈论当作什么负担,但想要保持一种亚速的态度则不是一件容易的事情,因为在这些公文中,政务与美食是如此奇妙地混合在一起。从巴利亚多利德出发到里斯本的信使在途中不得不绕道经过哈兰迪利亚,以便将那里的食物供应带到皇帝的餐桌上。每个星期四,他都必须带一些鱼过来,以为星期五的斋戒做准备。查理认为附近的鳟鱼太小了,所以要从巴利亚多利德运来其他体型较大的鳟鱼。他喜欢吃各种各样的鱼,事实上,他也喜欢任何一种性质或习性接近于鱼的东西。鳗鱼、青蛙、牡蛎这类食物在皇家菜单上占有重要的位置。他十分喜欢罐装的鱼,尤其是鲲鱼,并且他时常后悔自己没从那些低地国家多带些过来。他特别喜欢吃鳗鱼馅饼……"1554年,查理从教皇尤利乌斯三世那里得到一份谕令,准许他免除斋戒的义务,甚至在举行圣餐礼当天他也可以在早上吃一些东西。

吃饭和治病,这真的是对自然的回归!他从来没有养成读书的习惯,但在吃饭的时候,他会像查理曼大帝那样让人大声朗读,而且会像一位叙述者描述的那样,发表一些"美妙而神圣的评论"。他还喜欢摆弄机械玩具,听音乐或布道,以及处理仍不断向他涌来的帝国事务。他深爱的皇后的死使他的思想转向了宗教,尽管在他看来,宗教不过是一种拘泥于礼节的仪式;在大斋节期间,每个星期五他都会与其他僧侣一起鞭打自己,他的意志是那么坚定,以致常常会将自己鞭打出血。此前查理意志被政治考量压抑的某些偏执在这些修习以及痛风的折磨中得到了释放。在巴利亚多利德附近出现的新教教义激怒了他。"告诉我的大法官和他的顾问们,要坚守在自己的职位上,把斧子架在邪恶的根源处,不要让它再继续蔓延。"他经常会想,对于如此罪恶之事，不用正常的司法手段，而用毫不手软的方式处理会不会更好。"如果宽恕那些罪犯，他们就会再次犯罪。"他将自己在尼德兰的做法视为一种典范，"在那里，顽固不化的就将他烧死，即便有所悔悟，也要斩首示众"。

他对于葬礼的关注似乎也在相当程度上象征了他在历史上的地位与作用。他似乎有一种直觉，认为欧洲某种伟大的东西死了，迫切地需要被埋葬，并有必要尽早地做盖棺论定。他不仅参加了在尤斯特举行的每一场葬礼，还会给那些不在场的死者举行葬礼；在他的妻子逝世一周年的时候，他为她举办了一场纪念葬礼；最后，他甚至为自己举办了葬礼。

礼拜堂里黑影幢幢，数百支烛光也驱散不了那黑暗。教友们穿着修道院的服装，皇帝所有的家眷都穿着丧服，他们聚集在礼拜堂中央一个巨大的灵柩周围，灵柩也用黑布裹挟着。然后，埋葬死者的仪式开始了。在僧侣们凄惨的哀号中，人们为逝去的灵魂祈祷，希望它能被领进有福者的宅邸。当主人去世的情景浮现在他们的脑海时，悲伤的侍从们不由得流下了眼泪，或者，他们也可能是被这可怜的懦弱触动。查理，裹着一件黑色的斗篷，手持一支点燃的蜡烛，站在他的家人中间，注视着自己的葬礼。仪式结束时，他把蜡烛交到神父手中，象征自己把灵魂交给了上帝。

这场"葬礼"之后不到两个月，查理便去世了。神圣罗马帝国短暂的辉煌也随他而去。他的帝国已经被他的弟弟和儿子瓜分。神圣罗马帝国直到拿破仑一世时仍在挣扎，但那已是垂死之兆。然而那些仍未被埋葬的传统，至今仍毒害着我们的政治空气。

第52章
欧洲的君主制、议会制与共和制

拉丁教会解体，神圣罗马帝国已然极度衰败；从16世纪开始，欧洲的历史就是这样一个故事：人们在黑暗中摸索着，想寻找一种新的管理方法，以便更好地适应当时出现的新情况。在古代社会，长期以来尽管朝代更迭，有时甚至连统治民族和语言也会发生变化，但君主和宗教的统治形式仍然相当稳定，并且更为稳定的是普通人的生活方式。自16世纪以来，对于这个现代欧洲而言，朝代的更迭不再那么重要，历史的兴趣开始转向在政治和社会组织中出现的越来越广泛的实验。

我们已经说过，从16世纪开始的世界政治历史，是人类为使其政治和社会形态适应某些已经出现的新情况而做出的努力，但这些努力在很大程度上是无意识的。适应环境的努力因环境变化的逐渐加速而变得复杂。这种适应环境的无意识的，甚至往往是不情愿的行为（人们通常不喜欢主动改变），已经越来越跟不上环境的变化。自16世纪以来，人类的历史就变成了这样一个故事：政治与社会制度之间变得越发地格格不入，也越发地让人感到不适并大伤脑筋；人们缓慢且不情愿地意识到，自己必须主动地对人类社会的整体重建做全方位的思考，以应对在此前的生活经验中不曾有过的需求与可能性。

在人类生活状况的种种改变中，究竟是什么，致使帝国、祭司、农民和商人之间的平衡不断被打破，使野蛮人的侵略与征服周期性地出现，让旧世界的人类生活以一种稳定的节奏持续了一万多年？

由于人类事务极度复杂，它们必然是多种多样，但最主要的变化仍取决于一点，那就是人类关于事物本质的知识的增加；这种认知最早只在一小批聪明人中间缓慢地传播着，但在近五百年里，其传播速度变得越来越快，并且越来越多地传到了普通人那里。

另外，人类的状况也随着人类精神生活的变化而产生了巨变。这一变化与知识的增长和扩展并行，并与之微妙地联系在一起。对于那种能满足最基本的、共同的欲望的生活，人类已经越来越表现出一种不满情绪，人们开始渴望寻求一种更广阔的生活，参与其中并为之奉献。这是过去两千多年来在全世界传播的所有伟大宗教的共同特征，佛教、基督教和伊斯兰教都是如此。它们都与人类的精神直接相关；而那些更古老的宗教是不会去做的。它们在性质和作用上都与古老的、会使用血祭的原始宗教有很大的不同，它们对后者部分做了修改、部分取而代之。它们逐渐形成了对个人的自尊以及人类共同问题的参与感和责任感，而这在早期文明社会中也是不存在的。

在政治与社会生活中发生的第一个重要变化，就是古代文明中文字的简化与普及，它使得更大的帝国的建立以及政策被更广泛地理解不仅是可能的，而且是必然的。另一个改变则是运输工具的发展：先是马，然后是骆驼，接着是装有轮子的车辆，道路也随之扩建。冶铁技术的发展则极大地提升了军事战争的效率。接着是货币被铸造出来，这种方便而危险的新事物引起了债务、所有制和贸易在性质方面的变化，并引发了影响深远的经济动荡。帝国的规模和范围不断扩大，人们的思想也随之相应地发展，当地的神灵慢慢消失，人类开始步入属于世界性宗教的神学时代。关于历史与地理的理性记载也在这一时期开始出现，人们渐渐意识到自己的无知，并开始系统性地研究知识。

在希腊和亚历山大港开始的科学的辉煌发展曾中断过一段时间。日耳曼人的袭击，蒙古人的西进，宗教重建过程中的动荡以及大瘟疫给政治和社会秩序带来了巨大的压力。当文明在这个冲突和混乱的阶段重新出现时，奴隶制已不再是经济生活的基础；第一批造纸工坊正在为一种新的获取信息的媒介展开合作与准备工作。渐渐地，这些节点联系在一起，人类又重新系统地对科学知识展开探索。

从 16 世纪开始，作为人类系统思考必然出现的产物，一系列影响人们交流和互动的发明装置相继问世。它们都扩展了人类的行动范围，给人类带来更多的利益或更多的伤害，它们加深了人与人之间的合作关系，并且其出现的速度越来越快。对此，人类的心灵显然在 20 世纪那场巨大的灾难爆发之前一直都没有做好准备，而面对这种发明创造不断问世的新状况，历史学家也未能给出任何智慧的建议。人类在过去四个世纪的历史，与其说是看到了危险与机遇的历史，不如将之比喻成被囚禁的沉睡者的历史；当监狱起火时，他并没有醒来，只是不安又笨拙地扭动着身子，将火焰的噼啪声和温暖与自己古老而混乱的迷梦搅在一起。

在欧洲，15 至 17 世纪是火药兵器获得大量发展的时代，因为冶金术的进步，使得手持火药兵器逐渐改良。

既然历史不是个人生活的故事，而是社会的故事，那么历史记录中最重要的发明必然是对人类通讯产生影响的发明。在16世纪，我们需要关注的新事物主要是纸质印刷品、航海指南针和适合远洋航行的帆船的出现。纸质印刷品革命性地使教育、公共信息讨论和政治活动的基本运作变得更加廉价和普及，后两者则使世界成为一个整体。另外几乎同样重要的，是人们对13世纪由蒙古人带来的火药及枪炮制造技术的改进与发展。它们摧毁了城堡和城墙给贵族与城市带来的安全感。枪炮彻底扫除了封建制。君士坦丁堡即毁于火炮，而墨西哥（阿兹特克帝国）和秘鲁（印加帝国）也在西班牙的恐怖枪炮前沦陷。

17世纪见证了科学体系在成果发表方面的发展，这是一个不那么引人注目但最终孕育了更多创新的世纪。在这一伟大进步的领导者中，引人注目的是弗朗西斯·培根爵士（1561—1626），即后来的英国大法官维鲁兰勋爵。他是另一位英国实验哲学家吉尔伯特博士（1540—1603）的学生。和罗吉尔·培根一样，这位培根先生也重视观察和实验，他还以一种鼓舞人心并富有成效的乌托邦故事形式，写成了《新大西岛》一书，表达了他想为科学研究做出重大贡献的梦想。

不久，伦敦皇家学会、佛罗伦萨学会以及后来的其他鼓励研究、出版和知识交流的国家科研机构相继成立。这些欧洲的科学团体不仅成为无数发明的源泉，而且也成为对世界上各种怪诞的宗教迷信加以毁灭打击的基地，这些宗教迷信主宰和削弱了人类的思想已有好几个世纪。

尽管无论是17世纪还是18世纪，都未能出现像纸质印刷品和远洋帆船这样的迅速改变人类境遇的革命性发明，但是这一时期在知识和科学方面的不断积累却在19世纪结出了丰硕的果实。对世界的探索与发现仍在继续着。塔斯马尼亚、澳大利亚、新西兰相继出现在地图上。在18世纪的英国，焦炭开始用于冶金用途，导致铁的价格大大降低，和以前用木炭冶炼相比，焦炭可冶炼出更大的铁块。现代机械化迎来了黎明。

科学在各地同时且不断开花结果。随着19世纪的到来，科学开始结出它真正的成果，并且这一过程可能永远也不会结束。首先出现的是蒸汽和钢铁、铁路、大型轮船、巨大的桥梁和建筑物、几乎具有无限动力的机器，这些几乎满足了人类在物质方面各种可能的需要；最令人惊奇的是，电气科学这块宝藏开始向人类敞开它的大门。

我们把16世纪以来人类的政治和社会生活比作一个在着火的监狱中熟睡的囚犯；在16世纪，欧洲人仍在继续着他们的拉丁帝国梦，一个在统一的天主教护佑下关于神圣罗马帝国的梦。然而就像现实中某些不可控的元素会以最荒诞、最具破坏性的意象进入人们的梦中一样，在16世纪人们的梦境中，我们只看到查理五世那沉睡的脸庞和贪食的嘴巴，而亨利八世和马丁·路德则一起将天主教撕成了碎片。

到了17、18世纪，这种梦就变成了君主专制。这一时期，欧洲各地都在不同程度上讲述一样的故事：即巩固君主制，并努力使君主制转变为君主专制，然后用这种权力去占领周边弱小的地区。这种行为遭遇到了持久的抵抗，首先发起反对的是地主，然后随着国外贸易与国内工业生产的发展，商人和富人阶层也开始反对王权的压榨和干涉。然而这个故事中没有任何一方能获得彻底的胜利，在这里是国王占了上风，而在那里则是有产阶级打败了国王。有时，我们会发现一个国王成为他的国家的太阳和中心，而就在该国的边界之外，一个坚强的商业阶层在努力维持着共和。这一时期变化的强烈与广泛正反映出当时各种政体的试验性质与地方特色。

在各个国家上演的剧目中，最常见的角色就是国王身边的大臣，如果在天主教国家，那么这个大臣就一定是一位教士。这些大臣常常为他们的国王提供服务，同时也通过这种不可或缺的服务来统治国王。

由于我们的局限，我们无法将这些国家的好戏一一详述。荷兰的商人们

路易十四在法国建立了一个君主专制的中央集权王国。

成为支持共和的新教教徒,并摆脱了西班牙国王、查理五世之子腓力二世的掌控。在英国,亨利八世和他的大臣沃尔西、伊丽莎白女王和她的大臣伯利为专制主义奠定了基础,但这种专制主义却被詹姆斯一世和查理一世的愚蠢所摧毁。1649年,查理一世因叛国罪被斩首,这是欧洲政治思想的一个新转折。十几年来(直到1660年),英国一直实行共和制,国王的地位并不稳定,其权力也常受到议会的压制;这一情况一直持续到乔治三世登位,他为恢复君主的统治权力付出了巨大的努力并获得了一定的成功。另一方面,法国国王是所有欧洲国王中将君主专制做得最好的。黎塞留(1585—1642)和马扎然(1602—1661)这两位大臣为法国确立了国王的权威,而"大君主"路易十四的长期统治与雄才伟略,也是法国君主集权过程中的一个重要因素。

路易十四的确是欧洲的模范国王。他是一个将自己的能力发挥到极致的国王,他的野心比他的卑劣的激情更强烈,他通过复杂的外交政策把他的国家引向破产,而这种带有精致尊严的外交政策,至今仍让我们敬慕不已。他的直接目标是将法国边境扩展到莱茵河及比利牛斯山,吞并西班牙和尼德兰;他更宏远的理想是重塑神圣罗马帝国,让法国国王成为查理曼大帝的继承者。在外交方面,他将贿赂看得比战争还重要,正是通过贿赂,他收买了英国的查理二世和波兰的大多数贵族。他的钱,或者说是法国所有纳税人的钱,遍布整个欧洲。作为国王,他的主要职责是炫耀自己的显赫。他的凡尔赛宫,以及其中的沙龙、走廊、镜子、露台、喷泉、花园和景色,都令世人无比地羡慕、钦佩。

路易十四激起了人们效仿的热情,欧洲的每一个王公贵胄都纷纷建造自己的凡尔赛宫,贵族们也到处重建或扩建他们的城堡。纺织业和家具制造业快速发展起来,奢华的工艺品——雪花石膏雕塑,彩陶,镀金木器,金属制品,印花皮革,优美的音乐,华丽的绘画,精美的印刷和装订,精美的瓷器，上等的葡萄酒随处可见。在穿衣镜与精美家具之间出现了一批奇怪的"绅士"，他们戴着扑了粉的高顶假发，身着丝绸和蕾丝，脚穿红色高跟鞋，还拄着一个奇妙的手杖；更奇怪的是那些"淑女"，她们那扑了粉的假发像塔一样高，其衣着是用金属架支起来的用大量丝绸制成的连衣裙。伟大的路易十四，法国的太阳，在人群中装模作样，然而他没有注意到，在他的阳光照不到的低洼之处，一张张干枯、阴沉、痛苦的面孔正在黑暗中注视着他。

在这个君主制和各种实验性政体的时期里，德意志民族仍然处于分裂的状态，而王公贵族却纷纷效仿凡尔赛的风采。三十年战争（1618—1648）是德意志人、瑞典人和波希米亚人为争夺多变的政治优势而展开的一场毁灭性的战争，它透支了德意志整整一个世纪的精力。一张根据《威斯特伐利亚和约》绘制的地图显示了德意志在这场疯狂战争之后的支离破碎。人们会看到公国、公爵领、自治邦混乱地交错在一起，有的在帝国之中，有的则在帝国之外。读者会注意到，瑞典的势力已经深入德国；除了帝国边界内的几个岛屿外，法国离莱茵河还很远。就在这个混乱拼凑的土地上，普鲁士王国（1701年独立）稳步崛起，并在随后的一系列战争中取得了胜利。普鲁士腓特烈大帝（1740—1786）在波茨坦有他的凡尔赛宫，他的宫廷说法语，阅读法国文学，可以与法国国王的宫廷文化相媲美。

查理五世后裔中，奥地利一脉保留了皇帝的头衔，西班牙一脉成为西班牙的统治者。此时，在东方又出现了一个新皇帝。君士坦丁堡（1453）陷落后，莫斯科大公伊凡大帝（1462—1505）宣布自己是拜占庭帝国的继承人，并将拜占庭的双头鹰标识做成了自己的徽章。他的孙子，可怕的伊凡四世，继承了恺撒（沙皇）的名号。然而直到17世纪下半叶，欧洲人才发现俄国并不属于亚洲，也不再那么遥远。沙皇彼得大帝（1682—1725）将俄国带入了西方事务的舞台。他在涅瓦河上为他的帝国建立了一个新首都——彼得堡，这是俄国和欧洲之间的一个窗口；在距此十八英里外的彼得霍夫，彼得大帝雇用了一个法国建筑师为他建造属于自己的凡尔赛宫，这位建筑师为他建造了露台、喷泉、瀑布、画廊和花园，以及任何彰显其君主地位的设施。和普鲁士一样，法语也成为俄国的宫廷语言。

波兰王国不幸地夹在奥地利、普鲁士和俄国之间，这个组织混乱的国家是由大地主们组成的，他们太过在意自己的显赫地位，以至于他们选出的君主只能拥有名义上的王权。尽管法国努力保护了自己的这个独立盟友，但波兰最终还是难逃被这三个国家瓜分的命运。当时的瑞士是一个共和联邦，威尼斯是共和国，意大利与德意志很像，也分裂成一个个邦国。教皇也像王公一样统治着教皇国，然而因为害怕失去其他信仰天主教的王公的支持，教皇不再干涉各国事务，也不再提醒人们基督教世界本应有的公益。实际上，欧洲根本就没有共同的政治理念；欧洲完全被分裂和差异支配。

所有这些王国和共和国都在互相进行扩张，它们每一个都奉行侵略邻国和建立侵略性同盟的"外交政策"。今天，我们欧洲人仍然生活在这个多元化主权国家时代的最后阶段，仍然遭受由它引起的种种仇恨、敌对和怀疑。

这段时期的历史变得越来越像一种"闲谈"，越来越没有意义，也越来越让现代人难以忍受。你会被告知这场战争是如何由这位国王的情妇引起的，那场战争是如何由一位大臣对另一位大臣的嫉妒导致的。关于贿赂和竞争的流言蜚语使聪明的学者感到厌恶。不过，在这一期间也有这样一个事实，它和上面这些相比具有更深远的意义，那就是尽管当时的欧洲被二十多个国家割裂，但知识和思想仍未停止其发展和传播，各式各样的发明创造也在不断涌现。到了 18 世纪，欧洲出现了一些对宫廷生活和政治决策持怀疑和批判态度的文学作品，在伏尔泰的《老实人》中，我们能充分体会到作者对欧洲世界那种不可思议的混乱的极度厌倦。

第53章
欧洲人在亚洲与海外的新帝国

在中欧仍然处在分裂和混乱的时候，西欧人，特别是荷兰人、斯堪的纳维亚人、西班牙人、葡萄牙人、法国人和英国人，正在把他们的斗争扩展到整个地球的海洋上。印刷机将欧洲的各种政治思想推进了一个更宏大、更难以捉摸的发酵过程中，而另一个伟大发明，远洋帆船，则将欧洲人的经验范围无情地扩展到了海洋的尽头。

荷兰人和北大西洋的欧洲人最初在海外定居并不是为了殖民，而是为了贸易和采矿。最早抵达美洲的西班牙人要求统治整个新大陆，然而葡萄牙人很快也要求分一杯羹。于是在1494年，教皇最后一次以世界主人的身份在罗马教廷做出裁决，将新大陆划分给这两个最先抵达的国家：在佛得角群岛西边三百七十里格处画一条线，以东包括巴西在内的所有地区归葡萄牙，以西的则全部归西班牙。此时，葡萄牙人也在向南、向东推进海外事业。1497年，瓦斯科·达·伽马从里斯本出发，绕过好望角到达桑给巴尔，然后到达印度的卡利卡特。1515年，葡萄牙船只出现在了爪哇和摩鹿加群岛，他们在印度洋沿岸建立起了贸易站点，并派兵守护。

被教皇的解决方案排除在外的国家很少注意西班牙和葡萄牙在美洲的权

利。不过，英国人、丹麦人和瑞典人，以及现在的荷兰人，很快就在北美和西印度群岛提出了领土要求；而最信奉天主教的法国国王，对于教皇的解决方案的关注也不比任何新教教徒少。欧洲各国间的战争，已经扩展到了他们要求占有的海外领土上。

从长远来看，英国人在争夺海外领土的过程中是最成功的。丹麦人和瑞典人因深陷于德意志地区的复杂事务中，无法维持有效的海外探险。被新教教徒称为"北方雄师"的瑞典国王古斯塔夫·阿道夫，其异于常人的做法将瑞典国力都消耗在了德意志的战场上。荷兰人继承了瑞典人在美洲建立的小殖民地，但因距离法国殖民地太近，他们屡遭法国人侵犯，以至无法抵抗英国人。在远东，大英帝国的主要竞争对手是荷兰人和法国人，而在美洲则是法国人和西班牙人。英吉利海峡这道"银线"是英国在欧洲的最大优势，拉丁帝国的传统对他们产生的影响最小。

法国总是将自己的焦点放在欧洲，为了统治西班牙、意大利和德意志，它放弃了在18世纪向东西方扩张的所有机会。17世纪英国的宗教和政治纷争迫使许多英国人前往美洲寻求永久的居所。他们在那里扎根、壮大，使英国人在美洲殖民地争夺战中拥有很大的优势。在1756年和1760年，法国人将自己在加拿大的殖民地输给了英国人和英国的美洲殖民者；几年之后，英国贸易公司发现，相较于法国、荷兰和葡萄牙，自己在印度已经获得了绝对的统治权。巴布尔、阿克巴及其后继者统治的伟大的莫卧儿帝国已经衰落，如今的印度由一家伦敦的贸易公司——英国东印度公司统治，在世界征服史上，这可谓是最不寻常的一章。

这家东印度公司最初虽隶属于伊丽莎白女王，但其创建者不过是几个海上冒险家。后来，他们被迫逐渐对自己的船只加以武装以求自保；如今，他们靠着香料、染料、茶叶和珠宝贸易盈利，此外，他们还发现自己可以插手印度王公们的领土盈收，甚至还能操控印度的命运。一个本来只做商品贸易的公司，现在却猖獗地干起了海盗生意。没有人对此提出任何异议——它的船长、指挥官、官员甚至普通职员和士兵，将战利品带回英国，这有什么奇怪的？

在这片富饶的土地上，人们不知道自己能做什么，又有什么不能做。对于他们而言，这是一片陌生的土地：这里的阳光不同于自己的家乡；拥有棕色皮肤的当地人和自己好像也不是一个人种，他们对这些人不抱有丝毫的同情；而那些神秘的庙宇中，更是充满了行为奇异之人。当那些将军和官员回国后，英国国内的民众对他们彼此间敲诈勒索和揭发罪行感到困惑不已。在议会对克莱武的指控通过后，1774年，克莱武自杀。1788年，另一位伟大的印度总督沃伦·黑斯廷斯也遭到议会弹劾，但在1792年被无罪释放。这是世界历史上前所未有的怪事。英国议会发现自己统治着伦敦的一家贸易公司，而这家公司反过来统治着一个比英国王室所有领地都要大、人口都要多的帝国。对大多数英国人来说，印度是一个遥远、荒僻、几乎难以到达的地方，富有冒险精神的穷小子都曾到过那里，多年后当他们回到英国时，他们成了非常富有又非常暴躁的老绅士。英国人很难想象，在东方的阳光下，这数百万棕色人种的生活是什么样子。印度依旧是浪漫得不真实，而英国人也不可能对东印度公司的运作进行有效的监督和控制。

当西欧列强在世界上每一片海洋上为这些神秘的海外帝国而战时，亚洲也在上演着两场重大的土地征服。1368年，中国摆脱了蒙古人的枷锁，在明朝的统治下繁荣发展，一直持续到1644年。后来，另一个游牧民族——满族征服了中国，作为中国的新主人，它统治中国直到1912年。与此同时，俄罗斯正在向东推进，并在世界事务中日益强大。这个既不属于东方也不属于西方，但属于旧世界的大国的崛起，对人类的命运产生了至关重要的影响。使俄国得以如此迅猛发展的是哥萨克人，他们是一个信奉基督教的游牧民族，是隔在波兰、匈牙利等封建农业国家和鞑靼人之间的一道屏障。他们最早出现在广袤的东欧草原上，后来一些无法在俄国生存的人，如被陷害的无辜者、反抗的农奴、异教徒、小偷、流浪汉、杀人犯等，来到这里以谋生计。为了自由，他们和波兰人、俄罗斯人以及鞑靼人进行了长期的战斗。后来，俄国将他们招纳进来，并将其在亚洲新占领的土地赐给他们，条件是他们为俄国作战。于是，原本在土耳其活动的哥萨克人，很快便穿越西伯利

罗伯特·克莱武，英国军人、政治家，为不列颠东印度公司在孟加拉建立起军事、政治霸权。

亚，来到了阿穆尔。

在 17 到 18 世纪，由于种种复杂的原因，蒙古人失去了往昔的活力。在成吉思汗和帖木儿统治的那两三百年以来，曾经主宰世界的中亚如今已在政治上变得虚弱无力。气候的变化、未被记录的瘟疫都可能导致这种衰落。也有一些学者认为，中国佛教的传入也对其造成了一定的影响。无论如何，到了 16 世纪，蒙古人和土耳其人不再向外扩张，反而被西方的俄国和东方的中国不断地征服、击退。

整个 17 世纪，哥萨克人从俄国向东扩张，并在任何可以进行农耕的地方定居下来。他们走到哪里，哪里就是俄罗斯帝国的疆界。在南方，他们遇到了强大而有活力的土库曼人，于是哥萨克人转向没有敌手的东北地区前进。就这样，俄国的边境扩展到了太平洋。

第 54 章
美国独立战争

当 18 世纪已快结束四分之三时，欧洲出现了一种引人注目的不稳定景象。它将自己完全分裂，不再有统一的政治与宗教思想；但是通过书籍和地图的印刷以及全新的远洋航行，欧洲人的想象力得到了激发，这使他们即便在混乱与竞争的环境里，仍能控制全世界所有的海岸。在这段时间里，欧洲的海外发展既无计划也不连贯，欧洲之所以超过其他地区，凭借的几乎都是短暂且偶然的优势。通过这些优势，辽阔而人烟稀少的美洲大陆、南非、澳大利亚和新西兰，在未来便成了西欧人的家园。

使哥伦布到达美洲和使达·伽马到达印度的动力是一样的，就是为了做生意，而这也一直是鼓动水手们出海远航的首要动力，他们来到人口密集、生产力发达的东方主要就是想做买卖。欧洲人在海外殖民地建立贸易站点，但在海外赚完钱的欧洲人最想做的还是回到自己的国家尽情挥霍。但这种情况在美洲完全不适用。当时的美洲生产力很低，欧洲人来到这里的目的主要是为了开采金矿和银矿。最早在美洲开发金矿的是西班牙人，而后，武装的商人、想要淘金的普通人、自然资源的勘探者甚至是讨生活的农民，都纷纷来到这里。那些来到美洲北部地区的人，更多的是做皮毛生意。由于采矿和种植需要人们定居下来，所以当时的人们不得不在大西洋彼岸建立定居点。再接着，由于种种原因——类似17世纪英国清教徒为躲避宗教迫害而来到新英格兰，18世纪奥格尔索普将大批因债务入狱的囚犯从监狱运往佐治亚，18世纪末荷兰人把孤儿送到好望角——很多欧洲人来到这里，打算在美洲建立自己的新家园。到了19世纪时，轮船的出现让大批欧洲人开始涌入美洲和澳大利亚的空旷大陆，长达数十年的大移民浪潮于是开始。

欧洲人在海外的永久性殖民地就这样被建立起来，欧洲的文化也因此在更广阔的土地上被传播，文明社会开始在这些地方出现。一直以来，欧洲的统治者们都将这些殖民地当作自己的领土或属地，是自己收入的新来源，但他们不曾预料到，殖民地的居民们已经建立了一种与欧洲社会不一样的生活。他们对这一点没有做好精神上的准备，于是当殖民地居民开始向内陆扩张，而来自大西洋的另一端的种种处罚都奈何不了他们时，这些统治者才恍然大悟：居住在殖民地的已不再是自己可以轻视的臣民，而宗主国也无法再对他们颐指气使。

我们需要记住，直到19世纪，所有海外帝国都是依靠远洋帆船联系在一起的。但在陆地上，最快的交通工具仍然是马匹，因此政治组织或团体的凝聚力必然地受到相应的限制。

18世纪末，北美三分之二的领土都归英国所有，法国已经放弃了美洲。除了葡萄牙人控制的巴西，一两个小岛以及法国、英国、丹麦和荷兰的属地，佛罗里达、路易斯安那、加利福尼亚和美洲南部都归西班牙人所有。在缅因州和安大略湖以南的英属殖民地最早证明了宗主国无法用帆船将殖民地居民团结在一个政治体系中。

不同的殖民地在起源和性质方面都有较大的区别。比如在有些地区，英国人、法国人、瑞典人和荷兰人可以混居在一起；马里兰州的英国殖民者信奉天主教，但在新英格兰地区则有极端的新教教徒；当新英格兰人在自己的土地上辛勤耕种并谴责奴隶制时，在弗吉尼亚和南方的种植园主则雇用了大量从非洲运来的黑奴。当时各个州之间尚未修建公路，想要从一个州前往另一个州只能乘船沿着海岸航行，这样的旅程几乎和横渡大西洋一样枯燥。居民来源的多元化以及自然条件的限制，妨害了各个地区间的联合，然而英国政府种种自私愚蠢的行为，却最终让各个殖民地的人民团结在一起，以共同反抗英国政府强加在自己身上的无条件征税和不公平贸易。尽管弗吉尼亚的

列克星敦和康科德战役被视为美国独立战争的首场战斗。

种植园主仍需要大量的黑奴，但他们担心黑奴数量过多可能会引起反抗，然而奴隶贸易的高额利润让英国政府仍源源不断地向这里运输奴隶。

也正是在这一时期，英国的君主制度开始向专制方向发展，乔治三世的顽固个性在很大程度上加剧了英国政府与殖民地之间的矛盾冲突。

这场冲突是由一项有利于伦敦东印度公司的立法促成的，但该立法牺牲了美国托运人的利益。1773 年，三船进口茶叶被一群伪装成印第安人的殖民地居民倒进了波士顿港的海水里。1775 年，英国政府试图在波士顿附近的列克星敦逮捕两名美洲殖民地领导人，这件事最终引爆了双方之间的战争。英国人在列克星敦打响了第一枪，但第一场战斗却发生在康科德。

美国独立战争就这样开始了。在最开始的一年里，殖民地并不想切断与宗主国的联系，直到 1776 年夏季，发起叛乱的各殖民地才发表了《独立宣言》。像当时许多殖民地领袖一样，乔治·华盛顿曾在针对法国人的战争中接受过军事训练，因此被任命为总司令。1777 年，英国陆军上将伯戈因试图从加拿大进军纽约，其军队在途经弗里曼农场时遭遇袭击，紧接着又在萨拉托加战役中失败，最终全军被迫投降。法国和西班牙也在这一年对英国宣战，英国的海上交通因此受到严重威胁。1781 年，康沃利斯中将率领的第二支英国军队在弗吉尼亚的约克敦半岛失利，被迫投降。1783 年，《巴黎条约》签订，从缅因州到佐治亚州的十三个殖民地成为独立的主权国家联盟，美利坚合众国就此诞生了。加拿大殖民地此时仍高挂着英国国旗。

在四年的时间里，这十三个殖民地仅依据着某些联邦条款维系着一个十分脆弱的中央政府，它们随时都可能分裂并成为独立的国家。来自英国与法国的威胁让人们意识到分离会直接导致怎样的后果，于是这些殖民地最终坚持团结在一起。1788 年，美国通过一部统一的宪法，建立了一个更有效率的联邦政府，并给予总统更大的权力。然而，当时各州的领土是如此之广，其利益是如此多样，如果只考虑当时可用的通信手段，刚成立的联邦分裂成像欧洲那样的独立国家也只是个时间问题。出席华盛顿会议对偏远地区的议员来说意味着一段漫长、乏味而又危险的旅程，技术的限制也使文化教育普及困难重重。然而此时世界上出现了一些新事物，它们彻底地阻止了联邦的分裂。这些新事物就是蒸汽轮船、铁路和电报。它们把美国从分裂中拯救出来，让分散的人民重新团结在一起，使美国成为第一个伟大的现代国家。

二十二年后，西班牙在美洲的殖民地也仿效北美十三州的做法，断绝了与欧洲的联系。但是由于它们分散在南美大陆各处，被巨大的山脉、沙漠和森林以及葡萄牙控制的巴西所分隔，所以它们之间并没有形成一个联盟。

巴西则通过另一种方式完成了自己必然要实现的独立。1807年，拿破仑率军占领了巴西的宗主国葡萄牙，葡萄牙国王于是逃到了巴西。从那时起直到巴西独立，与其说巴西是葡萄牙的附属国，不如说葡萄牙隶属于巴西。1822年，在葡萄牙国王之子佩德罗一世的统治下，巴西成为一个独立的国家。但是新大陆从来都不支持君主制，于是在1889年，巴西的国王只好悄悄回到欧洲，巴西也和其他美洲国家一样成为共和国。

第 55 章
法国大革命与王政复辟

就在英国刚刚失去美洲的十三个殖民地不久,法国的君主专制的核心也发生了深刻变化,并引发了社会和政治动荡,这件事更有力地提醒欧洲,世界上没有什么政治体制是可以流传万世的。

我们说过,法国的君主政体是欧洲最成功的君主专制政体,它是那些彼此竞争又互相嫉妒的国家的典范。但它的繁荣是建立在不公正的基础上的,而这种不公正导致了它戏剧性的崩溃。它的确辉煌显赫又咄咄逼人,但它给平民阶层造成了极大的损耗。神职人员和贵族受到免税制度的保护,整个国家的负担都落在了中下层阶级的身上。农民被税收压得喘不过气来;中产阶级被贵族统治并羞辱。

1787 年,法国国王发现自己濒临破产,于是他不得不就收入不足和支出过多等事项召集各个领域的代表进行磋商。1789 年,由贵族、神职人员和平民组成的三级会议在凡尔赛召开,其规模大致相当于早期的英国议会。三级会议从 1610 年以来便再也没有召开过,而在这段时间里,法国一直是一个绝对的君主制国家。现在人们找到了一种方法来将自己长期积攒的不满表达出来。由于第三等级,也就是平民等级要求取得三级会议的控制权,于是三个等级之间立即爆发了冲突。在这些冲突中，平民等级占了上风，三级会议被改造成国民议会，人们明确决定要像英国那样限制法国国王的权力。法国国王路易十六于是从各省区调集军队以做战斗准备，巴黎乃至整个法国因此爆发起义。

君主专制政体很快就崩溃了。巴士底狱那座阴冷的监狱被巴黎人民攻陷，起义在法国全境迅速蔓延。在东部和西北部省份，许多属于贵族的城堡被农民烧毁，他们将地契悉数销毁，并将他们的主人赶走或杀掉。不出一个月，古老而腐朽的贵族制度就崩溃了。女王身边的众多贵族和大臣纷纷逃往国外。临时市政府在巴黎和其他大城市纷纷成立了，这些市政机构成立了一支新的武装部队，即国民警卫队，以抵抗保皇势力的反击。随后，法国人民要求国民议会为这个新时代建立一个新的政治和社会制度。

这是一项考验群众力量的任务。它要彻底扫除专制政权的各种不公正，它废除了免税权、农奴制、贵族头衔和特权，并试图在巴黎建立君主立宪制。国王不得不放弃凡尔赛宫的奢华，而来到巴黎的杜伊勒里宫过一种没落的生活。

两年来，国民议会似乎努力想要建立一个高效的现代化政府。尽管它做了许多无意义的事情，但它开展的大部分工作都是稳健且可持久使用的，至于那些具有试验性质的尝试，最后则都被撤销。议会对刑法进行了清理，他们废除了酷刑、任意监禁和对异端的迫害。诺曼底、勃艮第等古老的省区被八十个行政区取代。军职晋升系统开始对所有等级开放。他们还建立了一个优秀而简单的法院制度，但由于普选出的法官任命时间较短，这一制度的价值因此大为减损。人民群众成了终审法庭，而法官和议员则成为一种装饰性的陪衬。法国教会的巨额财产被国家接收并管理；不从事教育或慈善事业的宗教机构被解散，神职人员的工资由国家负责发放。对于法国底层的神职人员而言，这并不是一件坏事，因为和教会的上层显要相比，他们之前的收入

攻占巴士底狱被认为是法国大革命爆发的象征，因此7月14日也被定为法国的国庆日。

实在是少得可怜。除此以外，神父和主教也由选举产生，这完全打破了罗马教会的根本制度，因为罗马教会把一切权力都集中在教皇身上，而权力的行使方式永远是自上而下的。实际上，国民议会想一举使法国教会成为一种新教，只不过新的不是教义，而是组织。于是在法国各地，由国民议会设置的官方神父和忠于罗马教会的传统神父彼此争执，冲突不断。

1791年，法国君主立宪制的试验由于国王和王后与国外支持贵族制及君主专制的势力勾结而突然中止。外国军队在法国东部边境集结，6月的一个晚上，国王、王后带着孩子逃离了杜伊勒里宫，想像其他贵族那样逃往国外。他们在瓦雷纳被捕并带回巴黎，这件事点燃了法国所有爱国人士的共和主义激情。于是法兰西共和国宣告成立，随即便与奥地利和普鲁士开战，国王因叛国罪于1793年1月被判处死刑。

现在，法国人民进入了一个奇怪的历史阶段。人们对法兰西共和国产生了极大的热情，对国内和国外的任何妥协都严厉拒绝：在国内，保皇党和一切形式的不忠都要被消灭；在国外，法国向所有革命者提供保护和支持。整个欧洲，整个世界，都将变成共和政体。法国青年涌向共和军队，美妙的《马赛曲》传遍了大地，像美酒一样温暖着人们的血液。在歌声和猛烈的炮火中，外国军队节节败退，到1792年时，法国军队取得的成就已经远超路易十四时期：他们占领了布鲁塞尔，蹂躏了萨伏伊，突袭了美因茨，并从荷兰夺取了斯凯尔特河。然后，法国政府做了一件不明智的事。路易被处死后，法国驻英国的代表被英国驱逐出境，法国因此震怒并向英国宣战。这一决定极不明智，因为革命给法国带来了一支新的精锐步兵和一支从贵族军官中手下解放出来的精锐炮兵，但它也摧毁了很多具有约束性的传统并彻底破坏了海军的纪律，而英国人一直是海上的霸主。这一挑衅使整个英国联合起来反对法国，而在英国，曾有一场大规模的自由主义运动对法国革命表现出同情。

关于法国在接下来的几年里与欧洲反法同盟进行的斗争，我们无法对细节做详细说明。它把奥地利人永远赶出了比利时，把荷兰变成了一个共和国。被冻结在特塞尔的荷兰舰队一枪未发便向一小队法国骑兵投降。有一段时间，法国对意大利的进攻中断了，直到1796年，一位名叫拿破仑·波拿巴的新将军率领衣衫褴褛、饥肠辘辘的共和军，成功越过皮埃蒙特，占领了曼图亚和维罗纳。C. F. 阿特金森说："最让盟军吃惊的是共和党军队的数量和速度。实际上没有什么可以阻挡这些临时组建的军队。没钱买帐篷，也没有车马去运输，这种糟糕情况足以让职业军队散乱军心，但对于1793年到

1794年的法国士兵来说，却可以欣然忍受。用车队向这个当时规模空前的军队运送物资是不可能的，于是法国军队很快便学会了'就地取材'。因此，1793年见证了现代战争体系的诞生——迅捷而非谨慎、举全国之力而非依靠小规模专业军队、野营露宿而非安营扎寨、就地征用而非等待物资、以力量取胜而非靠阴谋诡计。前者是一种强大的决心，而后者只是一种不劳而获的心态。"

当这些衣衫褴褛的狂热军队高唱《马赛曲》为法兰西而战的时候，他们显然从未清楚地意识到，他们是在掠夺还是在解放他们涌入的国家，而巴黎的共和主义热情却在以一种远不如他们辉煌的方式消耗着自己。革命现在处于狂热领袖罗伯斯庇尔的控制之下。我们很难判断他是一个什么样的人：他身体孱弱，生性胆小，一本正经；但他有任何能力所必需的天赋，那就是信心。他决心按照他的设想来拯救这个共和国，他认为除了他自己，没有人能拯救它，所以只有保持权力才能拯救共和国。共和国的精神，似乎是从对保皇主义者的屠杀和对国王的处决中产生出来的。叛乱开始出现：一次是在西部的旺代，那里的人民在贵族和教士的带领下，反对征兵及剥夺教会财产；一次是在南部已经崛起的里昂和马赛，土伦的保皇党接受了英国和西班牙的驻军。对此，除了继续屠杀保皇党，似乎也没有什么更有效的办法了。

革命法庭开始运作并展开了持续的屠杀。断头台的发明正好迎合了这一时机。王后被送上了断头台，罗伯斯庇尔的大多数对手被送上了断头台，那些认为没有至高无上的存在的无神论者被送上了断头台；日复一日，周复一周，这台可恶的新发明砍掉了越来越多的脑袋。罗伯斯庇尔的统治似乎是靠鲜血维持的；它对鲜血的需要越来越多，就像鸦片吸食者需要越来越多的鸦片一样。

最后，在1794年夏天，罗伯斯庇尔本人被推翻并送上了断头台。接替他的是一个由五人组成的督政府，他们在国外进行防御战争，并在国内让法国人保持了长达五年的团结。他们的统治在这段剧烈变化的历史中形成了一段奇特的插曲。他们发现什么就拿什么。革命者们的宣传热情把法国军队带到了荷兰、比利时、瑞士、德意志南部和意大利北部。到处都有国王被驱逐,到处都有共和国建立。然而这种宣传并没有让政府停下对百姓的剥削,以挽救国家财政的危机。在这些战争中神圣的自由意味越来越少,它们开始越来越像古代的侵略战争。法国还想要抛弃的君主专制的最后一个特点,及它的传统外交政策。人们发现,在督政府的领导下,法国仍然像没有发生过革命一样充满活力。

然而此时出现了一个人,他将法国人的利己主义发挥到了极致,给法国乃至全世界都带来了不幸。他给了法国十年的光荣,也让法国遭受了最终的失败与耻辱。他曾率领法国军队在意大利取得胜利,他就是拿破仑·波拿巴。

在督政府就职的五年里,他一直在努力谋划如何让自己掌权。他逐渐爬上了最高权力的宝座。他算不上一个智者,但却是一个冷酷无情、精力充沛的人。他最初是支持罗伯斯庇尔的极端分子,这让他获得了第一次晋升,但他并未真正了解在欧洲崛起的新势力。他最大的政治想象力使他进行了一场迟来的、诡异的尝试——试图恢复西罗马帝国。他试图

罗伯斯庇尔,法国大革命时期政治家,雅各宾派专政时期的实际最高领导人。

摧毁神圣罗马帝国的所有旧遗迹，并打算用一个以巴黎为中心的新帝国取而代之。维也纳的皇帝不再是神圣罗马帝国的皇帝，而仅仅是奥地利的皇帝。为了娶一位奥地利公主，拿破仑和他的法国妻子离了婚。

1799年，他成为法国的实际君主，当上了第一执政官。1804年，他直接模仿查理曼成为法国的皇帝。他在巴黎接受教皇加冕，按照查理曼的指示，他从教皇手中接过王冠，戴在自己头上。他的儿子则被加冕为罗马国王。

有好几年，拿破仑的统治被视为是一种胜利的事业。他征服了意大利和西班牙的大部分地区，打败了普鲁士和奥地利，并统治了俄国以西的整个欧洲。但他从未从英国人那里赢得过海上统治权，他的舰队在1805年的特拉法加海战中遭受了英国海军上将纳尔逊的决定性打击。1808年，西班牙人奋起反抗，威灵顿公爵率领的英国军队将法国军队逐渐地赶出了伊比利亚半岛。1811年，拿破仑与沙皇亚历山大一世发生冲突。1812年，拿破仑率领六十万大军入侵俄国，结果被俄国人和俄国的冬天打败，法国军队因而伤亡殆尽。德国崛起反对他，瑞典倒戈反对他。法军被击退，1814年，拿破仑在枫丹白露宫退位。他被流放到厄尔巴岛，1815年他最后一次回到法国，并在滑铁卢被英国、比利时和普鲁士的联军击败。1821年，他在圣赫勒拿岛以一个英国囚犯的身份死去。

法国大革命释放的所有力量就此消耗殆尽。获胜的同盟国在维也纳召开了一次大会，以尽可能地将欧洲恢复到它被这场革命风暴撕裂前的状态。在将近四十年的时间里，欧洲进入了一种和平，一种精疲力竭的和平。

第56章
拿破仑倒台为欧洲带来的不稳定和平

在1854到1871年这段时间里，两方面的原因造成了欧洲社会整体的不稳定以及国际关系冲突，并使一系列战争相继爆发，其一是保皇势力意图恢复自己不正当的特权，并对思想、写作和教育自由横加干涉，其二是在维也纳会议上各国外交官制定的根本无法实现的国界裁判。

君主制那种想要恢复过去体制的内在倾向在西班牙最早表现出来，而且其表现最为明显，甚至连宗教裁判所也被恢复了。当拿破仑在1808年让他的兄弟约瑟夫登上西班牙的王位时，大西洋彼岸的西班牙殖民纷纷效仿美国，开始反抗欧洲强权制度。玻利瓦尔将军被称为"南美洲的乔治·华盛顿"，在他的领导下，西班牙根本无力镇压殖民地的叛乱，这一过程被拖得和美国独立战争一样长。最后奥地利根据神圣同盟的精神提出建议，欧洲君主应协助西班牙进行这场斗争。这一倡议在欧洲遭到了英国的反对，美国总统门罗也在1832年迅速采取行动，警告欧洲不要进行任何形式的君主复辟，他称欧洲方面在西半球的任何扩展都会被美国视为敌对行为。这就是门罗主义，强调决不允许任何外国势力在美洲进行扩张行动，这使美国在近一百年的时间中免受欧洲强权势力的干涉，并让西班牙在美洲的殖民地得以选择自己未来要走的道路。

西班牙虽然失去了自己的殖民地，但在同盟的保护下，它在欧洲仍可以为所欲为。1823年，在同盟的授权下，法国军队镇压了西班牙的一场民众起义，与此同时，奥地利也镇压了那不勒斯的一场革命。

1824年，路易十八去世，查理十世继位。查理决心摧毁新闻出版和大学学术的自由，恢复专制政府；他还拨出十亿法郎用以弥补1789年城堡被毁或被查抄给贵族带来的损失。1830年，巴黎人民起身反抗这个旧制度的化身，他们将查理赶下台，并拥立路易·菲利普，他是在恐怖统治时期被处死的奥尔良公爵菲利普的儿子。面对英国的公开支持，以及在德国和奥地利出现的强势的自由主义运动，欧洲大陆上的其他君主制国家都没有对这场革命采取任何行动。毕竟，法国仍然是一个君主制国家。作为法国立宪君主，路易·菲利普统治了十八年。

这是在维也纳会议之后的和平状态，它因君主的种种复辟行为而变得极不稳定。维也纳会议中的外交官们所制定的不合理的各国国界，更是蓄意地增加了这种压力，对人类和平带来了更大的威胁。想把说不同语言、读不同书籍、有不同见解的民族进行统一管理是非常困难的，何况宗教上的分歧还加重了这些对立。只有一些强烈的共同利益，例如瑞士山地居民的共同防御需要，才能证明拥有不同语言和信仰的民族之间的密切联系是合理可行的，而且当时瑞士还在实行着最大程度上的地方自治。就像马其顿那样，当人口混杂地居住在一个个村落时，州郡自治就显得十分必要了。但是，如果读者看到维也纳会议绘制的欧洲地图，便会发现，这次会议的决策几乎就像是专门为了引发当地人的愤怒情绪。

它完全没有必要地摧毁了荷兰共和国，把信仰新教的荷兰人和讲法语的以前属于西班牙（如今属于奥地利）的荷兰天主教徒混在一起，建立了一个尼德兰王国。它不仅把古老的威尼斯共和国，还把整个意大利北部地区甚

第56章 拿破仑倒台为欧洲带来的不稳定和平 291

至米兰，都交给了讲德语的奥地利人。说法语的萨伏伊岛与意大利的部分地区合并，撒丁王国得以重建。奥匈帝国已经是一个由不和谐的民族——德国人、匈牙利人、捷克斯洛伐克人、南斯拉夫人、罗马尼亚人以及现在的意大利人——组成的随时可能爆炸的混合体，而当奥地利在1772年和1795年从波兰瓜分的地区也被纳入进来时，情况就变得更加糟糕。信仰天主教与共和主义的波兰人大多数不得不接受略显野蛮的、信仰东正教的沙皇的统治，而一些重要的地区则被信仰新教的普鲁士瓜分。沙皇对于全然陌生的芬兰人的统治也得到了承认。迥然不同的挪威人和瑞典人在一个国王的统治下被绑

维也纳会议的目标不仅包括恢复战前国界，还包括重新调节各列强的权力，使他们能够相互平衡并保持和平。

在了一起。读者将会看到，德意志地区陷入了一种非常危险的混乱状态。德意志邦联包括了诸多小邦国，而普鲁士和奥地利则不完全在邦联之中。丹麦国王由于在荷尔斯泰因的某些德语属地而加入德意志邦联。卢森堡被纳入德意志邦联中，尽管它的统治者也是荷兰的国王，且当地居民多说法语。

这完全忽视了一个事实：讲德语的人，他们的思想以德国文学为基础，同样，讲意大利语和波兰语的人其思想基础分别是意大利文学和波兰文学。如果让他们按照自己的习惯，用自己的语言处理自己的事情，那么他们的境况会好得多，因为这样对他们自己最有益且对别人最无害。难怪当时在德意志地区传唱着这样一句歌词：说德语的地方就是德国人的家乡。1830年，受法国大革命的鼓舞，讲法语的比利时人开始在尼德兰王国中对抗他们的联盟者荷兰人。欧洲的君主们害怕他们建立共和国并吞并法国，于是急忙出手干预，并让萨克森·科堡·哥达家族的利奥波德一世做他们的国王。1830年，意大利和德意志地区也发生了叛乱，但均被镇压；俄罗斯和波兰的叛乱更为严重，一个共和政府在华沙反对尼古拉斯一世（1825年他接替了亚历山大）并坚持了一年，最后被可怕的力量残忍消灭。人们被禁止说波兰语，东正教取代天主教成为国教。

1821年，希腊人起义反抗土耳其人。他们进行了六年的艰苦战斗，而欧洲各国却袖手旁观。自由主义人士对这种不作为表达了抗议，来自每个国家的志愿者加入了起义军的队伍，最后英国、法国和俄国采取了联合行动。1827年，法国和英国在纳瓦里诺海战中摧毁了土耳其舰队，俄国入侵土耳其。根据1829年的《亚得里亚堡条约》，希腊宣布自由，但英、法、俄不允许它恢复古老的共和传统。他们给希腊找来了一个国王，他就是巴伐利亚国王奥托一世；同时，在多瑙河各省（今罗马尼亚）和塞尔维亚（前南斯拉夫的一部分）设置了信奉基督教的总督。然而，在土耳其人完全被驱逐出这些土地之前，还有更多的流血冲突要发生。

第57章
关于物质材料的知识进步

17世纪到19世纪初，王公之间的冲突在欧洲不断上演。一方面，1648年的《威斯特伐利亚条约》把欧洲弄得破烂不堪，而在1815年签订的《维也纳条约》又在其基础上进一步加重了这一状况；另一方面，远洋帆船将欧洲的影响带到世界各地，在欧洲和欧洲化的世界里，人们的知识在不断增加，人类对世界的认知也变得越来越清晰。

知识的发展继续与政治相脱节，在整个17、18世纪里，它未对政治生活带来任何直接作用，也未对大众思想产生任何深远影响。这些作用和影响到19世纪下半叶才会充分显现。这个过程主要是在一个由富裕且有独立精神的人组成的小圈子中进行的。如果没有英国人说的那种"低调绅士"，科学就不可能在希腊发端，更不可能在欧洲得到发展。对于这一时期的哲学与科学思想发展而言，大学起到了一定的作用，但却不是主要的作用。接受他人资助的若没有独立精神的鼓舞，便往往会偏向谨慎、保守，缺乏主动性和创新精神。

我们已经注意到1662年皇家学会的成立，以及它在实现培根《新大西岛》中梦想方面所做的工作。在整个18世纪，人们澄清了许多关于物质和运动的一般观念，数学取得了长足的发展，光学玻璃的运用使人们可以通过显微镜和望远镜做更深入的研究，关于自然事物的分类出现了新方法，解剖学也再次复兴。由亚里士多德和达·芬奇预言的地质学也开始了对岩石记录进行阐释的伟大工作。

物理学的进步对冶金学产生了影响，冶金学的改进使人们有可能对更多的金属和其他材料进行更大规模、更大胆的处理，从而促进了某些发明的出现。机器制造和使用在规模和数量上进入了一个新阶段，工业革命呼之欲出。

1804年，特里维西克将瓦特发明的蒸汽机应用于交通运输，并制造了世界上第一台火车头。1825年，斯托克顿和达灵顿之间的第一条铁路开通了，斯蒂芬森的"火箭"号火车头拉着一列十三吨重的火车，以每小时四十四英里的速度在铁路上行驶。从1830年起，铁路开始成倍增加。到19世纪中叶，铁路网已遍布欧洲各地。

长期以来，人类生活在陆地上一直有一个稳定不变的条件，即交通运输的速度，但该条件在这一时期发生了转变。在与俄国交战惨败之后，拿破仑从维也纳附近回到巴黎（其间大概有一千四百英里）花费了三百一十二个小时。他用尽各种可以加快行程的办法，也只能让速度达到每小时五英里，而一个普通的旅行者想要走完同样的距离需要花上两倍的时间。在公元1世纪，从罗马到高卢的最快速度也不过如此。突然之间，巨大的变化发生了，铁路把普通旅客的旅程缩短到四十八小时以内；也就是说，铁路把欧洲大陆上各个主要路线的距离缩短到原来的十分之一左右，也就使如今政府的管理范围扩大了十倍。这件事情的全部意义还有待欧洲人去实现。在欧洲，各国的边界是在骑马和公路的时代被划分的，但在美国，铁路带来了立竿见影的效果。对于向西扩张的美国人而言，铁路意味着无论他们向西走多远，他们都可以横跨整个大陆前往华盛顿。因此，铁路意味着统一，使一种未有过的国家规模得以维持。

　　蒸汽轮船比蒸汽机车出现得略早一些。1802年，一艘名叫"夏洛特·邓达斯"号的轮船出现在了克莱德运河。1807年，美国人富尔顿建造了"克莱蒙"号轮船，它装有英国生产的蒸汽机，在纽约北部的哈德孙河航行。第一艘用于海运的轮船是美国人建造的"菲尼克斯"号，往返于纽约（霍博肯）到费城之间。1819年，美国人还建造了第一艘使用蒸汽动力（也有帆）跨越大西洋的轮船"萨凡纳"号。以上这些都是明轮轮船，由于轮桨太容易损坏，所以这种轮船并不适合在风浪较大的海面上航行。然而螺旋桨轮船却很晚才出现，因为想要在现实中运用螺旋桨还要克服很多困难。直到19世纪中叶，轮船的吨位才赶上了帆船，此后，海上运输业迅速发展。人类第一次有把握确定跨越大西洋需要的时间。此前，横跨大西洋的旅程充满了不确定，少则几个星期，多则几个月；如今，随着船速的提升，到1910年时，最快的轮船只需五天就能完成跨洋运务，甚至可以提前估算抵达的确切时间。

　　就在蒸汽机普遍运用于海陆交通运输的同时，伏特、伽尔瓦尼和法拉第等人在电学方面的研究也产生了重要成果，为人类增添了一项新的引人注目的交流工具。1835年，电报机问世。1851年，法国和英国之间铺设了第一条海底电缆。几年之后，电报系统就遍布了文明世界，过去传播缓慢的信息如今几乎可以同时让全世界都知道。

　　在19世纪中叶，人们大多认为铁路和电报已经是最惊人、最具革命性的发明了，但实际上，它们不过是人类接下来更大规模的发明进程中，醒目而粗糙的初期成果。和过去任何时代相比，此时的技术知识与能力的发展都表现出前所未有的速度和规模。人们对各种各样的材料结构的掌握，其意义起初在人们的日常生活中并未受到关注，但在后来却变得越来越重要。在18世纪中叶以前，铁匠们使用木炭将铁从矿石中冶炼出来，在炼成小小的

19世纪60年代行驶在田纳西河上的蒸汽渡轮。

铁块之后再将之锤打成形。铁的品质如何、要用来做什么，铁匠只能凭借自己的智慧和经验进行判断。在这种情况下，人们最大也只能冶炼出两三吨的铁块（所以16世纪时的火炮体积会受到限制）。高炉出现于18世纪，而焦炭的使用进一步改进了高炉冶铁的技术。1728年，轧制铁板出现；1783年，出现了轧制铁棍和铁条；1838年，内史密斯发明了蒸汽锤。

在古代，由于冶金水平较低，人们无法利用蒸汽动力。在铁板出现前，不用说蒸汽机，就连最原始的抽水泵人们也制作不出来。以现代人的眼光来看，早期的蒸汽机笨拙得让人觉得可怜，但那已是当时冶金学所能达到的最高水平。直到 1856 年贝塞麦转炉炼钢法和 1864 年平炉炼钢法出现，钢和各种各样的铁才得以用一种前所未有的方式和规模来加以熔化、提纯和铸造。今天，人们可以看到成吨的钢水在电炉中像锅里沸腾的牛奶一样翻腾。从结果出发来看，在人类过往所取得的各种进步中，没有哪一种可以和完全掌握钢铁的冶炼和锻造相媲美。铁路和各种早期的蒸汽机是新冶金方法的最初胜利。不久，钢铁被用于造船业，巨大的钢架桥与新式钢筋建筑也相继出现。人们意识到，他们在规划铁路时使用的轨距过于狭窄，他们本可以在更广的地域内组织他们的旅行，使之更加稳定和舒适，但为时已晚。

在 19 世纪之前，世界上还没有载重超过两千吨的船，但现在，五万吨级的班轮已算不上什么了不起的事物。有人嘲笑这种进步是"规模"的进步，但这种嘲笑仅能表现出嘲笑者那无法突破的智力极限。大型轮船或钢结构建筑并不是他们想象的过去船舶和建筑的放大版，它们是用更精细、更结实的材料制成的更轻巧、更坚固的东西，它们并不来自传统和经验，而是诞生于精妙而复杂的计算。在过去的建筑或船舶中，物质主导着一切，人类只能服从；但在今日的事物中，人类成为主导者，物质要以人类制定的方式出现、改造及成形。请想想，那些从河岸和矿坑中被挖掘出来的沙土、矿石和煤炭，经过扭绞、锻造、熔融和铸造后，竟能被做成一个高六百英尺的细长尖塔，矗立在拥挤的城市之中。

我们通过举例来说明人类在钢铁冶金学方面的进步及结果。对于其他如铜和锡等金属，人类同样拥有更多的知识，比如在 19 世纪，人们便发现了此前无人了解的镍和铝。通过对各种物质，例如玻璃、矿石、石膏、染料及织物等控制能力的增强与提升，机械革命取得了一系列重要的成就。不过，我们还处在初见成果的阶段。我们拥有力量，但我们仍然要学习如何使用我们的力量。许多科学成果在初次使用时，都被用在了粗鄙、愚蠢甚至可怕的领域之中。即便是各个领域的专家，也未能完全学会如何使用他们现在发现的各种各样的物质。

和机械科学一同发展起来的是电气科学。直到 19 世纪 80 年代，这一领域才开始出现令人印象深刻的成果。突然之间，电灯和电力牵引出现，然后人们发现了机械运动、光能与热量之间的转化原理，以及能量的运输方式——人们可以像用水管送水一样将能量通过铜线传到其他地方。即便是普通人的思想也受到这些科技成果的冲击。

最开始领导这场知识增殖的是英国和法国，不久之后，在拿破仑统治下学会了谦卑的德国人在科学研究方面表现出了巨大的热情和坚韧不拔的精神，这两点甚至超过了英法两国。英国科学的创造者一般是英格兰人和苏格兰人，且这些人往往处于传统的学术中心之外。

当时，英国的各个大学在教育上都呈现出一种倒退的状态，其原因是这些大学十分热衷于研究那些迂腐的拉丁及希腊经典。法国的教育也被耶稣会学校的古典传统所主导。德国更容易组织起一个个研究团体，尽管和英法两国相比，德国的研究团体规模较小，但却胜在数量。另外，科学研究及实验虽然让英国和法国成为世界上最富有的国家，但科学家们却并未从中获利。一个真诚的科学家必须有一种超凡脱俗的气质；他太专注于自己的研究，以至于无法计划如何从中赚钱。于是那些由科学家发现的经济

尼古拉·特斯拉被认为是电力商业化的重要推动者，并因主要设计了现代交流电力系统而最为人知。

利益，最终都被贪财之人轻而易举地装进了自己的口袋里。英国的每一次科技进步都会缔造出一大批富人，尽管他们还不至于像以前的经院神学家和教士那样去侮辱甚至杀害这些为国家下金蛋的鹅，但他们却眼睁睁地看着科学家忍受贫困与饥饿。他们认为这些科学家和发明家天生就是为了让更聪明的人赚钱的。

在这件事上，德国人要更聪明些。德国那些"有学问的人"对新学问并没有表现出如何强烈的仇恨，他们反倒允许这些学问发展。德国商人和工厂主对科学家的态度，也不像他们的英国对手那样轻蔑。德国人相信，知识就好比庄稼，施肥越足，收成便越好。因此，他们给科研工作者们提供了大量的机会，他们会为科学研究提供充足的资金，而他们自己也会因此获得丰厚的回报。到了19世纪后半叶，德国的科学工作者已使德语成为每一个想跟上本专业最新发展成果的理科学生必须掌握的语言；在某些学科，特别是在化学方面，德国与其西方邻国相比获得了极大的优势。德国在60年代和70年代所做的科学努力，在80年代之后开始显现出来，德国在技术和工业方面的繁荣已稳步地赶上了英国和法国。

在19世纪80年代，人类发明史因一种新型发动机的发明与使用而进入一个崭新的阶段。这种新型发动机就是内燃机，它使用爆炸性混合物取代蒸汽，产生更强的膨胀力，更高效的同时也更为轻便，因此人们将这种内燃机用于车辆制造。后来人们不断地对之进行改造，使其在轻便和性能方面更上一个台阶，这就为飞机引擎做好了准备。许久以来，人们想要在天空飞翔的梦想就要实现了。1897年，华盛顿史密森学会的兰利教授就成功地造出了一台飞行机器，但在当时这台机器还无法载人飞行，不过可以载人飞行的飞机很快便在1909问世了。随着铁路系统和汽车工业的完善，人类在提速方面似乎出现了停顿，但随着飞机的出现，地球表面上点对点之间的距离再一次被缩短了。在18世纪，从伦敦到爱丁堡要走八天的路程；然而到了

1918年，英国民用航空运输委员会报告称，同样是用八天的时间，几年后，人们就可以从伦敦绕半个地球到达墨尔本。

对于这种旅行时间的缩短，人们不必太过惊异，因为它不过是人类可能取得的更深远、更重大的发展的一个方面。农业科学和农业化学在19世纪也取得了同等程度的发展，比如在相同面积的土地上，与17世纪相比，人们已经学会了如何让土地变得更加肥沃，使作物产量比两个世纪前多四五倍。医学方面的进步则更加非凡，人的平均寿命不断增长，日常生活的效率不断提高，因疾病而导致的死亡率在不断降低。

总的来说，我们人类生活发生了种种变化，而这些变化又构成了一个新的历史阶段。人类仅用了一个世纪的时间便完成了机械革命，人类在这一百年中取得的成就，要远超从旧石器时代到农耕时代、从古埃及的佩皮一世到英国的乔治三世这段漫长岁月中一切成就的总和。在人类事务中，一个全新的、巨大的物质框架已经形成。显然，这也要求我们对社会、经济和政治事务的管理方式进行重大调整。但是，这些调整必然要随着机械革命一同开展，而今天，它们才刚刚开始。

第58章
工业革命

很多历史著作中都有这样一种倾向，即把机械革命和工业革命混为一谈。其实，机械革命是产生于科学的系统性发展，比如农耕的发明或金属的发现，它使人类经验步入一个新的阶段；而工业革命则是一种有先例的、在社会和经济领域的发展。尽管机械革命和工业革命是同时进行的，且彼此之间互相影响，但其本质是两种不同的东西。即便没有煤炭、蒸汽或机械，工业革命也会发生。如果它在这种情况下发生了，那么它大概会按照罗马共和国晚期的社会经济的发展方向发展——自由的农民失去土地，人们被迫集体劳动，所有土地资产与财富完全掌握在寡头手中，而"财政"二字已全无意义。我们需要了解，其实早在动力机械出现之前，工业的生产方式便已存在。因此，使工厂出现的不是机械，而是分工。在水车还没有被用于工业用途之前，经过训练的劳动工人们就已经在制造诸如女帽、纸板箱、家具、彩色地图和书籍插图等东西了，而这些工人正是在奥古斯都时代的工厂里工作。细心研究笛福和菲尔丁的政治小册子的人会发现，在17世纪末期之前，英国就已经存在将穷人集中起来让他们为自己的生活而工作的思想了。这一点早在莫尔的《乌托邦》（1516年）中就有暗示。这是一种社会性的发展，而不是机械性的。

直到 18 世纪中叶，西欧的社会和经济走的实际上是罗马帝国在公元前最后三个世纪走过的老路。但是欧洲的政治分裂，反对君主制的政治动乱，以及普通民众的反抗，也许还有西欧人在心智方面对机械发明的更强的接受性，把这个过程引向了相当新颖的方向。幸好基督教将人类团结的思想在欧洲人前往的新世界中广泛传播，再加上那里的政治权力分散，许多急于致富的精力充沛之人十分乐于用机械生产替代劳工和黑奴。

机械革命，即机械发明和使用的过程，是人类经验中的一个新事物，不管它可能会给社会、政治、经济和工业产生带来何种影响，它都在继续。另一方面，工业革命则和其他种种人类事务一样，也随着机械革命给人类社会带来的影响而发生着越来越深刻的变化及偏转。它使社会财富得以迅速集中，就像罗马帝国末期寡头的财富垄断一样，18 至 19 世纪的资本累积使农民和小生产者群体迅速消失。旧世界的一切力量最终都是人类的肌肉力量，或者更准确地说，是那些无知者和被征服的人的肌肉力量。当然也有一些畜力，比如拉车的牛或马。至于其他地方，当需要举起重物时，是人来举；当需要采矿时，是人把石头凿出来；当需要开垦时，是人和牛一起犁地；在罗马帝国时期，和蒸汽轮船相等同的是甲板上那一排排大汗淋漓的桨手。在早期的文明社会中，很大一部分人从事的是纯机械的苦力劳动。不过当机械刚开始出现时，它并没有让人从繁重的劳动中解放出来。在开凿运河、修筑铁路时，进行劳动的仍然是雇佣来的大量苦力。矿工的数量飞速增长，同时更加方便的机械和商品也被制造出来，矿石产量也因之大大提高。到了 19 世纪时，新的逻辑已经变得越来越清晰：人类不再是主要的劳动力，以往的人力作业也慢慢被机械取代，而机械比人做得更快更好。于是，人类开始转向那些机械无法完成的工作，即那些需要做出判断和思考的工作。人类只需成为人。以前所有文明都赖以生存的苦力，那种只需服从无须思考的人，如今对于人类的福祉已经毫无必要了。

不仅是新兴的冶金业如此，那些传统产业如农业和采矿业也是一样。不论是耕地、播种还是收割，高效机械的作业量是以往几十个人的总和。罗马文明的基础是廉价的人力劳动，而现代文明的基石是便宜的机械运作。在这一百年以来，机械生产变得越来越便宜，人力劳动则变得越来越昂贵。在采矿业中，机械之所以用了一代人的时间才取代人力劳动，只是因为在当时人力比机械更为便宜。

机械化生产在提高劳动效率的同时，也对劳动者的素质提出更高要求。

在人类的各项事务中，这是一个十分重要的转变。在古代文明中，富人和统治者关心的主要问题是如何维持苦力的供应；而到了19世纪，那些聪明的领导者越来越清楚地认识到，平民要比苦力更重要。必须要让平民接受教育，哪怕只是为了保障"工业效率"，也要让他知道自己在做什么。从基督教最初传教开始，欧洲的大众教育就一直在暗中进行着，就像伊斯兰教在亚洲进行的传教活动一样，它们必须让信众了解一点可以使他得救的教义，让他能读一点记载着这些教义的神圣典籍。不同教派为争夺信徒而展开的辩论，为大众教育开辟了道路。以英国为例，在19世纪30至40年代，不同教派彼此争论不休，为了获得年轻教徒的支持，各教派创办了一系列儿童教育机构并互相竞争，如国教学校、非国教教派的"英国"学校以及罗马天主教学校等，就是在此时出现的。19世纪下半叶是整个西方化世界大众教育迅速发展的时期，然而上流社会的教育却没有相应地有所发展，以前社会上的文化阶层与文盲阶层的巨大鸿沟如今似乎已经消失，存在的不过是受教育水平上的微小差异。在背后推动这一改变的就是机械革命，尽管从表面上看，两者之间并无什么关系，但在实际上，机械革命要求在全世界范围内彻底消灭文盲阶层。

罗马公民从未真正地理解过罗马共和经济革命的意义所在，因为他们无法像我们这样，全面而清晰地洞见他正在经历的变化。但是，随着工业革命进行到了19世纪末期，越来越多的受其影响的普通人将之视为一个整体的过程。人们之所以会如此，是因为他们如今能够阅读、讨论和交流，并且可以四处游历，领略前人从未见过的事物。

第59章
现代政治和社会思想的发展

古代文明的制度、习俗和政治思想是慢慢地、年复一年地发展起来的，没有人去设计，也没有人能预见。直到公元前6世纪，那个人类正青春洋溢的伟大年代，人们才开始认真地思考人与人之间的关系，并第一次对已有的信仰、法律以及政府提出质疑，要求加以改变甚至重建。

我们已经讲述了希腊和亚历山大港辉煌的学术黎明，以及奴隶制文明的崩溃、宗教的不容异己和专制政府的阴霾是如何使这一充满希望的黎明变得暗淡。无畏的思想之光直到15、16世纪才再次穿破欧洲的黑暗，并且我们也说明了，阿拉伯人的好奇以及蒙古人的征服就像强风一般吹散了欧洲上空那些无知的乌云。最初增长的是关于物质的知识，其为人类带来的最初成果也是物质成就与物质力量。人际关系、个人和社会心理学、教育学和经济学等学科不仅本身更加微妙复杂，而且与许多情感问题有着千丝万缕的联系，因此它们的进展比较缓慢，而且遇到了更大的阻力。人们会无动于衷地倾听有关恒星或分子的各种说明，但当人们听到有关我们生活方式的想法时，每个人的内心都会有所触动并进行反省。

就像在希腊，早在亚里士多德对事实的艰难探索之前，柏拉图便做出了大胆的设想，于是在欧洲进入新阶段后，最初进行的政治探索便是以"乌托邦"故事的方式呈现的，而这种方式是对柏拉图的《理想国》和《法律篇》的直接模仿。尽管托马斯·莫尔爵士的《乌托邦》是对柏拉图的一种奇怪模仿，但它对英国的新济贫法产生了影响；而那不勒斯人康帕内拉所写的《太阳城》虽然更加奇幻，却未对社会带来什么影响。

到17世纪末，大量的政治和社会科学论著开始出现。约翰·洛克是这场讨论的先驱者之一，他的父亲是一位英国共和党人，是牛津大学的学者，他首先把注意力放在了化学和医学上。他关于政府、宗教宽容和教育的论述表明他对社会重建的可能性已有相当透彻的认识。与英国的约翰·洛克相似，稍晚一些的法国学者孟德斯鸠也对社会、政治和宗教机构进行了基础性的探索和分析。他破除了笼罩在法国国王身上的神圣权威，并和洛克一样，他也因清除了一直以来阻碍人们思考及改造社会的那些错误观念而受人赞扬。

到了18世纪中后期，追随孟德斯鸠的人们继续大胆地对人类的道德和理智进行探索。由一群反抗基督教思想最为激烈的杰出作家组成的百科全书

孟德斯鸠是法国首位公开批评封建统治的思想家，也是西方国家学说和法学理论的奠基人。

派，开始着手设计一个全新的世界。与百科全书派比肩的是进阶学家经济学家或重农学派，他们对食物及商品的生产和分配做了大胆的研究。《自然法典》的作者摩莱里谴责私有财产制度，并倡议建立一个共产主义的社会组织。他是19世纪那些观点多元的集体主义思想家的先驱，后来这些思想家都被归类为社会主义者。

什么是社会主义？关于社会主义及社会主义者的定义有成百上千种。从本质上讲，社会主义无非就是从公共利益的角度对财产观念的一种批判。我们可以非常简要地回顾一下这一思想的历史。社会主义思想和国际主义思想是我们政治生活的两大基本思想。

财产的概念产生于物种的战斗本能。早在人类成为人类之前，类人猿便已经具有占据物质的概念。原始的财产是野兽彼此战斗的目标。狗和它的骨头，雌虎和它的窝，咆哮的雄鹿和它的鹿群，这些都是拥有者与财产之间的关系。在社会学中，没有比"原始共产主义"这个术语更荒谬的表达了。旧石器时代早期家族部落的男性长者会坚持他对妻子和女儿的所有权，对他的工具和他可见的一切的所有权。如果有其他人游荡到他的视野之中，他就会与之战斗，如果能够做到的话，他会把对方杀死。正如阿特金森在其《原始法律》一书中有力地指出，随着部落变得越来越壮大，男性长者逐渐开始变得能够容忍年轻男性的存在，以及他们对从部落外夺取的妻子的所有权，并容忍他们制作工具、饰品及捕猎。人类社会就是在人与彼此财产之间互相妥协的过程中发展起来的。这是一种针对本能的妥协，因为本能会迫使人类必须把其他部落赶出自己的视域。如果山丘、森林和溪流不是你们的土地，也不是我的土地，那么它们就必须变成我们的土地。每个人都想要拥有独属于自己的土地，这是不可能实现的，因为如果这样的话，一些人就会为了土地所有权而杀死另一些人，所以社会在一开始就会减少所有权的拥有量。和今天的文明世界相比，野兽和原始人的占有欲要更加强烈，因为这种占有欲更多地来自我们的本能而非理性。

在那些至今仍未开化的人眼中，没有什么是他不能占有的。只要你有能力争取到，你就可以拥有女人、野兽、营地、石坑等人和东西。随着社会的发展，一种限制自相残杀的法律出现了，人们发展出了一种简单易行的针对所有权问题的解决方法。人们可以拥有他们最先制造、捕获或索取的东西。一个不能还债的债务人也就很自然地变成他的债权人的财产。同样自然的是，在获得一小块土地后，该土地的拥有者应该向任何想要使用它的人索取租税。随着有组织的生活逐渐变得可能，人们才慢慢地认识到，无限地拥有财产实在是一件令人厌恶的事情。人类是生来便占据了这个世界上的一切吗？不，人类是生来便要去不断地占据！早期文明中的社会斗争是怎样的，对此我们已经很难考察，但我们之前讲过的罗马共和国时期的历史表明，当债务给公众生活带来不便时，这种债务便应被取消，土地的无限所有权便是如此。我们发现巴比伦对占有奴隶的权利做了严格的限制。最后，我们从那位伟大的革命家拿撒勒人耶稣的教导中发现，他以一种前所未有的方式对财产进行攻击。他说："骆驼穿过针的眼比财主进天国还容易呢！"在过去的两千五百到三千年的时间里，世界上似乎一直存在着一种对财富权限的批判。在拿撒勒人耶稣诞生一千九百年之后，我们发现世界上所有皈信基督教的地方，人们都被教导不应拥有任何私人财产。同时，"人可以用自己的东西做任何自己喜欢做的事"这种观点，也和其他财产观念一样受到了撼动。

但是，到了18世纪末时，人们对这个问题还只处在存疑的阶段，人们还没弄清楚这件事究竟是什么，更别说要采取具体的行动了。当时人们之所以要维护财产权，很重要的一个方面是让自己免受国王和贵族的剥削。法国大革命在很大程度上就是由保护平民不被征税开始的，然而革命的平等主义原则却使革命走向了自己的对立面，转而批判那些本来是自己要保护的财产。对无处安家、食不果腹的穷人而言，如果不劳动就不能从财富拥有者那里获得住所及食物,那么他们又凭借什么争得自由和平等呢?他们只能抱怨这一切实在太过分了。

对此,一些重要的政治团体出于增强和普及财富的立场出发,想以"分配"的方式进行处理。那些最早的社会主义者,或者更准确地说是共产主义者,对这个相同的问题则采用了另一个完全不同的解决方法,他们要求完全"废除"私有财产。国家(当然是民主国家)是所有财产的拥有者。

同样是追求自由与幸福,有些人想要使私人财产尽可能地绝对化,另一

1824年,英国乌托邦社会主义者欧文以全部财产在美国印第安纳州买下一千多公顷土地进行共产主义"劳动公社"的实验。

些人则想彻底废除私有制，尽管这是显而易见的矛盾，可事实就是如此。想要解决这个矛盾，我们就必须发现，所有权并不是一个单一的东西，而是各种不同事物的集合。

直到 19 世纪，人们才开始意识到财产不是一种简单的事物，而是带来不同价值与结果的财产所有权之间错综复杂的关系。许多东西（如一个人的身体、艺术家的工具、衣服、牙刷）都是绝对的、无可否认的私人财产，但其他事物，如铁路、各种机械、住宅、园林或轮船，就必须经过深思熟虑，以断定它们在何种程度上属于私人财产，又在何种程度上属于公共财产，可以由国家为了集体利益进行管理和租借。从实践的角度来看，这些问题都因涉及如何进行和维持有效的国家行政管理而属于政治问题。另外，它们也是社会心理学会讨论的问题，并且与教育领域息息相关。对房地产的批评仍然是一场巨大而激烈的骚动，而不是一项科学研究。一方面，个人主义者认为人们应该用已经拥有的东西来保护和扩大自己目前的自由；另一方面，社会主义者要求在许多方面对人们的所有权进行集中，并限制人们将财产私有化的行为。在实践中，人们会发现极端个人主义者和共产主义者之间的最明显的差别：前者几乎不能容忍任何用来支持政府的税收形式，后者则完全否认任何形式的私有财产。今天的普通社会主义者被称为集体主义者，他们会允许相当数量的私有财产存在，但诸如教育、运输、矿山、土地所有权，大部分日常用品的生产等类似事务，他们则认为应交由高度组织化的国家掌握。如今，很多有理性的人似乎确实在向经过科学研究和计划的、温和的社会主义方向靠拢。人们越来越清楚地认识到，没有受过教育的人在大型事业中很难顺利地互相合作。当国家向着更高级、更复杂的形态发展，并从私营企业中接管每一种职能时，与之相匹配的教育及合理的监管机制也必须同步发展。当代国家在新闻宣传和政治手段方面都太过稚嫩，不适合展开任何大规模的集体活动。

但有一段时间，雇主和工人之间，尤其是自私的雇主和不情愿的工人之间的紧张关系，导致一种粗糙的、初级的共产主义思想开始在全世界范围内传播，而这种共产主义思想和马克思这个名字有关。马克思的理论是建立在这样一种信念之上的，即人们的思想受到经济需要的限制，在我们现在的文明中，富裕阶层与工人阶层之间存在着必然的利益冲突。随着机械革命所要求的教育的进步，工人阶层中的大多数人开始越来越有阶级意识，并且越来越顽强地与统治他们的少数人对抗。马克思预言在未来的某一天，有阶级意识的工人将夺取权力，并开创一个新的社会国家。对于这种可能的对立、暴动及革命，人们都能理解，但人们并不认为在破坏旧社会的革命完成之后，新社会就能随之而来。稍后，我们会看到在俄国那里，马克思主义将被证明它确实创造不出什么新东西。

马克思试图用阶级对立来代替民族对立，马克思主义先后产生了第一、第二和第三国际工人联合会。但从现代个人主义思想出发，人们同样也有可能发展出类似的国际思想。从伟大的英国经济学家亚当·斯密时代起，人们便逐渐意识到，要实现全球繁荣，就需要自由和不受阻碍的全球贸易。对国家怀有敌意的个人主义者，对关税、边界以及对自由行动施加的任何限制也同样充满敌意，即便国家采取的这些限制是合理的。一方面是马克思主义者的阶级斗争思想，另一方面是维多利时代英国商人追求自由贸易的个人主义思想，尽管这两种思想之间的差异相当之大，但两者在超越现存一切国家限制及疆界以探求处理全人类事务的新方式方面，提供了相同的启示。现实的逻辑战胜了理论的逻辑。人们开始认识到，尽管出发点不同，但个人主义思想和社会主义思想都在探索着关于更广泛的社会政治形态的思想和解释；随着人们对神圣罗马帝国和基督教思想的信心逐渐衰退，人们可以在此基础上共同努力，将探索的视野从地中海世界扩展到了整个广阔的世界。这种探索在欧洲重新开始，并愈演愈烈。

如果现在要对社会、经济和政治思想发展加以讨论，那么那些争议不断的问题势必会超出本书的涉及范围和写作意图。但对于这些问题，我们可以从更宏观的世界历史的视角全观察，同时我们也会由此认识到，人们在思想中对于这些指导理念的重构始终处于未完成的状态，并且我们甚至无法估量那究竟是一种怎样的未完成。某些共同的信念似乎正在形成，它们对当下的政治事件和公共行为产生了非常明显的影响，但这些信念现在既不清晰也无法使人信服，因此还无法推动人们坚定且有系统地将之变为现实。人们的行为在新旧之间摇摆不定，但总的来说，人们更多地倾向于传统。尽管如此，和人们不久之前的思想相比，一种关于人类事务的新秩序似乎已经开始在人们的头脑中成形。虽然这种新秩序现在只有一个粗糙的轮廓，具体的细节和方式还没有被确定，但它的确开始变得越来越清晰，其主导思想也日趋稳定。

年复一年，人类在越来越多的领域和事务中逐渐形成一个共同体，这也使建立一个全球事务管理机制显得越来越必要。举例来说，世界经济共同体正在逐渐形成，为了正确合理地开发自然资源，人们必须进行全方位的策划，然而人类目前的管理方式既分散又倾向于竞争，这必然会随着人类力量的增强和新事物的发现而越发地对自然资源开发造成浪费甚至危险。金融与货币日趋全球化，想要处理好各国之间的利益就必须从全球层面上进行处理。传染病以及人口的增加和迁移现在也明显地成为全世界关注的问题。人类活动的力量和范围越来越大，也使战争造成了极大的破坏和混乱，这使得战争无法再成为解决政府与政府、民族与民族之间矛盾冲突的有效手段。上述这些都表达了一种对规模更大、更加综合、更具权威的治理体系的渴望，而这种治理体系必然远超迄今为止任何一个政府。

但是，对于这些问题的解决并不意味着要以征服或联合的方式形成一个超级政府。通过与现有制度的类比，人们想到了人类议会、世界大会、地球

联合国成立时的宣传海报。

总统或者皇帝，这是人们的第一反应；然而依据过去半个世纪尝试与讨论的经验，这种想法势必是不可行的，因为它反而会极大地阻碍人类的团结。一种新的想法倾向于让各国选派自己的代表，就具体问题组成专门的委员会组织，然后享有世界范围的权力，以便指导自然资源开发、劳动条件的平等、世界和平、货币、人口和健康等事务。

人们或许会意识到世界上所有的共同利益都被以同样的方式管理着，但他们却意识不到有一个世界政府存在。但是，在实现如此多的人类团结之前，在这种国际合作能够摆脱爱国主义的猜疑和嫉妒之前，构建一种属于全人类的共同理想是十分必要的，因此"人类大家庭"这一理念应该在整个世界中被传播和理解。

两千多年来，许多伟大的宗教都一直致力于维护并传播一种全人类之间的兄弟情谊，但时至今日，部落、民族和种族之间的摩擦、愤怒和不信任极大地阻碍了人们想要投身于更广大的人类事业的那种慷慨激昂的冲动。正如基督徒在公元6、7世纪混乱时局中奋力想让基督的精神深入到欧洲人的灵魂中一样，如今那些崇尚人类兄弟情谊的人们也在努力让这种情感融进人类的心灵之中。如果这种理念的传播最终取得了胜利，那么它一定是由无数默默无闻的传播者实现的，而当代没有任何一个作家能够猜想到这一传播进行到了怎样的地步，最终它又会取得怎样的成果。

社会和经济问题似乎与国际问题密不可分，而每一种问题的解决都需要一种可以深入人心并使人振奋的奉献精神。国家之间的猜忌、固执与自私会反映在面对公共利益的有产者与工人身上，同样地，后者也会影响前者。个人占有欲的增强和国家与皇帝的贪婪是同步的，它们都是一种本能的倾向，一种无知和传统的产物。国际主义即国家之间的社会主义。与这些问题进行过抗争的人们尚未认识到，除非出现一种足够强力且足够深刻的心理科学，除非出现一种计划翔实的教育系统与组织，否则人们无法真诚彻底地解决人类交往合作的难题。正如1820年的人们无法规划一个电气化铁路系统一样，我们今天也无法规划一个真正有效的世界和平组织，但就我们所知，后者和前者一样是可行的，而且可能发生在不久的将来。

没有人能超越他所拥有的知识，也没有思想能超越其所处的时代，我们同样也无法猜测，在所有历史都曾描述过的属于心灵与世界的伟大和平到来之前，还有多少代人要经历战争、贫穷和其他苦难，才能熬过那凄凉又漫无目的的长夜。我们提出的解决方案仍然是模糊而简陋的，并且常常被激情和怀疑包围。不过，一项伟大的心智重建工程正在进行着，虽然它仍不算完整，但我们的观念正变得越来越清晰准确，尽管我们还很难判断这一工程的进行速度究竟是快是慢。总之，随着这些观念变得越来越清晰，它们终将聚集成一种操控人类心智与想象的力量。如今它们之所以缺乏这种力量，是因为它们尚未得到足够的保护，也没有得到绝对的正当性。它们之所以被误解，是因为它们的呈现方式纷繁复杂，令人困惑。但是随着精确性和确定性的提升，那个关于新世界的愿景终将获得令人信服的力量。这一过程将会很快完成，同时一场伟大的教育改革也会在这些得以明晰的概念的基础上，按照同样的逻辑必然地发生。

第 60 章
美国的扩张

在全世界中，受新发明的交通运输工具影响最直接、最明显的地区便是北美洲。美国在政治方面贯彻的是 18 世纪的自由主义思想，这一点在其宪法中有十分具体的表现。它废除了教会与皇权对这个国家的影响，不设立贵族阶层，并按照自由主义的方式谨慎地保护着私人财产；尽管最初各州的情况不尽相同，但它将选举权授予了几乎每一个成年男性。它的投票方法相当野蛮、简陋，因此它的政治生活很快就落入了高度组织化的政党机器的控制之下，但这并没有阻止这些新解放的人们发展出一种远超其他同时代者的活力、进取心和公共精神。

接下来，就如我们已经说过的，交通工具的速度变得越来越快；然而奇怪的是，因此获益最多的美国，对这种变化的感受却最小。美国人把铁路、轮船、电报等当作他们发展过程中的自然组成部分。当然，实际情况并不是这样，只能说这些新事物来得正是时候，是它们维护了美国的统一。今天的美国是在早期的河运汽轮以及稍后的铁路系统上建立起来的。没有这些东西，今天的美国，这个幅员辽阔的大陆国家，是完全不可能存在的。如果没有这些交通工具，人们向西迁移的速度会缓慢得多，并且可能永远不会越过中央大平原。人们花了两百年的时间才从东海岸迁移到密苏里州,而这段距离要比东西海岸距离的一半还短。1821年,靠着河运汽轮,密苏里州在河岸边建立;而仅仅几十年之后,人们就越过了剩下的距离,抵达了太平洋东岸。

假如我们用一个小圆点代表一百人,用一个小星星代表拥有十万人口的城市,像拍电影一样呈现北美自1600年以来发生的变化,那会是一件很有趣的事情。

自1600年以后的两百年里,人们会看到那些小圆点从沿海地区和可航行的水域缓慢向四周蔓延,并慢慢出现在印第安纳州和肯塔基州等地。然后,在1810年左右会出现一个变化。沿河两岸的情况会变得更加热闹,那些小圆点成倍地增加并扩散,这是因为河运汽轮出现了。那些代表先驱者的小圆点很快便会沿着大河河岸扩散到堪萨斯州和内布拉斯加州。

从1830年开始,代表铁路的黑线开始出现,此后小圆点的移动方式不再是缓慢爬行,而是高速飞奔。它们现在出现得如此之快,几乎就像被某种喷涂机喷上去的一样。突然之间,这里或那里开始出现小星星,这表示拥有十万人口的城市开始出现。先是一两个城市,然后出现越来越多的城市,每个城市都成了不断发展的铁路网上的一个节点。

美国的发展过程是世界历史中前所未有的,它是一个全新的事件。在北美这样的地理环境中,按照以前的情况,是不可能发展出统一的社会的,即便发展出了,很快也会因为没有铁路的连接而分崩离析。如果没有铁路或电报,在管理加州事务上,北京要比华盛顿方便得多。但是,美利坚合众国如此庞大的人口不仅以惊人的速度增长,而且它还一直保持着统一。不,应该说它变得更加统一了。今天,旧金山人和纽约人之间的相似度,要远超过一个世纪前弗吉尼亚人和英国人之间的相似度。同化的过程如此畅通无阻,美国正越来越多地被铁路、电报编织成一个巨大的统一体,人们彼此间的言谈、思考和行动都越发地和谐一致。很快，航空运输业的出现将进一步深化这种统一。

美国这个伟大的社会在历史上是一个全新的事物。在以前虽然也曾出现过人口超过一亿的大帝国，但组成其人口的是各种不同的民族，但像美国这样单靠一个民族就能拥有这样的人口，这在历史上还是第一次出现。我们需要一个新术语来描述这个新事物。我们称美国为一个国家，就像我们称法国

1869 年，美国第一条横贯大陆铁路竣工。

或荷兰为国家一样，但这是两种完全不同的事物，就像汽车不同于马一样。它们是不同时期、不同条件的产物，它们也将以完全不同的速度和方式运作。美国的规模和机遇介于欧洲国家和世界国家联合之间。

但在前往今天这种伟大的道路上，美国人民也曾经历过可怕的内部冲突。当南北各州之间的利益和思想冲突日益加深时，河运汽轮、铁路、电报和相关设施尚未出现。南方诸州仍蓄养着奴隶，而北方诸州则强调人人平等，于是在南北两方已有冲突的基础上，铁路与轮船的出现使矛盾变得更加尖锐。新的交通工具催促着统一，而南北双方在解决应该服从谁的问题上也变得越发急促。双方妥协的可能性微乎其微：北方的精神是自由和独立，而在南方的大庄园里，自以为温文尔雅的绅士统治着一群阴郁的奴隶。

随着人口不断向西迁移，新的土地上也不断出现新的州政府，并被迅速纳入快速发展的美国联邦体系之中，这些地方便成了两种思想互相冲突的战场：究竟是要坚持公民自由独立，还是要选择奴隶制经济。从1833年开始，美国的反奴隶制群体不仅反对奴隶制的扩张，而且鼓动全国各州彻底废除奴隶制。这个问题因得克萨斯州加入联邦而被激化成为公开的冲突。得克萨斯州原本是墨西哥共和国的一部分，但它主要是由美国蓄奴州进行殖民统治的，后来它从墨西哥分离出来，于1835年独立，并在1844年并入美国。根据墨西哥法律，得克萨斯州不得实行奴隶制，但如今南方各州则宣称得克萨斯州同样也是蓄奴州。于是，这一前后冲突便使得克萨斯州成为南北双方争论的焦点。

与此同时，随着远洋运务的发展，从欧洲来的移民也越来越多，这使得北部各州的人口不断增加；爱荷华州、威斯康星州、明尼苏达州和俄勒冈州，所有北方的农田都被提升到州一级，这使得反对奴隶制的北方有可能在参议院和众议院占据主导地位。种植棉花的南方奴隶主对废奴运动日益增长的威胁感到恼怒，并害怕北方势力会在国会占据主导地位，于是他们开始谈论脱离联邦的问题。南方人开始梦想与北方断离关系后吞并墨西哥和西印度群岛，建立一个延伸到巴拿马的大型奴隶制国家。

1860年，反对奴隶制扩张的亚伯拉罕·林肯当选美国总统，这件事促使南方蓄奴州开始脱离联邦。南卡罗来纳州通过《分离法令》准备开战，随后密西西比州、佛罗里达州、亚拉巴马州、乔治亚州、路易斯安那州和得克萨斯州也相继加入。这些州的代表在亚拉巴马州的蒙哥马利召开了一次会议，选举杰斐逊·戴维斯为"美利坚联盟国"总统，并通过了一部专门支持"黑人奴隶制度"的宪法。

碰巧，亚伯拉罕·林肯是独立战争后成长起来的新公民的典型代表。他于1809年出生于肯塔基州，童年时被带到印第安纳州，后来又来到了伊利诺伊州，可以说人口的大规模西迁一直伴随着他的早年生活。那时候印第安纳州边远地区的生活很艰苦，所谓的房子也不过是荒野中的一个个小木屋，上学读书也是一件很不容易的事情。不过他的母亲很早就教会他识字，林肯于是对读书产生了极大的热情。十七岁的时候，体格健壮高大的林肯成为一个优秀的摔跤手和赛跑运动员。他曾在一家商店做过一段时间的店员，后来和一个酗酒之徒一起开过店，还欠下了一笔十五年都没能还清的债务。1834年，年仅二十五岁的林肯被选为伊利诺伊州的众议院议员。在伊利诺伊州，奴隶制问题引起了激烈的争论，因为议会中支持奴隶制扩展的是伊利诺伊州参议员道格拉斯。道格拉斯是一个很有能力和威望的人，几年来，林肯不断地通过演讲和撰写宣传册与之竞争，最后终于成为与之相当的对手。他们的最终斗争是1860年的总统竞选，1861年3月4日，林肯就任总统，南方各州已经从华盛顿联邦政府的统治中脱离出来，并开始了军事行动。

美国的这场内战中的作战军队都是临时组建，他们的人数从最初的几万人稳步增长到几十万人，最后联邦军队的人数超过了一百万人。这场内战在新墨西哥州和东海岸之间的广阔地带展开，双方的主要目标是攻陷华盛顿或里士满。在这里，我们不去赘述这场从田纳西州到弗吉尼亚州再到密西西比州的史诗般的战斗。这是一场可怕的战争——镇压之后是反抗，希望与失望之间亦不停交错。有时华盛顿方面似乎完全陷入联盟军的掌控，有时情况又调转成为联邦军兵临里士满。联盟军的指挥官是罗伯特·爱德华·李将军，尽管他军事才能出众，但联盟军仍然陷入物资匮乏、寡不敌众的困境；此前联邦军指挥官的才能无法和李将军相比，于是旧指挥官卸任，在新上任的谢尔曼和格兰特将军的指挥下，联邦军才战胜了衣衫褴褛、疲惫不堪的联盟军。1864 年 10 月，谢尔曼领导的一支联邦军突破了联盟军的左翼，从田纳西州出发，穿过乔治亚州向海岸进军；随后他们穿过南部联盟各州，出现在卡罗来纳州，并向联盟军的后方进发。与此同时，格兰特率领的联邦军将李将军率领的联盟军牵制在里士满之外，直到谢尔曼将军率兵前来会合。1865 年 4 月 9 日，李将军和他的部队在阿波马托克斯投降，一个月内，其余的联盟军也都放下武器，南方联盟国于是解体。

这场持续了四年的内战使美国人身心俱疲。州自治原则在很多人眼中是非常重要的，因而在这些人看来，这次战争的结果似乎是北方人强迫南方人废除奴隶制。

林肯在美国内战过程中维护联邦的完整，废除奴隶制，解放所有奴隶，增强联邦政府的权力，并推动美国经济的现代化。

在边境各州，父子兄弟往往会发现另一方正在敌对的军队中。尽管北方人认为自己的事业是正义的，但在很多人看来，这种正义并非是完善而无可置疑的。但是对于林肯来说，这是毫无疑问的，在这一片混乱之中，他始终保持着清醒的头脑。他站在国家统一的这一边，其目标是国家更广泛的和平。他反对奴隶制，但他认为奴隶制只是一个次要问题，主要问题则是美国不应被分裂成两个互相对立、彼此伤害的部分。

在战争开始初期，国会和很多联邦将军急于把奴隶从庄园中解放出来，但林肯对这种热情提出反对并做了缓解。他主张逐步进行解放，并给予奴隶主一定的补偿。直到1865年1月，国内状况业已成熟，国会才通过一项宪法修正案，提议永远废除奴隶制，而在各州批准这项修正案之前，战争早已结束了。

当战争进行到1862年和1863年时，最初的激情与热情逐渐消退，美国人开始对战争感到厌恶。林肯发现他周围环绕的是失败主义者、叛徒、被解职的指挥官、居心叵测的政客、疲惫而疑惑的人民、没有精神的将军和灰心丧气的士兵；唯一能让他感到安慰的便是身处里士满的杰斐逊·戴维斯，因为他清楚对方的状况不会比自己好到哪里去。此时英国政府做了一件十分不检点的事情，它为在英国的南方联盟代理人提供了三艘配备齐全的快速私掠船——其中"阿拉巴马"号令人印象深刻——以在海上追逐美国船只；与此同时，法国军队也在墨西哥践踏门罗主义。于是，里士满方面提出了一些微妙的想法，它希望与华盛顿方面暂时休战，把战争的问题留到以后讨论，并建议由联邦和联盟共同对抗在墨西哥的法国人。但林肯坚持联邦政府必须拥有最好领导权，否则不会考虑这些建议。他强调美国应该作为一个整体而非两个分裂的部分去对抗外敌。

在漫长而疲惫的岁月里，在分裂又缺失勇气的黑暗中，尽管经历了无数的挫折和徒劳的努力，林肯维系着美国的团结统一，没有任何记录能证明他曾经动摇过。当他无事可做时,他便会不言不语、一动不动地坐在白宫里,宛如一座象征决心的雕像;他也时常通过幽默逸事来放松自己的心情。

最终,他迎来了联邦的胜利。在联盟军投降的第二天,他来到里士满接受李将军的投降。随后他返回华盛顿,并于4月11日作了最后一次公开演讲,主题是和解和重建战败各州对联邦政府的忠诚。4月14日晚上,林肯来到华盛顿的福特剧院,就在他观看表演的过程中,一个名叫蒲斯的演员悄悄溜进他的包厢,因不满于林肯的政治理念,他向林肯的后脑开了一枪,林肯当场死亡。然而此时林肯已经完成了自己的使命:联邦得救了。

战争初期,通往太平洋海岸的铁路尚未兴建;战争结束后,铁路就像迅速生长的蔓藤一样,将美国各地紧紧地连接在一起,编织成一个不论在精神还是物质上都不可分割的统一体。

第 61 章
德国崛起成为欧洲霸主

在前面我们已经讲述过了在法国大革命和拿破仑战争之后，欧洲如何在一段时间内重新平稳下来，实现了不安定的和平，以及五十年前的欧洲政局是如何实现了一种现代化复兴。直到 19 世纪中叶，钢铁、铁路和轮船等新事物的出现都还没有对欧洲政治产生显著的影响，但随着城市的工业化发展，社会上的紧张局势逐渐加剧。很明显，法国仍然不是一个稳定的国家。1830 年革命之后又爆发了 1848 年革命，后来拿破仑·波拿巴的侄子拿破仑三世先成为法国第一任总统，接着又在 1853 年成为法国皇帝。

他开始着手重建巴黎，将 17 世纪时那种古朴但脏乱的巴黎改造成充满宽敞的大理石建筑的拉丁风格。他同时也着手重建法国，使它成为一个辉煌的现代化帝国。他想要恢复大国之间互相竞争的状态，但是这种竞争在 17、18 世纪曾使欧洲陷入徒劳无益的战争之中。俄国沙皇尼古拉一世（1825—1856）也变得咄咄逼人，他把目光投向了君士坦丁堡，向南逼近土耳其帝国。

刚步入 19 世纪，欧洲便爆发了新一轮的战争，这次是"均势政策"和霸权主义之间展开了较量。在克里米亚战争中，英国、法国和撒丁王国为了保卫土耳其而向俄国发起进攻；在德意志，普鲁士（与意大利结盟）和奥地利争夺领导权；法国以萨伏伊为代价将意大利北部从奥地利手中解放出来，意大利遂逐渐统一为一个王国。当时，拿破仑三世考虑不周，企图在美国内战期间对墨西哥进行干预。他拥立马西米连诺一世为墨西哥皇帝，但在联邦政府获得内战胜利后，便抛弃了这位墨西哥皇帝。马西米连诺一世也只能独自面对自己的命运，最后他死在了墨西哥人的枪下。

1870年，法国和普鲁士为争夺欧洲霸权而展开了一场旷日持久的战争。普鲁士早就预见到了这场斗争，并为此做了准备，而法国则因金融腐败无力招架。法国的失败相当具有戏剧性。普鲁士军队于1870年10月入侵法国；9月，法国皇帝亲率的一支军队在色当投降；10月，梅茨沦陷；1871年1月，经过一番围攻和轰炸后，巴黎落入普鲁士手中。随后，双方在法兰克福签署和平协议，协议将阿尔萨斯和洛林割让给普鲁士。于是，除了奥地利外，整个德意志地区被统一为德意志帝国，普鲁士国王作为德国领袖而进入欧洲皇帝之列。

在接下来的四十三年里，德国一直是欧洲大陆上的领导力量。1877至1878年，俄土战争爆发，此后除了巴尔干半岛有过部分调整外，欧洲周边将一种不安定的平稳状态保持了三十年。

第 62 章
由轮船与铁路打造的新海外帝国

18 世纪末是一个帝国美梦和扩张幻想彻底破灭的时代。英国和西班牙与其在美洲的殖民地之间的漫长而乏味的旅程，使人们无法在宗主国与殖民地之间自由往来，因此殖民地逐渐脱离了与宗主国的关系，并开始出现独特的团体、思想、利益甚至说话方式。在这些殖民地不断发展壮大的同时，参与的船运贸易也变得越发脆弱而不确定，殖民地对此深感不安。位于荒地上的脆弱的贸易站点（如法国在加拿大设立的那些），或者在庞大的异质社区中的贸易机构（如法国在印度设立的那些），常常坚持要求国家向自己提供支持，以使自己能够维持最基本的生计。在 19 世纪很多思想家看来，这意味着海外统治已经到达了极限。在 18 世纪曾经遍布海外的欧洲"帝国"，其领土到 1820 年时已大大缩减，只有俄国还在横跨整个亚洲地进行扩张。

1815 年的大英帝国包括：加拿大的沿海、河流、湖泊区域以及内陆大片的荒地（哈得孙湾公司的皮毛交易站是唯一的殖民定居点），大约三分之一的印度半岛（受东印度公司统治），好望角沿海地区（黑人和拥有反抗精神的荷兰人定居在那里），西非海岸的几个贸易站，直布罗陀巨岩，马耳他岛，牙买加，西印度群岛上的一些小型奴隶劳工属地，南美洲的英属圭亚那，以及在地球的另一半用以流放犯人的澳大利亚植物学湾和塔斯马尼亚岛。西班牙保留了古巴和菲律宾群岛上的一些定居点，葡萄牙在非洲保留了一些早前的属地。荷兰在东印度群岛和荷属圭亚那有许多岛屿和属地，丹麦则在西印度群岛占有一座岛屿。法国西印度群岛和法属圭亚那占有一两座岛。欧洲列强需要的似乎就是这些，如果有可能的话，它们还想要更多，但当时只有东印度公司还表现出一种想要继续扩张的势头。

当欧洲忙于拿破仑战争之际，东印度公司在历任总督的带领下，开始在印度扮演起了之前土库曼人及其他北方入侵者的角色。《维也纳条约》签订后，它仍如以前一样继续征税、发动战争、向亚洲各国派遣使者，已经变成了一个准国家机构。同时，它不断地将东方的财富运往西方。

在这里，我们无法详细地说明这家英国公司是如何取得霸权地位的，它时而倾向一边，时而又倒向另一边，它就这样成了最后的赢家。它的势力蔓延到阿萨姆邦、信德和奥德。印度地图开始呈现出如今英国学生熟悉的模样，即由英国直接统治的各大行省及被其包围的本地诸邦拼凑在一起的样子。

1859年，随着印度本土军队的严重叛乱，东印度公司的帝国被并入英国王室的辖区。根据一项名为《印度政府组织法》的法案，印度总督成为英国君主的代表，东印度公司在英国议会中的位置将由一位印度事务大臣取代。1877年，比肯斯菲尔德勋爵为了完成这项工作，宣布维多利亚女王为印度女皇。

印度与英国在当时就是以这些奇妙的方式联系在一起。尽管当时印度仍属于莫卧儿帝国，但这个帝国已经被大不列颠的"君主共和国"取代。印度成了一个没有君主者的专制国家，其统治方式结合了君主专制的弊端以及民主制官僚的不近人情和不负责任。君主对印度人而言只是一个金灿灿的形象，如果一个印度人想要向他的君主抱怨，那么他只能前往伦敦散发传单，

19 世纪印度总督官邸。

或是在英国下议院提出自己的问题。议会处理英国事务的时间越长，印度得到的关注就越少，最后它只能任由那一小撮高级官员摆布。

直到铁路和轮船兴起之前，除了印度外，欧洲各帝国都已不再开展扩张活动。英国相当多的政治思想家开始倾向于那些海外资产是英国种种问题的根源。在 1842 年发现了有价值的铜矿之前，澳大利亚的殖民地发展一直十分缓慢，而 1851 年金矿的发现让这里拥有了全新的重要地位。运输条件的改善也使澳大利亚羊毛在欧洲越来越畅销。在 1849 年之前，加拿大也因法国和英国殖民者之间的纷争而很难获得发展机会，甚至还发生了几场严重的暴乱，直到 1867 年，一部新宪法确立了加拿大的联邦统治，加拿大国内的紧张局势才得到缓解。使加拿大得以改变的是铁路的修建，这使加拿大能够像美国那样向西扩张，向欧洲出售玉米和其他农产品。尽管加拿大的规模在迅速扩大，但其语言、情感和利益仍然保持着统一。铁路、轮船和电报电缆确实改变了殖民地的发展状况。

1840 年以前，英国人已经开始在新西兰定居，后来他们成立了新西兰土地公司来开发该岛的各种可能性。1840 年，新西兰也被纳入英国王室辖区。

正如我们所指出的，加拿大是英国属地中第一个对新交通方式带来的新经济可能性做出积极反应的国家。如今，南美洲各共和国，特别是阿根廷共和国，也开始感觉到他们的牲畜和咖啡贸易离欧洲市场越来越近。到目前为止，吸引欧洲列强进入荒蛮之地的主要商品是黄金或其他金属、香料、象牙以及奴隶；但是到了 19 世纪末，欧洲人口的增长迫使各国政府到海外寻找食物资源，同时科技工业的发展也对新原料、各种油脂、橡胶和其他常被忽视的物质产生了大量的需求。很明显，掌控了热带和亚热带资源的英国、荷兰和葡萄牙，正在获得巨大且日益增长的商业优势。1871 后，德国、法国、意大利先后开始探索尚未被占领的原料产地，同时它们想从东方国家那里掠夺资源以实现自己的现代化。

于是，世界各地开始了一场新的争夺战。只有美洲那些不受政治庇护的土地，因门罗主义的保护而未受到这种掠夺浪潮的侵蚀。

靠近欧洲的非洲大陆充满了未知与可能，直到 1850 年，它仍是一片神秘的黑色大陆，人们了解的只有埃及和非洲海岸。在这里，我们没有足够的篇幅来讲述那些第一次刺破非洲黑暗帷幕的探险家和冒险家，以及追随他们足迹的政治代理人、行政人员、商人、定居者和科学家的惊人故事。像俾格米人这种奇异的人种，像獾㹢狓这种奇异的动物，种种不可思议的水果、鲜花和昆虫，可怕的疾病，令人惊叹的森林和山脉的景色，广阔的内陆湖以及汹涌的河流和瀑布，所有这些都展现在欧洲人的眼前，这完全是一个崭新的世界。甚至一些未被记录和消失的文明的遗迹（在津巴布韦）也被人们发现，这些遗迹证明了早期人类在非洲南部地区的生活与发展。欧洲人来到这个新世界，发现阿拉伯奴隶贩子手中已经握有步枪，而黑人的生活仍然混乱无序。

到了 1900 年，也就是半个世纪之后，欧洲人已经完成了对整个非洲的勘测、评估和测绘工作，随后欧洲列强便对非洲进行了瓜分。在这场争夺中，几乎没有那个欧洲强权会考虑当地人的利益。阿拉伯奴隶贩子确实受到了遏制，但他们没有受到驱逐。在比属刚果，当地人被强迫去收集一种野生植物的胶乳，即橡胶。对橡胶的贪婪使缺乏经验的欧洲行政人员和当地居民之间的冲突不断加剧，最终导致了种种可怕的暴行。在这件事情上，没有哪个欧洲国家是完全清白的。

1883 年，英国占领埃及并一直留在那里，尽管严格来讲埃及是土耳其帝国的一部分。1898 年，法国马尔尚上校从西海岸穿越中非，试图在法绍达占领上尼罗河州，该事件几乎导致了法国和英国之间的战争。英国政府先让奥兰治河区和德兰士瓦的布尔人在南非内陆地区建立两个独立的共和国，然后在 1877 年反悔并吞并德兰士瓦共和国。德兰士瓦的布尔人于 1881 年马朱巴山战役中为自由而战并取得了胜利。英国报纸曾对该事件做过长时间的报道，它给英国人留下了痛苦的记忆。1888 年，英国与这两个共和国之间又爆发了一场战争，战争持续了三年，尽管战争以英国敌手的失败告终，但英国人民却为此付出了巨大的代价。然而所有这些事情，我们在这里都没有办法详加讲述。

这两个共和国很快便被帝国主义政府征服了。1907 年，在帝国主义政府倒台后，自由党人开始接手南非事务，共和国又重新迎来了自由，并且愿

柏林西非会议，由欧洲强国在1884年至1885年于德国柏林举行，与会国最后达成了议定，正式开始瓜分非洲。

意和好望角殖民地及纳塔尔等所有南非国家组成南非联邦，成为受英国王室管辖的自治共和国。

仅仅二十五年，非洲便被瓜分完毕，仅剩下三个小国未被欧洲势力染指：利比里亚，解放了的黑人奴隶在西海岸的定居地；摩洛哥，受穆斯林苏丹统治；阿比西尼亚（埃塞俄比亚旧称），一个野蛮的国家，有着古老而独特的基督教信仰，在1896年对抗意大利的阿杜瓦战役中成功保住了自己的独立。

第63章
欧洲对亚洲的侵略与日本的崛起

很难相信会有人真的接受这幅轻率地用欧洲色彩绘制的非洲地图,把它作为永久性地解决世界事务的新办法,不过既然这幅地图已经被欧洲人接受,那么历史学家就有义务将之记录下来。19世纪的欧洲人只有非常肤浅的历史知识,他们无法对事物进行深入的批判。那些对蒙古征服一无所知的人们,将机械革命给自己带来的超越旧世界其他地区的暂时优势,当成了欧洲人可以永远领导人类的可靠证据。他们丝毫没有意识到科学及其成果是可以转移的,他们也完全没认识到中国人和印度人也有能力像英国人和法国人那样从事科研工作。他们认为西方人生来便有一种智慧在推动自己发展,而东方人则天生懒惰而保守,而这使欧洲人可以永远占据世界主导地位。

这种自恋导致的一个直接后果,便是欧洲各国外事机构除了和英国争夺世界上其他未开发的地区外,还要瓜分亚洲那些人口众多、文明程度高的国家,好像那些国家的人不过是可供掠夺的原料。英国统治阶级在印度构建的外强中干的帝国主义,荷兰在东印度群岛的那些巨额资产,使欧洲列强想在波斯、正在瓦解的奥斯曼帝国以及更远的印度、中国、日本实现自己的"辉煌"梦想。

1898年，德国占领胶州，英国占领威海，次年俄国占领旅顺港。这些事件使中国人对欧洲人的仇恨迅速蔓延全国，并于1900年对欧洲各国驻北京使领馆展开袭击和围攻。一支欧洲联合军队为了营救使节对北京进行了报复性进攻，并洗劫了大量珍宝。随后，俄国人占领了满洲，英国人于1904年入侵了西藏。

但是现在，一个新的力量出现在列强的斗争中，这就是日本。迄今为止，日本在这段历史中只扮演了一个很小的角色，它那与世隔绝的文明并没有对人类的普遍命运做出多大贡献，它得到了很多，却回馈很少。日本人属于蒙古人种，他们的文明、文字、文学和艺术传统则都来自中国。他们的历史既有趣又浪漫。在基督教早期的几个世纪里，他们发展出了封建制度和武士阶层；他们对朝鲜和中国发起的攻击几乎就是英国对法战争的东方翻版。日本第一次与欧洲接触是在16世纪。1542年，一些葡萄牙人乘坐一艘中国帆船到达了日本；1549年，耶稣会传教士方济各·沙勿略开始在那里传教。日本曾一度十分欢迎与欧洲交往，基督教传教士因而使大量日本人皈依基督教。有一个叫威廉·亚当斯的人成了日本人最信任的欧洲顾问，他教会了他们如何建造大型船只，这使日本人最远航行到了印度和秘鲁。随后，西班牙的多明我会、葡萄牙的耶稣会、英国和荷兰的新教徒之间爆发了复杂的冲突，各方都警告日本人不要参与其他国家的政治阴谋。耶稣会在这个过程中势力逐渐提升，他们开始侮辱并迫害佛教徒。最后，日本人认识到欧洲人实际上是包藏祸心，尤其是天主教，不过是教皇和已经占领了菲律宾群岛的西班牙国王实现自己政治梦想的幌子。于是，日本开始大规模地迫害基督教徒。1638年，日本彻底与欧洲断绝来往，这种状态持续了两百年。在这两个世纪里，日本人完全与世隔绝，好像他们生活在另一个星球上一样。政府禁止人们建造任何大型船只。日本人不能出国，欧洲人也不能入境。

两个世纪以来，日本一直处于历史主流之外。它是一个十分独特的封建国家，武士、贵族仅占总人口的百分之五，却可以恣意暴虐。而在这段时间里，外面的世界却在飞速发展，更强大的力量、更伟大的景象不断出现。越来越多的奇怪船只从海峡水域驶过，有时这些船会失事，水手被当地人救到岸上。日本与外部唯一的联系是定居在出岛上的荷兰人，通过他们，日本人意识到自己已经被西方世界远远地落在了后面。1837年，一艘轮船驶入江户湾，船上悬挂着奇怪的星条旗，还载着一些被搭救的漂流到远海的日本渔民。这艘船被大炮轰走，但很快又有其他挂着同样旗帜的船陆续出现。1849年，一艘船前来要求当地人交还十八名在海上遇险的美国水手。1853年，四艘美国军舰在佩里准将的指挥下来到江户，并拒绝了撤离要求。他将军舰停在了禁止停泊的水域，并向当时共同统治日本的两位统治者发送了信件。1854年，他带了十艘船回来，日本人惊讶地发现这些船是钢铁制成的，并且由蒸汽推动，还装备了大炮。佩里建议双方展开贸易交流，而日本人对此毫无抵抗的余地，于是他便带着五百人的卫队登陆，并签署了条约协议。对于这些招摇过市的外来者，日本民众投来了不可思议的目光。

俄国、荷兰和英国紧随美国之后。一位掌控关门海峡的日本大贵族下令向外国船只开炮，却反遭英、法、荷、美舰队的炮击，这些外国人摧毁了他的炮台并赶走了他的武士。1865年，联合舰队停靠在大阪湾，迫使日本签订向全世界开放的条约。

这些事件使日本人觉得自己蒙受了极大的耻辱。此后，他们以惊人的精力和智慧，使自己的文化和组织能力达到欧洲列强的水平。在人类历史上，从来没有哪个国家像当时的日本那样进步得如此之快。1866年时的日本还停留在中世纪，是一个浪漫却又荒诞的国家；而到了1899年，它已经是一个完全西化的民族，与最先进的欧洲列强处于同一水平。日本的崛起彻底消除了欧洲人那种认为亚洲在某种程度上无可救药地落后于欧洲的看法。相比之下，欧洲的进步反而显得有些迟缓。

第63章 欧洲对亚洲的侵略与日本的崛起　335

美国海军将领马修·佩里率领黑船打开日本国门。

我们再次无法详述 1894 年到 1895 年发生的中日战争，我们只能说它拥有了一支作战高效的西式陆军以及规模不大但体系健全的海军舰队，而这些最能彰显日本的西化水平。尽管英国和美国对日本的崛起表示赞赏，把它当作一个欧洲国家来对待，但其他在亚洲追求"新印度"的欧洲列强却不能理解日本崛起的意义。俄国从满洲向朝鲜推进，法国已经在东南亚的东京（即现在的河内）和安南建立了自己的殖民地，而德国则如饥似渴地四处寻找定居点。这三个国家联合起来对抗日本，以防其在中日战争中获益。日本在这场战争中损耗严重，这三个国家便趁机以战争威胁。

对此，日本只能暂时投降并在暗中集结力量。不到十年的时间，日本就准备好同俄国作战，日俄战争标志着亚洲历史步入一个新纪元，象征着欧洲傲慢的时代已经结束。对于这场发生在半个地球之外的战争，俄国人民无疑是无辜且不明就里的，一些清醒的政治家们也反对这种愚蠢的战争，但沙皇身边全是一些冒进的金融家和王公，他们在满洲和中国下了很大的赌注，因此坚决不会撤退。于是，大批的日本士兵被运送到旅顺港和朝鲜半岛，无数的俄国农民通过西伯利亚铁路线被送到战争前线，客死在遥远的战场上。

由于领导无能且贪污腐败，俄国在陆上、海上都遭遇了失败。俄国的波罗的海舰队绕过非洲前来作战，在对马海峡全军覆没。被这场遥远而不合理的战争激怒的俄国平民发起了一场革命运动，迫使沙皇在1905年宣布结束战争。他归还了1875年被俄国占领的萨哈林岛的南半部，撤出满洲，并把朝鲜半岛交给了日本。欧洲对亚洲的入侵即将结束，欧洲的触角开始缩回。

第64章
1914年的大英帝国

我们在这里将简要地说明一下，在1914年，由轮船和铁路连接起来的大英帝国，其各组成部分的不同性质。不论是过去还是现在，它都是一个非常独特的政治系统，可以说，这种系统是以前从未出现过的。

在这个系统中，第一个也是位居核心的便是"君主立宪"的、包括爱尔兰（尽管违背了相当一部分爱尔兰人的意愿）在内的不列颠联合王国。英国议会大体上是由英格兰、威尔士、苏格兰和爱尔兰议会构成的，它会依据对英国国内政治方针的考量，决定议会的首脑，以及内阁的性质与政策。内阁是英国最高行政机构，掌有宣战及议和的权力，正是它统治着帝国其他部分。

在政治重要性第二梯队的是英联邦下的澳大利亚、加拿大、纽芬兰（建于1583年的最早的英国殖民地）、新西兰和南非，它们实际上都是独立的自治国，但都会接受一名由英国政府指派的王室代表。

接下来是印度帝国，它是莫卧儿帝国的延伸，其附属和"受保护"的邦国从俾路支一直延伸到缅甸，亚丁也被包括在内。在整个帝国里，英国王室和隶属于英国议会的印度事务部扮演着原来土库曼王朝的角色。

然后是有些模棱两可的埃及，它虽然名义上是土耳其帝国的一部分，但实际上对埃及进行近乎专制统治的是英国派来的埃及总督。

埃及之后是定位更加模糊的英埃苏丹，它由英国和（受英国控制的）埃及政府共同占领和管理。

此外还有一些半自治的地区，其中一部分原来就属于英国，另一些则不是；这些地区可以通过选举产生立法机构并任命行政人员，比如马耳他、牙买加、巴哈马群岛和百慕大群岛。

然后是那些英国殖民地，通过英国殖民地部，英国派驻在当地的政府会进行近乎专制的统治。这些地方包括锡兰、特立尼达和斐济（那里有一个指定的委员会）、直布罗陀和圣赫勒拿岛（那里有一个总督）。

最后是大片的热带地区，那里是原材料的生产地，这些地区的居民基本上都是未开化的土著部落，没有什么政治力量。它们名义上受英国的保护，英国政府会派遣一名高级专员辅助当地酋长（如在巴苏陀兰）或特许公司（如在罗德西亚）进行管理。英国的外交部、殖民地部和印度事务部都想将最后这些最不确定的地区占为己有，但在多数情况下，处理这些地区事务的仍是殖民地部。

因此很明显的是，没有一个机构或个人能从整体上把握大英帝国的全貌。它是一种增长和积累的混合体，与以往任何被称为帝国的东西都截然不同。然而，它在相当大的范围内保障了和平与安全，这也是为什么尽管拥有诸多缺点的英国政府总会使用独裁手段，并且"国内"的公众也常常义愤填膺，但那些"臣属"民族仍能够忍受并支持它存在的原因。和雅典帝国一样，大英帝国也是一个海洋帝国。将帝国联系在一起的是一条条海上航线，而维护这种联系的则是英国海军。和其他所有帝国一样，大英帝国的凝聚力在物质方面也有赖于发达的交通系统。从16世纪到19世纪，航海、造船与轮船运输技术的发展使得"不列颠治世"成为可能。但在接下来的某个时间点上，航空或陆路交通的新发展则可能给这种和平造成阻碍。

第65章
欧洲的军备时代与第一次世界大战

  材料科学的进步使蒸汽轮船和铁路交通应运而生，正是它们创造了美利坚合众国，并让英国的势力遍布整个世界，这些都对欧洲大陆上那些互相拥挤的国家产生了极大的刺激。这些国家发现自己的发展仍被限制在马匹和公路的范围中，而英国则完全将自己希望的对外扩张变成了现实。只有俄国还可以继续向东扩张，它修建了一条横贯西伯利亚的铁路，随后卷入了与日本的冲突；因为战争失利，俄国转而向东南方推进，并到达了波斯和印度的边境，这一行为激怒了英国。其他欧洲强国之间的拥挤与摩擦日益加剧。为了实现组织人类生活的各种新的可能性，这些国家不得不在更广泛的基础上重新安排它们的事务。它们有两条路可以选：要么自愿地结成某种联盟，要么由某种外力使它们结成同盟。现代思想倾向于前一种选择，但政治旧有势力用尽全部力量将欧洲推向了后一种情况。

  拿破仑三世"帝国"的垮台，崭新的德意志帝国的建立，不论心怀希望或是恐惧，人们都意识到德国将带领欧洲走向稳定，而这一想法在欧洲三十六年不稳定的和平时期成为各国政治的中心。自查理曼帝国分裂以来，在欧洲霸权的争夺上，法国一直是德国的强大对手。法国想通过和俄国结盟的方式克服自身的弱点,而德国尽管与意大利王国的关系不那么亲密,但却与奥地利帝国(在拿破仑一世时期已不再是神圣罗马帝国)紧密相连。起初英国和以往一样,对欧洲大陆各国保持着若即若离的状态,但随着德国海军的逐渐壮大,它不得不与法俄集团结成联盟。德皇威廉二世(1888—1918)

塞瓦斯托波尔围城战是克里米亚战争期间的一场战役,双方僵持了整整一年,最后英法联军在付出巨大伤亡后惨胜。

的宏伟梦想使德国在条件尚未成熟的情况下便鲁莽地进行海外扩张，这种做法最后不仅将英国、更将日本和美国推进了敌人的阵营。

所有这些国家都开始进行战争准备。在各国的国民生产总量中，枪支装备与军舰的生产比重逐年升高。年复一年，各国之间的剑拔弩张常常会让人觉得战争一触即发，可转眼之间那种紧张又会趋于缓和。但最终，战争还是爆发了。德国和奥地利率先攻击法国、俄国和塞尔维亚；当德国军队穿过比利时，英国立即站在比利时一边参战，于是德国与日本结为盟友，很快土耳其也站在了德国一边。意大利在1915年加入了对抗奥地利的战争，同年10月保加利亚加入了同盟国。1916年，罗马尼亚被迫向德宣战；1917年，美国和中国也加入了对抗德国的阵营。本书在此并不会界定这场巨大的灾难究竟应该由谁来承担责任，本书想要解决的问题不是第一次世界大战为什么会爆发，而是人们为什么没有预料到并阻止这场战争。相较于说是少数狂热分子促成了这场灾难，更让人感到沉痛的是，上百万人以"爱国"的名义，表现得如此愚蠢而无情；他们完全不懂得如何以一种坦诚宽宏的心态共同努力促成欧洲的统一，从而阻止这场灾难。

本书无法去追踪这场战争的各种细节，但我们必须看到，就在战争爆发几个月之后，现代科学技术的进步就深刻地改变了这场战争的性质。物理科学为人类带来了力量，尽管这种力量可以使人类制造钢铁、摆脱距离的限制并且战胜疾病，但用这种力量为善为恶则取决于人类的道德和政治智慧。欧洲各国政府受到了仇恨、猜忌和种种传统政策的蛊惑，他们发现自己手中掌握着无与伦比的力量可以用来对抗甚至毁灭敌人。这场战争将全世界推入了炼狱烈火之中，不论是战胜国还是战败国，都遭受了难以衡量的损失。在战争的第一阶段，德国人猛攻巴黎，俄国人入侵东普鲁士，这两方面的攻势都遭到了抵抗并导致局势逆转。随后，防御力量得到增强，双方进入战壕战。在一段时间里，对战的军队在横贯整个欧洲的战壕中排起了长队，获得任何进展都必须付出惨痛的代价。军队士兵人数常常达百万之多，在战场后方，全国百姓都被组织起来向前线供应粮食和弹药。除了军工行业以外，几乎所有的生产活动都停止了。欧洲所有身体健全的男子都被征入了陆军、海军或为军队服务的临时工厂。在工业生产中，大量男工被女工取代。在这场声势浩大的战争中，参战各国有近乎一半的人口完全改变了自己的职业，他们在社会上被连根拔起并移植他处。教育和正常的科学工作被限制或转移到直接的军事目的上，新闻传播因受到军事控制和"宣传"活动的影响而遭受破坏和腐化。

　　前线作战逐渐陷入僵局，双方开始针对对方后方补给部队展开空袭。此外，枪支的大小、射程逐步改进，毒气弹以及被称作"小型移动堡垒"的坦克也出现在战场，这使得战壕中的士兵毫无招架之力。空袭是所有新作战方式中最具革命性的，它把战争从二维空间带入三维空间。迄今为止，在人类历史上，战争只在军队行军和会合的地方进行；而现在，战争可能出现在任何地点。先是齐柏林飞艇，然后是轰炸飞机，这些飞行机器把战争带过前线，延伸到越来越多的平民活动的地区。在文明战争中，平民和战斗人员之间的旧有区别消失了。农民、裁缝、伐木工、建筑工、车站、仓库，所有这些都可以成为攻击和毁灭的对象。在战争中，空袭的范围逐日变广，恐怖程度也越来越强。最后，欧洲大部分地区陷入了围困状态，每晚都遭到空袭。像伦敦和巴黎这样毫无自然屏障的城市，空袭与炸弹给人们带来了一个又一个不眠之夜，高射炮发出令人无法忍受的噪音，消防车和救护车在空无一人的漆黑街道上颠簸前行。这些对老年人和幼儿的精神和健康产生了强烈的负面影响，令人心痛不已。

　　瘟疫，这个战争忠实的追随者，直到1918年战争结束才出现。在接下来的四年里，医学界一直在避免任何流行病的发生，可紧接着，一场大规模流感在世界各地暴发，数百万人因之丧生。饥荒也被推迟了一段时间，然而到 1918 年初，欧洲大部分地区还是进入了缓解和控制饥荒的状态。因为农民们都被征集到前线，全世界的粮食生产都大大减少；而生产出来的粮食也因为潜艇作战、边境封锁、全球交通系统混乱而无法正常供应。各国政府可供应的粮食都逐渐减少，因而都开始在不同程度上使用粮食配给制。到了第四年，就像食物短缺一样，全世界又出现了住房、服装以及其他生活必需品的短缺。商业和经济生活极度混乱。人人惴惴不安，大多数人都过着十分艰苦的生活。

这场战争在 1918 年 11 月才真正结束。1918 年春天，德军对巴黎发动了猛烈攻击，几乎要攻陷这座城市，然而此时的同盟各国却相继崩溃，因为它们早已气竭形枯、山穷水尽了。

第66章
俄国的革命与饥荒

早在同盟国垮台前一年,自称是拜占庭帝国继承者的沙皇俄国便已经崩溃。早在战争开始前的几年里,沙皇统治便出现了严重的腐败现象:法庭受控于拉斯普京这个不切实际的宗教骗子;而公共行政部门,无论是民事还是军事部门,都处于极度低效和腐败的状态。战争刚开始时,俄国人的爱国热情高涨,他们迅速地组建出一支规模庞大的军队。然而他们既没有足够的装备,也没有英明的军官,后勤补给也完全跟不上,就是在这样的条件下,他们被派到了德国和奥地利的作战前线。

毫无疑问,1914年9月俄国军队在东普鲁士的出现转移了在巴黎获得第一场胜利的德国人的注意。使法国在那次可怕的战争中免遭毁灭的是成千上万俄国农民的痛苦甚至死亡,整个西欧都亏欠着这个伟大而悲惨的民族。然而对这个内部组织极度混乱的帝国而言,战争造成的压力实在太过沉重。在战场上,俄国士兵做不到人手一支枪,甚至可能连弹药都没有,只因长官与将军们的军国主义狂热,他们便白白断送了自己的性命。在一段时间里,他们似乎像野兽一样默默地忍受着痛苦,但即使是最愚蠢的人,其忍耐也是有限度的。一种对沙皇统治深恶痛绝的情绪正在这些被出卖、被牺牲的军队中蔓延。从 1915 年底开始，俄国就一直是西方盟友日益焦虑的根源。整个 1916 年，俄国基本处于守势，甚至有传言说俄国将与德国单方面缔结和平。

1916 年 12 月 29 日，拉斯普京在彼得格勒的一次宴会上被谋杀，人们试图恢复沙皇统治，但为时已晚。到了次年 3 月，事态开始迅速发展：彼得格勒的粮食暴动演变成了革命起义，国家杜马遭到镇压，自由党领袖被捕；李沃夫亲王领导组建临时政府；3 月 15 日，沙皇退位。在一段时间里，俄国似乎可以进行温和而可控的改革，比如换一个新沙皇；可随后，情况变得明显起来——公众对俄国政府的信心已被消磨殆尽，任何改革调整都已无济于事。俄国人民对欧洲的旧秩序、沙皇、战争和欧洲列强已经厌恶至极，他们只想迅速地从这些难以忍受的苦难中解脱出来。协约国不了解俄国的现实，他们的外交家不了解俄国人，他们的注意力都集中在俄国宫廷而不是俄国，所有这些都使他们在新形势下不断地犯错。这些外交家对共和主义几乎没有什么好感，而且他们很明显地倾向于想方设法地使新政府难堪。在俄国共和政府中，有一个能言善辩、与众不同的领导人，他就是克伦斯基。克伦斯基发现自己在国内要面对一场更深刻的社会革命的攻击，而在国外则要遭受协约国政府的冷遇。不论是农民渴望的土地还是民众期盼的和平，这些协约国政府都不允许克伦斯基在边境之外满足这些愿望。法国和英国的媒体纠缠着他们筋疲力尽的盟友，要求俄国发动新的进攻，但当德国海军和陆军对里加发动猛烈进攻时，英国海军在救援波罗的海的行动上却前畏缩不前。新成立的俄罗斯共和国不得不孤军奋战。尽管英国海军占据优势，杰出的海军将领费舍尔男爵（1841—1920）激烈抗议，但我们还是可以注意到，英国及其盟友除了进行了局部的潜艇战之外，在整个战争期间，协约国还是让德国完全掌控了波罗的海的制海权。

然而，俄国人民坚决要结束战争，不论付出任何代价。在彼得格勒出现了一个代表苏联工人和普通士兵的团体苏维埃，该团体要求在斯德哥尔摩召开一次国际社会主义者大会。此时柏林正在发生粮食暴乱,奥地利和德国的厌战情绪十分强烈。通过后来发生的事件,我们可以明显看出,该会议将在1917年按民主原则实现正当和平并催生德国革命。克伦斯基恳求他的西方盟友允许召开这次会议,但是,由于担心社会主义和共和主义运动在世界范围内爆发,协约国政府还是拒绝了,仅有英国工党的一小部分人对此表示赞同。失去了盟友在道义和物质上的支持,这个不幸的"温和"政府不得不继续战斗,并在7月绝望地发起最后一次进攻。在取得一些初步成功之后,它开始走向失败,随之而来的是对俄国人的又一次大规模屠杀。

俄国人的忍耐达到了极限。俄国军队开始出现叛乱,北方前线尤为严

1917年,彼得格勒苏维埃的一次集会。

重。1917年11月7日，克伦斯基政府被推翻，在列宁的领导下，布尔什维克社会主义者建立了苏维埃政权，他们宣称不论西方势力如何干涉，他们都将实现和平。1918年3月2日，苏俄与德国在布列斯特－立托夫斯克签订和平条约。

很快，人们就清楚地看出，这些布尔什维克社会主义者和克伦斯基政府的那些只会玩弄辞藻的立宪派和革命派截然不同。他们狂热地信仰着马克思的共产主义思想，他们相信自己在俄国掌权只是一场世界性社会革命的起步，他们开始用自己坚定的信念与几近于无的经验对社会和经济秩序进行改革。西欧各国和美国政府本身就太不了解俄国的情况，更无力对这一非凡的实验给予指导或帮助；新闻报纸失去信誉，以前的统治阶级宣称不论让自己或俄国付出任何代价，也要将这些篡权者消灭。新闻领域到处都是未经核实又令人厌恶的虚假宣传，布尔什维克的领导人被描绘成残暴嗜血、荒淫放荡的形象，与他们相比，此前的克伦斯基政府和沙皇统治简直像白纸一样纯洁。这个筋疲力尽的国家不得不再次开始"远征"：叛乱分子和掠夺者得到了敌对势力的怂恿及金钱、装备上的支持，对于那些害怕布尔什维克政权的人而言，他们毫不顾忌自己会使用何种卑鄙或可怕的手段。到1919年，苏俄已经被五年间不间断的战争弄得奄奄一息、秩序全无，布尔什维克党一边同英国在阿尔汉格尔斯克交战，一边要抵抗日本对东西伯利亚的入侵；南边受法国和希腊支持的罗马尼亚军，西伯利亚的沙俄海军统帅高尔察克，以及在克里米亚拥有法国舰队的邓尼金将军，布尔什维克党都一一与之对战。那年7月，一支由尤登尼奇将军率领的爱沙尼亚军队几乎攻破了圣彼得堡。1920年，波兰人在法国人的煽动下，对苏俄发动了新的进攻；另一个反动者弗兰格尔将军接替了邓尼金将军的位置，继续入侵并想毁灭自己的祖国。1921年3月，喀琅施塔得的水手们发生叛乱。苏俄在列宁的领导下经受住了各种各样的袭击。这展现出俄国普通民众在极端困难的条件下坚持不懈的惊人韧性。到 1921 年底，英国和意大利都承认了这个共产党政权。

但是，相较于布尔什维克政府在反对外国干涉和国内叛乱的斗争中取得的成功，它在试图为俄国建立一个以共产主义思想为基础的新社会秩序时就没那么顺利了。俄国的农民是一群渴望土地的小地主，他们的观念和共产主义之间简直风马牛不相及。革命将大地主的土地分给了他们，可他们除了将自己种得的粮食换成钱之外什么都做不了，而革命就像摧毁其他事物一样也摧毁了货币的价值。由于战争的压力，铁路系统的崩溃已经使农业生产陷入了极大的混乱，现在农民种粮只够填饱自己的肚子，而城镇已经开始出现饥荒。按照共产主义思想进行的工业生产也同样因为毫无规划的仓促行动而以失败告终。到了 1920 年，苏俄呈现出了前所未有的现代文明彻底崩溃的景象。铁路因生锈而无法使用，城镇变成废墟，到处都有大量的人口死亡。然而，这个国家仍然在边境和它的敌人战斗。1921 年，一场干旱和大饥荒降临在饱受战争摧残的东南省份，数百万人因此忍饥挨饿。

面对种种危难，苏俄如何能够复苏？这个问题会将我们拉入当下的社会辩论之中，所以我们在此不做探讨。

第 67 章
世界的政治与社会重建

鉴于本书的写作计划与篇幅，我不打算在这里对围绕在各种条约（特别是第一次世界大战结束后的《凡尔赛条约》）周边的复杂而激烈的争论做过多描述。我们开始意识到，这场巨大而可怕的战争既没有结束什么，也没有开创什么，更没有解决什么。它夺去了数百万人的生命，它使世界变得荒凉而贫困。它彻底摧毁了俄罗斯帝国。它还提醒着我们，我们愚蠢而混乱地活在一个危险又冷漠的世界中，并且我们对自己的生活毫无计划或远见。将人类推入这场灾难的是民族主义与帝国主义那种原始而粗劣的贪婪，一旦世界从战争的疲惫中稍稍恢复过来，它就极有可能引发另一场类似的灾难。战争和革命毫无用处，它们对人类的最大贡献，便是以一种非常粗暴而痛苦的方式摧毁所有阻碍人类进步的腐朽之物。第一次世界大战为欧洲解除了德国的帝国主义威胁，同时也粉碎了俄国帝国主义，并清除了很多君主专制制度。但是，欧洲仍分裂成许多不同的部分，各国边境仍不稳定，大批的军队仍在积累新的装备。

在凡尔赛召开的和平会议是一次糟糕的会议，它本应该对战争中的冲突及结果做出合乎逻辑的裁决，但它却越出了自己的界限。德国、奥地利、土耳其和保加利亚人不被允许参与讨论，而只能接受会议给出的决定。从人类福祉的角度来看，会议选择的地点也极不恰当。1871年，正是在凡尔赛宫，在庸俗的胜利氛围中，德意志帝国宣告成立。而如今同样是在镜厅，场景却发生了戏剧性的逆转，这无疑会给人造成难以忍受的冲击。

　　双方在第一次世界大战开始阶段时表现出的慷慨大度都早已不见踪影。战胜国的人民清楚地意识到自己遭受的损失和痛苦，然而他们完全没有意识到，战败国的人民也付出了同样的代价。这场战争是欧洲各国民族主义势力互相竞争的必然结果，没有任何国际组织或团体能够调和这种对立。对于那些领土过小却拥有强大军事力量的国家而言，战争也是它们成为独立主权民族的唯一出路。这场战争即便不以这种方式出现，也必然会以其他类似的方式出现。如果欧洲各国不在政治方面达成一致并做好防御准备，那么它必将

各协约国代表于镜厅签署《凡尔赛条约》。

在二十年或三十年之后以更可怕的规模卷土重来。因为战争而联合起来的国家，就像母鸡会下蛋一样必然地会发动更多的战争。然而那些饱尝战争之苦的民众看不到这样一个事实：尽管所有战败国的人民都被认为应承担道义与物质上的责任，但如果胜负反转，那些原来的战胜国的人民也会被要求付出同样的代价。法国人和英国人认为这场战争是德国人的错，而德国人却认为是它俄国人、法国人和英国人的错。只有极少数的明智之人才会看到，这些错误的真正根源是欧洲这种支离破碎的政治结构。《凡尔赛条约》的制定目的就是警示和报复，它给战败者施加了巨大的惩罚，它强行让那些已经破产的战败国接受巨额的战争赔款，以补偿战胜国的牺牲和损失。它试图通过建立国际反战联盟来重建国际关系，然而这种对战败国的报复使这种想法既见不到诚意，也无公正可言。

在欧洲，人们会怀疑是否真的存在任何国际关系组织是为了实现永久和平而建立的。建立国际联盟的建议是由美国总统威尔逊付诸实践的，而美国也是该建议的主要支持者。到目前为止，美国这个新的现代国家，除了保护新世界不受欧洲干涉的门罗主义外，还没有发展出其他独特的国际关系理念。可现在，当人们突然要求它在精神上对当时的重大问题做出贡献，它却什么都没有。美国人在天性中就想要追求永久的世界和平，与此相应的是，美国人始终对旧世界的政治传统抱有一种强烈的不信任，并总是与旧世界的种种纷争保持着距离。美国人还没来得及想出解决这一世界问题的办法，德国人的潜艇就把他们拖入了反德同盟。威尔逊总统的国际联盟计划便是在短时间内建立一个美国式国际关系的初步尝试。这一计划很粗糙，不够完善，甚至还可能暗藏危险。然而在欧洲，它被认为是一种成熟的美国观点。在1918年到1919年这段时间里，人类普遍对战争极度厌倦，并愿意不惜一切代价防止战争重演，但在旧世界，没有一个政府愿意为达到这样的目的而放弃哪怕一丁点儿的主权独立。威尔逊总统的公开讲话促成了国家联盟的建立，有一段时间，这一呼吁跳过世界各国政府直接传到民众的耳中。这一呼吁被认为是美国成熟的政治理念，并造成了巨大的反响。然而不幸的是，和威尔逊打交道的不是民众，而是政府。他是一个拥有惊人洞察力的人，然而当他必须面对人性自私的考验时，他唤起的巨大热情便消退不见了。

狄龙博士在其《和平会议》中写道：

> 当威尔逊总统踏上欧洲的海岸时，欧洲就像黏土一样准备迎接富有创造力的陶工。在此之前，欧洲各国民众从来未曾如此渴望"摩西"的到来，带领他们走向没有战争与隔阂的"应许之地"。在他们看来，威尔逊总统就是这位伟大的领导者。在法国，人们怀着敬畏和爱戴的心情向他鞠躬。巴黎的工党领袖告诉我，他们在他面前流下了喜悦的泪水，他们的同志将赴汤蹈火地帮助他实现其崇高的计划。对意大利的工人阶级来说，他的名字是天国的号角，一听到这个声音，大地就会焕然一新。德国人认为他和他的想法是他们安全的支柱。无畏的米隆先生说："如果威尔逊总统向德国人发表讲话，对他们宣判一个严厉的刑罚，他们就会毫无怨言地接受，并立即着手工作。在德、奥两国，他就像救世主一样，只要一提到他的名字，那些受苦的人们便会感到安慰，并且不再悲伤。"

这便是威尔逊总统唤起的排除万难的希望，然而他又让这些人无比失望——他使他建立的国际联盟显得多么软弱、多么无用。这个故事太长也太令人痛苦，不适合在这里讲述。他夸大了我们人类共同的悲剧，他在其梦想中是如此伟大，而在现实中却如此无能。美国不同意总统的行为，也不愿意加入他倡议的国际联盟。美国人民慢慢地认识到，这是一种毫无准备的仓促行动。欧洲方面也相应地认识到，在旧世界处于穷途末路的时候，美国没有

国际联盟大会第一次会议于 1920 年 11 月 15 日在日内瓦召开。

任何东西可以给它。该联盟过早地诞生，并在诞生时就遭到破坏；由于其详细和不切实际的结构和明显的权力限制，该联盟实际上已成为有效改善国际关系的一个严重障碍。如果这个联盟不存在的话，这些问题可能会得到更好的解决。不过，这个计划在最初受到世界各地的人们（而非政府）的热烈响应，以及他们对世界和平的盼望与准备，在任何历史中都值得被着重记录下来。在那些目光短浅、对人类事务分而治之的政府背后，存在着一股真正想要促进世界团结和世界秩序的力量，并且这股力量还在不断发展着。

从 1918 年起，世界进入了一个会议的时代。其中，1921 年哈定总统在华盛顿召开的会议最为成功，也最具启发性；同样值得注意的还有 1922 年的热那亚会议，德国和苏俄代表出席了会议的讨论。我们不会详细讨论这一长串的会议和谈判。人们越来越清楚地认识到，想要避免第一次世界大战那样的动乱和屠杀再次出现，人类就必须进行大规模的重建工作。任何像国际联盟这样仓促的临时行动，任何在这群国家之间拼凑起来的会议系统，任何以解决一切问题的姿态却未做出丝毫改变的联合组织，都不能满足我们新时代的复杂政治的需要。我们需要的是系统发展的有关人际关系、个人和群体心理、金融、经济以及教育的科学体系，而这些学科现在尚处于发展初期。狭隘、过时且腐朽的道德和政治思想，必须由一个更清楚和更简单的概念来取代，那就是我们人类的共同起源和命运。

科学在给人类带来前所未有的力量的同时，也给人类带来了各种前所未有的危险、困惑和灾难。科学的方法，大胆的思想，详尽而清晰的陈述与批评，这些给了人类难以驾驭的力量，也给了人类控制这些力量的希望。人类还年轻，其烦恼的来源不是衰老与劳累，而是不断增长却不受约束的力量。就像我们在这本书中所做的那样，当我们把所有的历史看作一个过程，看到生命朝着理想秩序坚定地向前奋斗时，我们就会看到希望和危险在当下社会的真实比例。到目前为止，我们尚未到达人类伟大时代的黎明。但在花丛和日落的美景中，在小动物的快乐嬉戏中，在欣赏无尽风景的喜悦中，我们可以获得生活给予我们的启示；在一些雕塑和绘画艺术中，在一些伟大的音乐中，在一些高贵的建筑和优雅的园林中，我们看到了人类意志在物质改造方面的巨大可能性。我们有梦想，同时我们也有尚不完善却不断增长的力量。在未来，人类会实现那些我们现在最大胆的想象，会实现人类的团结与和平，会生活在一个比以往任何宫殿或园林都更加辉煌而可爱的世界中，会在不断的冒险中获得一项又一项成就，对此我们有什么可怀疑的呢？人类所做的一切，其目前取得的小小胜利，以及我们讲述的这段历史，只不过是人类尚未开始的伟大事业的序曲。

纪年表

大约公元前1000年，雅利安人在伊比利亚半岛、意大利、巴尔干半岛和北印度建立了自己的家园；克诺索斯已经被摧毁了，而埃及王朝那段属于图特摩斯三世、阿蒙霍特普三世和拉美西斯二世的漫长岁月则在三四百年前就已结束。第二十一王朝的软弱君主们统治着尼罗河谷。以色列在其早期君王扫罗、大卫和所罗门等人的统治下保持着统一。阿卡德苏美尔帝国的萨尔贡一世（公元前2750年）是巴比伦历史上一个遥远的记忆，比君士坦丁大帝与今天的距离更遥远。汉谟拉比也已经死去了一千年。亚述人已经控制了军事实力较弱的巴比伦人。公元前1100年，提格拉特帕拉沙尔一世占领了巴比伦，亚述和巴比伦仍然是两个独立的帝国。在中国，周朝正处于兴旺发达的时期。英格兰的巨石阵已经屹立了上百年。

接下来的两个世纪见证了埃及在第二十二王朝统治下的复兴，所罗门王之后希伯来人的短暂分裂，希腊人在巴尔干半岛、意大利南部和小亚细亚的扩张，以及伊特鲁利亚人统治意大利中部的日子。我们的纪念表从可查证的时间开始。

公元前

800	迦太基城建立。
790	埃塞俄比亚人征服埃及,建立第二十四王朝。
776	第一届奥林匹克运动会。
753	罗马城建立。
745	提格拉特帕拉沙尔三世征服巴比伦,建立新亚述帝国。
722	萨尔贡二世用铁器武装亚述人。
721	萨尔贡二世驱逐色列人。
680	阿萨尔哈东推翻埃塞俄比亚第二十五王朝,占领埃及底比斯。
664	普萨美提克一世恢复埃及自由,建立第二十六王朝。
608	尼科二世在米吉多战役中击杀了犹大王约西亚。
606	迦勒底人和米底人占领尼尼微,迦勒底帝国建立。
604	尼科二世进军幼发拉底河,被尼布甲尼撒二世击败;"巴比伦之囚"。
550	波斯部落的居鲁士二世战胜米底王国的基亚克萨雷斯及吕底亚王国的克里萨斯王。佛陀、老子、孔子大约生活在这一时间。
538	居鲁士二世攻占巴比伦并建立波斯帝国。
521	大流士一世统治赫勒斯滂(即达达尼尔海峡)到印度河之间的地区,并远征斯基提亚。
490	马拉松战役。
480	温泉关战役和萨拉米斯战役。
479	普拉提亚战役和米卡列战役,波斯人被彻底击退。
474	伊特鲁利亚舰队被西西里的希腊人摧毁。
431–04	伯罗奔尼撒战争。

401	万人雇佣军团撤退。
359	腓力二世成为马其顿国王。
338	喀罗尼亚战役。
336	马其顿军队进入亚洲，腓力二世遇刺。
334	格拉尼库斯河战役。
333	伊苏斯战役。
331	高加米拉战役。
330	大流士三世被杀。
323	亚历山大大帝去世。
321	旃陀罗笈多在旁遮普崛起。罗马人在卡夫丁峡谷战役中被萨莫奈人彻底打败。
281	皮洛士入侵意大利。
280	赫拉克利亚战役。
279	阿斯库路姆战役。
278	高卢人突袭小亚细亚，在加拉太定居下来。
275	皮洛士离开意大利。
264	第一次布匿战争。阿育王开始在比哈尔统治（至前227年）。
260	米拉海战。
256	埃克诺穆斯角海战。
246	嬴政成为秦王。
220	秦始皇统一中国，自称始皇帝。
214	长城开始修建。
210	秦始皇去世。
202	扎马战役。

146　　　迦太基覆灭。

133　　　阿塔罗斯三世将帕加马遗赠给罗马。

102　　　马略击退日耳曼人。

100　　　马略凯旋。中国人征服塔里木河流域。

89　　　所有意大利人成为罗马公民。

73　　　斯巴达克斯起义爆发。

71　　　斯巴达克斯起义被镇压并失败。

66　　　庞培率领罗马军队到达里海和幼发拉底河，并遇到阿兰人。

48　　　恺撒在法尔萨拉击败庞培。

44　　　恺撒遇刺。

27　　　奥古斯都成为国家元首（直到14年）。

4　　　　拿撒勒人耶稣诞生。

公元

基督纪元开始

14　　　奥古斯都去世，提庇留成为罗马皇帝。

30　　　拿撒勒人耶稣被钉上十字架。

41　　　在卡利古拉遇刺后，克劳狄被近卫军拥立为罗马皇帝，成为第一位军团皇帝。

68　　　尼禄自杀。加尔巴、奥托、维提里乌斯相继成为罗马皇帝。

69　　　韦斯巴芗成为罗马皇帝。

102　　　班超抵达里海。

117　　　哈德良继图拉真之后成为罗马皇帝，罗马帝国进入鼎盛时期。

138　　　印度-斯基泰人正在摧毁希腊统治在印度的最后遗迹。

161　　　马可·奥勒留继安敦宁·毕尤之后成为罗马皇帝。

164	大瘟疫暴发，一直持续到马可·奥勒留去世，整个亚洲也受到了瘟疫的影响。罗马帝国开始了近一个世纪的战争和混乱。
220	汉朝结束。中国开始了长达四百年的分裂。
227	阿尔达希尔一世（萨珊王朝的创建者）推翻了波斯阿萨息斯王朝。
242	摩尼开始传教。
247	哥特人在一次大规模的袭击中渡过了多瑙河。
251	哥特人取得巨大胜利。罗马皇帝德西乌斯被杀。
260	萨珊王朝的第二位君主沙普尔一世，攻占安条克，俘虏皇帝瓦勒良，在从小亚细亚返回时被巴尔米拉邦君奥登纳图斯杀害。
277	摩尼在波斯被钉上十字架。
284	戴克里先成为罗马皇帝。
303	戴克里先迫害基督徒。
311	伽列里乌斯禁止迫害基督徒。
312	君士坦丁大帝成为罗马皇帝。
323	君士坦丁主持尼西亚会议。
337	君士坦丁在临终前受洗。
361-3	背教者尤利安试图用密特拉教代替基督教。
392	狄奥多西一世成为整个罗马帝国的皇帝。
395	狄奥多西一世去世。霍诺留和阿卡狄乌斯再次分治罗马帝国，斯提里科和亚拉里克分别为前两者的支持者和保护者。
410	在亚拉里克的领导下，西哥特人攻占罗马。
425	汪达尔人定居在西班牙南部，匈人定居在潘诺尼亚，哥特人定居在达尔马提亚，西哥特人和苏维汇人定居在葡萄牙和西班牙北

部，盎格鲁-撒克逊人入侵不列颠岛。

439	汪达尔人占领迦太基。
451	阿提拉袭击高卢，并在特鲁瓦被法兰克人、西哥特人和罗马人击败。
453	阿提拉去世。
455	汪达尔人劫掠罗马。
476	日耳曼部落首领奥多亚塞通知君士坦丁堡西方不再有皇帝，西罗马帝国覆灭。
493	东哥特人狄奥多里克征服意大利并成为意大利国王，在名义上附属于君士坦丁堡。在意大利的哥特国王开始建造要塞。
527	查士丁尼成为皇帝。
529	查士丁尼关闭了繁荣近一千年的雅典各大学园。查士丁尼的将军贝利萨留攻占了那不勒斯。
531	霍斯劳一世开始统治。
543	君士坦丁堡暴发大瘟疫。
553	哥特人被查士丁尼驱逐出意大利。
565	查士丁尼去世。伦巴底人攻占了意大利北部大部分地区。
570	穆罕默德出生。
579	霍斯劳一世去世。伦巴底人统治意大利。
590	瘟疫在罗马肆虐。霍斯劳二世开始统治。
610	希拉克略开始统治。
619	霍斯劳二世统治埃及、耶路撒冷、大马士革，并在赫勒斯滂（即达达尼尔海峡）驻军。中国进入唐朝。
622	穆罕默德带领信众离开麦加，迁移到麦地那。

627	希拉克略在尼尼微击败波斯军队。唐太宗登基。
628	卡瓦德二世杀害了其父亲霍斯劳二世并继承王位。穆罕默德向世界各国君主派遣信使。
629	穆罕默德回到麦加。
632	穆罕默德去世。阿布·伯克尔成为哈里发。
634	雅莫科河战役。穆斯林攻占叙利亚。欧麦尔成为第二任哈里发。
635	唐太宗同意景教可在中国传教。
637	卡迪西亚战役。
638	耶路撒冷向哈里发欧麦尔投降。
642	希拉克略去世。
643	奥斯曼成为第三任哈里发。
655	拜占庭舰队被穆斯林打败。
668	哈里发穆阿维叶从海陆进攻君士坦丁堡。
687	法兰克王国宫相，赫斯塔的丕平收复奥斯特拉西亚和纽斯特里亚。
711	穆斯林军队从非洲入侵西班牙。
715	哈里发瓦利德的统治疆域从比利牛斯山延伸至中国边境。
717–18	瓦利德的儿子兼继承人苏莱曼进攻君士坦丁堡失败。
732	"铁锤"查理在普瓦捷附近击败了穆斯林军队。
751	丕平三世成为法兰克国王。
768	丕平三世去世。
771	查理曼成为法兰克国王。
774	查理曼征服伦巴底。
786	哈伦·拉希德在巴格达为阿拔斯王朝第五代哈里发。

795	利奥三世成为教皇。
800	查理曼被利奥三世加冕成为西罗马帝国皇帝。
802	曾在查理曼的宫廷中寻求庇护的埃格伯特成为威塞克斯国王。
810	保加利亚大公克鲁姆击败并杀死拜占庭皇帝尼基弗鲁斯一世。
814	查理曼去世。
828	埃格伯特成为英格兰国王。
843	"虔诚者"路易去世,加洛林王朝下的法兰克帝国分裂。
850	留里克大约在此时成为诺夫哥罗德和基辅的统治者。
852	鲍里斯一世成为保加利亚第一位信仰基督教的君主。
865	罗斯舰队威胁君士坦丁堡造成威胁。
904	罗斯舰队离开君士坦丁堡。
912	"步行者"罗洛统治诺曼底。
919	"捕鸟者"亨利被选为东法兰克国王。
936	奥托一世继承其父"捕鸟者"亨利成为东法兰克国王。
941	罗斯舰队再次对君士坦丁堡造成威胁。
962	奥托一世被教皇约翰十二世加冕为罗马帝国皇帝。
987	雨果·卡佩成为法兰西国王,加洛林王朝终结。
1016	克努特成为英格兰、丹麦和挪威的国王。
1043	罗斯舰队威胁君士坦丁堡造成。
1066	诺曼底公爵威廉完成"诺曼征服"。
1071	在塞尔柱土耳其人统治下,伊斯兰文化实现复兴。曼齐刻尔特战役。
1073	希尔德布兰德成为教皇格利高里七世。
1084	诺曼人罗伯特·吉斯卡尔劫掠罗马。

1087-99　教皇乌尔班二世在位。

1095　　教皇乌尔班二世在克莱蒙费朗号召第一次十字军东征。

1096　　人民十字军大屠杀。

1099　　布永的戈弗雷攻占耶路撒冷。

1147　　第二次十字军东征。

1169　　苏丹萨拉丁统治埃及。

1176　　"红胡子"腓特烈在威尼斯承认教皇（亚历山大三世）的无上权威。

1187　　萨拉丁攻占耶路撒冷。

1189　　第三次十字军东征。

1198　　英诺森三世出任教皇，并成为西西里国王腓特烈二世的监护人。

1202　　第四次十字军东征袭击拜占庭帝国。

1204　　拉丁人攻占君士坦丁堡。

1214　　成吉思汗攻占北京。

1226　　圣方济各去世。

1227　　成吉思汗去世，其统治范围从里海延伸至太平洋，其后继者为窝阔台。

1228　　腓特烈二世参与第六次十字军东征，并得到耶路撒冷。

1240　　蒙古人攻破基辅，罗斯人向蒙古人进贡。

1241　　蒙人在西里西亚的利格尼茨取得胜利。

1250　　霍亨斯陶芬家族最后的皇帝腓特烈二世去世。"大空位"时代持续到1273年。

1251　　蒙哥成为蒙古大汗。忽必烈统治中国。

1258　　旭烈兀汗夺取并摧毁了巴格达。

1260	忽必烈成为蒙古大汗。
1261	希腊人从拉丁人手中夺回君士坦丁堡。
1273	哈布斯堡家族的鲁道夫被选为皇帝。瑞士永久同盟成立。
1280	忽必烈建立元朝。
1292	忽必烈去世。
1293	经验主义自然科学的先驱者罗吉尔·培根去世
1348	黑死病暴发。
1368	明朝取代元朝。
1377	教皇格利高里十一世回到罗马。
1378	天主教会大分裂。乌尔班六世统治罗马，克雷芒六世统治阿维尼翁。
1398	胡斯在布拉格宣扬威克里夫的神学思想。
1414-18	天主教会举行康士坦斯大公会议。1415年，胡斯被判处火刑。
1417	天主教会大分裂结束。
1453	在穆罕默德二世的领导下，奥斯曼土耳其人攻占了君士坦丁堡。
1480	莫斯科大公伊凡三世不再向蒙古人进贡。
1481	在准备征战意大利的过程中，穆罕默德二世去世。
1486	迪亚士绕过好望角。
1492	哥伦布跨越大西洋来到美洲。
1493	马克西米利安一世成为皇帝。
1497	达·伽马绕过好望角前往印度。
1499	瑞士成为独立的共和国。
1500	查理五世出生。
1509	亨利八世成为英格兰国王。

1513　利奥十世成为教皇。

1515　弗朗索瓦一世成为法兰西国王。

1520　苏丹苏莱曼大帝的统治疆域从巴格达延伸到匈牙利。查理五世成为皇帝。

1525　巴布尔在帕尼帕特战役中获胜，攻占德里，建立莫卧儿帝国。

1527　日耳曼军队攻入意大利，在夏尔三世·德·波旁的指挥下攻占并洗劫了罗马。

1529　苏莱曼围攻维也纳。

1530　查理五世接受教皇加冕。亨利八世与教皇发生争执。

1539　耶稣会建立。

1546　马丁·路德去世。

1547　伊凡四世确立"沙皇"头衔。

1556　查理五世退位。阿克巴统治莫卧儿帝国。依纳爵·罗耀拉去世。

1558　查理五世去世。

1566　苏莱曼大帝去世。

1603　詹姆斯一世成为英格兰和苏格兰国王。

1620　"五月花"号抵达普利茅斯。第一个黑人奴隶来到詹姆斯敦。

1625　查理一世成为英国国王。

1626　弗朗西斯·培根去世。

1643　路易十四开始了长达七十二年的统治。

1644　满族结束明朝统治。

1648　《威斯特伐利亚条约》签订。荷兰和瑞士被承认为自由共和国。投石党乱。

1649　英国国王查理一世被处死。

1658	奥朗则布统治莫卧儿帝国。克伦威尔去世。
1660	查理二世成为英国国王。
1674	新阿姆斯特丹最终通过条约成为英国的一部分,并被重新命名为纽约。
1682	彼得大帝成为俄国沙皇。
1683	波兰国王约翰二世击败了土耳其人对维也纳的最后一次攻击。
1701	腓特烈一世成为普鲁士国王。
1707	奥朗则布去世。莫卧儿帝国瓦解。
1713	普鲁士的腓特烈大帝出生。
1715	路易十五统治法国。
1755-63	英国和法国就美洲和印度殖民地问题发生纷争。法国、奥地利、俄国结盟对抗普鲁士和英国。七年战争开始。
1759	英国将军沃尔夫占领魁北克。
1760	乔治三世统治英国。
1763	《巴黎和约》签订。加拿大被割让给英国。英国统治印度。
1769	拿破仑出生。
1774	路易十六开始统治法国。
1776	美国《独立宣言》发表。
1783	英国和新成立的美国缔结和约。
1787	费城制宪会议建立了美国联邦政府。法国财政破产。
1788	第一届美国联邦国会在纽约召开。
1789	法国三级会议召开。攻占巴士底狱。
1791	路易十六出逃。
1792	法国向奥地利宣战,普鲁士向法国宣战。瓦尔密战役。法国成为

共和国。

1793　路易十六被处决。

1794　处决罗伯斯庇尔，雅各宾派下台。

1795　法国督政府成立。波拿巴镇压了一场起义，并以总司令的身份前往意大利。

1798　拿破仑前往埃及。尼罗河战役。

1799　拿破仑回到法国，成为拥有巨大权力的第一执政官。

1804　拿破仑成为皇帝。弗朗茨二世在1805年获得奥地利皇帝头衔，1806年失去神圣罗马帝国皇帝头衔，神圣罗马帝国就此覆灭。

1806　普鲁士军在耶拿被拿破仑击溃。

1808　拿破仑使他的兄弟约瑟夫成为西班牙国王。

1810　西班牙在美洲的殖民地成为共和国。

1812　拿破仑从莫斯科撤退。

1814　拿破仑退位，路易十八继位。

1824　查理十世成为法兰西国王。

1825　尼古拉斯一世成为俄国沙皇。斯托克顿到达林顿之间修筑了第一条铁路。

1827　纳瓦里诺海战。

1829　希腊独立。

1830　路易–菲利普一世取代查理十世。比利时脱离荷兰，利奥波德一世成为比利时国王。被俄国瓜分的波兰地区发生起义，但被镇压。

1835　"社会主义"一词第一次被使用。

1837　维多利亚女王登基。

1840	维多利亚女王与萨克森-科堡-哥达的艾伯特亲王成婚。
1852	拿破仑三世成为法国皇帝。
1854–56	克里米亚战争。
1856	亚历山大二世成为俄国沙皇。
1861	维克托·伊曼纽尔二世成为意大利第一位国王。亚伯拉罕·林肯成为美国总统。美国内战开始。
1865	阿波麦托克斯县府投降。日本向世界开放。
1870	拿破仑三世向普鲁士宣战。
1871	1月巴黎投降。普鲁士国王成为德国皇帝。《法兰克福条约》签订。
1878	《柏林条约》签订。西欧进入长达三十六年的武装和平时期。
1888	腓特烈二世和威廉二世分别于3月、6月成为德国皇帝。
1912	中国成为共和国。
1914	第一次世界大战开始。
1917	两场俄国革命。布尔什维克党建立苏维埃俄国政权。
1918	第一次世界大战停战。
1920	国际联盟的第一次会议，德国、奥地利、苏俄和土耳其被排除在外，美国没有派代表出席。
1921	希腊人完全不顾国际联盟，向土耳其人开战。
1922	希腊人在小亚细亚被土耳其人打败。

© 赫伯特·乔治·威尔斯　2021

图书在版编目（CIP）数据

世界简史/（英）赫伯特·乔治·威尔斯著；丁伟译. —— 沈阳：万卷出版公司，2021.1
ISBN 978-7-5470-5485-7

Ⅰ.①世… Ⅱ.①赫…②丁… Ⅲ.①世界史 Ⅳ.①K1

中国版本图书馆 CIP 数据核字（2020）第 183780 号

出 品 人：王维良
出版发行：北方联合出版传媒（集团）股份有限公司
　　　　　万卷出版公司
　　　　　（地址：沈阳市和平区十一纬路 25 号　邮编：110003）
印 刷 者：嘉业印刷（天津）有限公司
经 销 者：全国新华书店
幅面尺寸：170mm×235mm
字　　数：320 千字
印　　张：24
出版时间：2021 年 1 月第 1 版
印刷时间：2021 年 1 月第 1 次印刷
责任编辑：张　莹
责任校对：张希茹
监　　制：黄　利　万　夏
营销支持：曹莉丽
装帧设计：紫图装帧
ISBN 978-7-5470-5485-7
定　　价：59.90 元
联系电话：024-23284090
传　　真：024-23284448

常年法律顾问：李　福　　版权所有　　侵权必究　　举报电话：024-23284090
本书若有印装质量问题，请与印厂联系调换。联系电话：010-64360026